汽车检测与维修专业高技能型人才教学用书

汽车电器检测与维修实训

主　编　董继明
副主编　胡　勇　阴丽华
参　编　何　丽　宋东方
万　弢　王　欢

机 械 工 业 出 版 社

本书以汽车常用电器与整车电路的安装、检查与维修基本操作的基本工艺、基本技能为重点，结合所用到的知识点，辅以必要的理论分析。其内容包括：汽车电器的布置与基本检查，常用仪表工具的使用，汽车电源线路、起动线路、点火线路及相关元件的检修，灯光信号、仪表线路的检修，辅助电器的检修，空调系统的检修，整车电路的检修等。

本书可作为高职高专院校、高级技工学校、技师学院汽车专业实训教学或工程技术人员自学参考用书。

图书在版编目(CIP)数据

汽车电器检测与维修实训/董继明主编. —北京:机械工业出版社，2008.7(2016.8重印)

汽车检测与维修专业高技能型人才教学用书

ISBN 978-7-111-24204-8

Ⅰ.汽… Ⅱ.董… Ⅲ.①汽车-电气设备-检测②汽车-电气设备-车辆修理 Ⅳ.U472.41

中国版本图书馆CIP数据核字（2008）第084834号

机械工业出版社（北京市百万庄大街22号 邮政编码100037）

责任编辑：朱 华 版式设计：霍永明 责任校对：申春香

封面设计：马精明 责任印制：刘 岚

北京富生印刷厂印刷

2016年8月第1版第6次印刷

184mm×260mm · 12.75印张 · 315千字

标准书号：ISBN 978-7-111-24204-8

定价：22.00元

前 言

为了贯彻国务院《关于大力推进职业教育改革与发展的决定》以及教育部等六部委《关于实施职业院校制造业和现代服务业技能型紧缺人才培养培训工程的通知》等文件精神，全面实施《2003～2007年教育振兴行动计划》中提出的“职业教育与培训创新工程”，积极推进课程改革和教材建设，为职业教育教学和培训提供更加丰富、多样和实用的教材，更好地满足职业教育改革与发展的需要。按照教育部颁布的《汽车运用与维修专业领域技能型紧缺人才培养培训指导方案》的要求，紧密结合目前汽车维修行业实际需求，编写了这套汽车检测与维修专业高技能型人才教学用书，供高等职业院校汽车运用技术专业教学使用。

本套教材符合国家对技能型紧缺人才培养培训工作的要求，注重以就业为导向，以能力为本位，面向市场、面向社会，为经济结构调整和科技进步服务的原则，体现了职业教育的特色，满足了汽车运用技术领域高技能型人才培养的需要。

本套教材在组织编写过程中，认真总结了全国开设汽车专业院校多年来的专业教学经验，注意吸收发达国家先进的职教理念和方法，形成了以下特色：

1. 全套教材以《汽车发动机检测与维修实训》、《汽车底盘检测与维修实训》、《汽车电控系统检测与维修实训》、《汽车电器检测与维修实训》、《汽车故障诊断与排除实训》五门课程搭建专业基本能力平台，以若干专门化项目来适应各地各校的实际需求。

2. 打破了教材传统的章节体例，以专项能力培养为模块确定知识目标和能力目标，使培养过程实现“知行合一”。

3. 本套教材以行业关键技术操作和技术管理的能力要求为核心，确定专业知识和能力培养目标。在内容上选择注重汽车后市场职业岗位对人才的知识、能力要求，力求与相应的职业资格标准衔接，并较多地反映了新知识、新技术、新工艺、新方法、新材料的内容。为毕业生在其职业生涯中能顺利进入汽车后市场岗位奠定良好的发展基础。

4. 本套教材将力图形成开放体系，一方面除本次推出的5本教材之外，还将根据汽车后市场实际需求，陆续推出不同专业专门化教材；另一方面，还将随行业实际变化及时更新或改编部分专业教材。

《汽车电器检测与维修实训》是汽车运用与维修专业领域技能型紧缺人才培养培训核心课程之一。参加本书编写工作的有：董继明、胡勇、阴丽华、何丽、宋东方、万弢、王欢，董继明任主编，胡勇、阴丽华任副主编，全书由董继明统稿。

限于编者经历和水平，教材内容难以覆盖全国各地的实际情况，希望各教学单位在积极选用和推广本套教材的同时，注重总结经验，及时提出修改意见和建议，以便修订时改正。

编 者

目　　录

模块一　汽车电器检测基础

项目 1.1　汽车整车电器设备检查

学习目标

1）认识汽车常用电器设备的作用和安装位置。

2）掌握汽车常用电器设备控制开关、报警灯的作用与检查方法。

工具材料

1）桑塔纳 3000 型轿车一辆。

2）桑塔纳 2000 型轿车全车电路试验台一台。

3）汽油若干。

相关知识

桑塔纳 2000 型轿车电器设备布置见图 1-1。

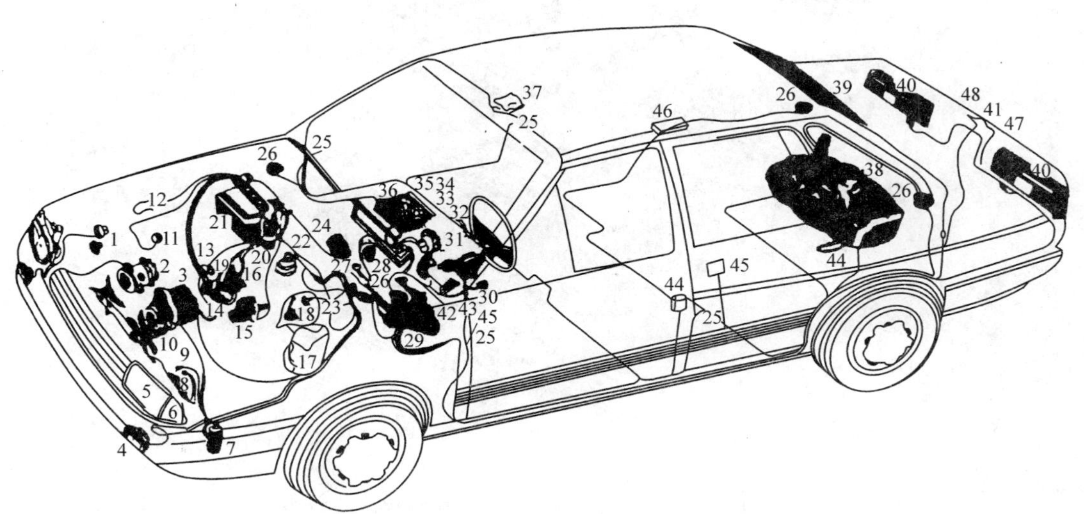

图 1-1　桑塔纳 2000 型轿车电器设备布置略图

1—双音喇叭　2—空调压缩机　3—交流发电机　4—雾灯　5—前照灯　6—转向指示灯　7—空调储液干燥器　8—中间继电器　9—电动风扇双速热敏开关　10—风扇电动机　11—进气电预热器　12—化油器怠速截止电磁阀　13—热敏开关　14—机油油压开关　15—起动机　16—火花塞　17—风窗清洗液电动泵　18—冷却液液面传感器　19—分电器　20—点火线圈　21—蓄电池　22—制动液液面传感器　23—倒车灯开关　24—空调、暖风用鼓风机　25—车门接触开关　26—扬声器　27—点火控制器　28—风窗刮水器电动机　29—中央接线盒　30—前照灯变光开关　31—组合开关　32—空调及风量旋钮　33—雾灯开关　34—后窗电加热器开关　35—危急报警灯开关　36—收放机　37、46—顶灯　38—汽油箱油面传感器　39—后窗电加热器　40—组合后灯　41—牌照灯　42—电动天线　43—电动后视镜　44—中央集控门锁　45—电动摇窗机　47—后盖集控锁　48—行李箱灯

桑塔纳2000型轿车电器系统可分为以下几个系统：

1）电源系统：电源系统包括蓄电池、交流发电机及其调节器。

2）起动系统：起动系统包括直流起动机、进气预热装置。

3）点火系统：点火系统包括点火开关、点火线圈、分电器（AJR型发动机没有）、霍尔传感器、点火控制器、火花塞等。

4）照明系统：照明系统包括前照灯、雾灯、牌照灯、顶灯、阅读灯、仪表板照明灯、行李箱灯、门灯、发动机舱照明灯等。

5）仪表系统：仪表系统包括车速里程表、燃油表、冷却液温度表、发动机转速表等。

6）信号系统：信号系统包括音响信号和灯光信号装置，制动信号灯、转向信号灯、倒车信号灯以及各种报警指示灯等。

7）辅助用电设备：辅助用电设备包括电动车窗升降器、中央集控门锁、电动后视镜、风窗刮水器、洗涤器、电喇叭、点烟器等。

一般汽车电器设备的控制都集中在驾驶员前侧仪表板和中控台。桑塔纳3000型轿车驾驶舱布置见图1-2。

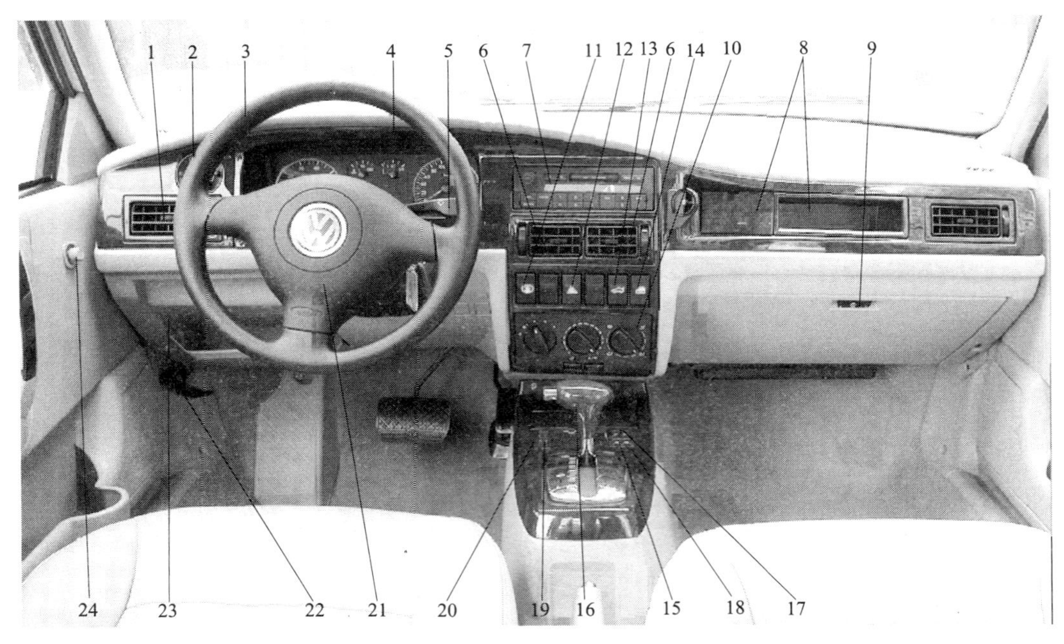

图1-2 桑塔纳3000型轿车驾驶舱布置图

1—出风口 2—灯光转换开关 3—转向信号灯和远光灯拨杆 4—组合仪表 5—风窗刮水器和风窗洗涤装置 6—出风口 7—收音机/CD播放机 8—杂物盒 9—杂物箱 10—空调开关 11—后窗加热开关 12—危险报警闪光灯开关 13—行李箱盖锁开启开关 14—车窗升降锁定开关 15—点烟器/烟灰盒 16—变速器杆 17—副驾驶员侧车窗玻璃升降开关 18—右后排乘员车窗玻璃升降开关 19—左后排乘员车窗玻璃升降开关 20—驾驶员侧车窗玻璃升降开关 21—转向盘 22—发动机罩开锁装置 23—熔丝护板壳 24—电动后视镜开关

操作步骤

1. 仪表盘的认识与检查

桑塔纳 3000 型轿车仪表盘见图 1-3。

（1）认识检查转速表　起动发动机，发动机指针能随着发动机转速变化摆动。

（2）认识检查电子时钟　能正常显示时间。

（3）认识检查时钟调节旋钮　逆时针方向旋转调节杆一次，增加 1h；顺时针方向旋转调节杆一次，增加 1min；沿一个方向按住调节杆，数值连续增加，变化频率先慢后快。

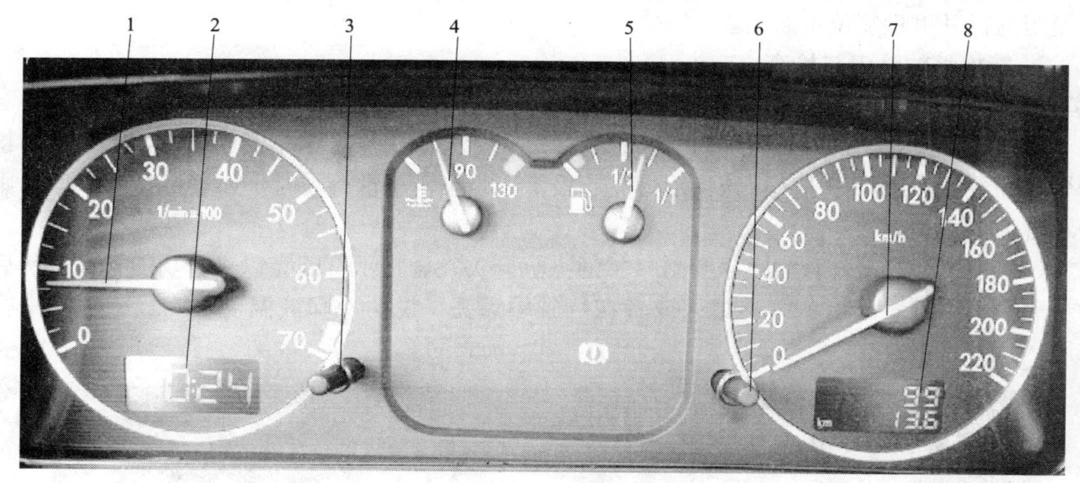

图 1-3　桑塔纳 3000 型轿车仪表盘

1—转速表　2—电子时钟　3—时钟调节旋钮　4—冷却液温度表　5—燃油存量表　6—短里程显示器复位按钮　7—车速表　8—里程显示器（带维修保养间隔）

（4）认识检查冷却液温度表及冷却液温度过高报警灯　桑塔纳 3000 型轿车冷却液温度表见图 1-4。

打开点火开关，冷却液温度表指针应摆动，并随发动机工作指示升高。

A 低温区：避免发动机转速过高和负荷过大。

B 正常区：指针应在汽车正常行驶时指向刻度盘的中间区域。

C 警告灯：如果在行驶过程中警告灯亮起，说明冷却液温度过高。此时应停车，关闭发动机并确定故障原因。如果行驶过程中，冷却液温度表指针指到满刻度并且没有警告指示，那么说明温度传感器有故障，此时应停车关闭发动机并确认故障原因。

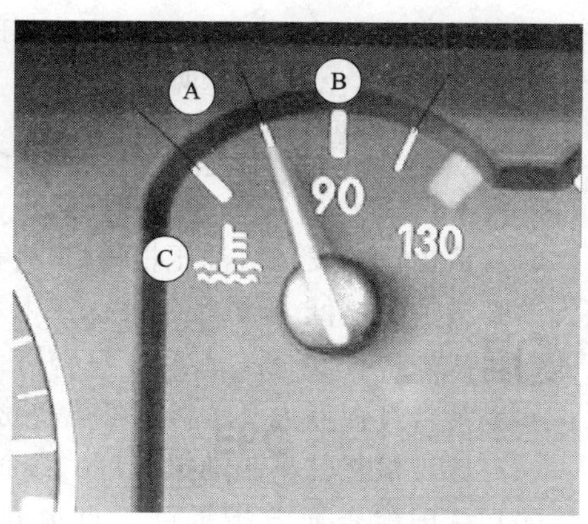

图 1-4　桑塔纳 3000 型轿车冷却液温度表

A—低温区　B—正常区　C—警告灯

（5）认识检查燃油表　打开点火开关，燃油表指针应摆动，指示正确油量。燃油箱中的存油量约为60L。当指针到达红色区域同时警告灯亮起时，表明还剩余10L燃油。当点火开关打开后指针到达燃油表最低刻度时，但燃油报警灯未报警，此时说明燃油传感器可能存在故障。

（6）认识检查短里程显示复位按钮　按下此按钮短里程显示应归零。

（7）认识检查车速表　停车时无论发动机是否起动车速表指针应指示“0”，行车时应显示汽车行驶速度。

（8）认识检查里程显示器（带维修保养间隔显示）　上面的计数器记录了总行驶里程；下面的计数器记录了短距离行驶里程。短距离计数器末尾数单位是100m。按下按钮6可以使短距离行驶里程复位重新归零。

2. 警报灯的认识与检查

如图1-5所示为桑塔纳3000型轿车仪表盘警报灯。

（1）认识检查燃油不足报警灯　接通点火开关后开始工作。当车辆起动时，系统自动检测燃油存量，如果少于12L，该指示灯亮起报警；当车辆正常行驶时，如该灯亮起报警，则表示燃油少于10L。

（2）认识检查冷却液温度报警灯　接通点火开关，该指示灯闪亮以进行功能检查，然后会熄灭。如果随后该指示灯不熄灭或者在行驶中点亮，说明冷却液温度过高，应停车进行检查。

图1-5　桑塔纳3000型轿车仪表盘

1—燃油存量　2—冷却液温度　3—发动机机油压力　4—安全气囊系统　5—制动装置/拉起驻车制动器　6—充电指示　7—防抱死制动系统　8—后风窗加热　9—冷却液液位　10—后盖未关闭指示　11—电子防盗装置　12—远光灯　13—电子节气门指示灯EPC　14—转向信号灯装置

（3）认识检查发动机油压报警灯　汽车行驶时该灯如果闪烁，表示润滑系统出现故障，警告驾驶员油压过低。

（4）认识检查安全气囊系统报警灯　接通点火开关，该警告灯闪亮约3～6s，然后熄灭。如果警告灯在点火开关接通后常亮或闪烁，则表明安全气囊存在故障。

（5）认识检查驻车制动报警灯　接通点火开关，拉紧驻车制动器，该灯应常亮。

（6）认识检查充电指示灯　点火开关接通后，该灯即发亮，发动机起动后，该灯即熄灭。

（7）认识检查ABS防抱死制动警报灯　接通点火开关，若ABS制动系统一切正常，

ABS指示灯亮1～5s后熄灭。若点火开关位于接通位置，ABS制动系统监测到故障，ABS指示灯不熄灭。此时，ABS防抱死功能失效，但车辆仍有正常的制动功能。

（8）认识检查后风窗加热指示　接通点火开关，打开后风窗加热开关，此指示灯亮起。接通后约20min后加热装置会自动关闭。

（9）认识检查冷却液液位报警灯　汽车在行驶过程中如果该灯闪烁，即表示冷却液液面过低。

（10）认识检查行李箱盖未关闭指示灯　打开行李箱盖，该指示灯点亮。

（11）认识检查电子防盗装置　接通点火开关，指示灯亮或闪烁。点火开关接通后，若防盗系统一切正常，指示灯亮3s后熄灭。若防盗系统监测到错误（例如使用非法的钥匙点火等），指示灯会不停地闪烁。

（12）认识检查远光灯指示灯　打开远光灯，此灯应亮起。

（13）认识检查电子节气门指示灯　接通点火开关，起动发动机，该指示灯会在点火时亮起，发动机起动后它必须熄灭。

（14）认识检查转向信号指示灯装置　根据接通的转向信号，左侧或右侧的指向灯会闪亮。

3. 认识检查门锁集控装置

如图1-6所示为桑塔纳3000型轿车门锁锁钮。

在车门关闭状态下，按下（或拔出）左/右前门上的锁钮（见图1-6）或用钥匙关闭（或开启）左/右前门锁时，检查所有车门是否同步锁紧或开启。后门锁钮可分别控制各自门锁的开启或关闭。对门锁的控制与点火开关钥匙位置无关。

4. 认识检查电动天窗

如图1-7所示为桑塔纳3000型轿车电动天窗开关。接通点火开关，沿顺时针方向旋转电动天窗开关至A～B之间位置，车顶将开启到适当位置。将开关转到位置A处天窗关闭。将旋转开关拧到C位置保持约3s后放开，旋转开关会自动回到B位置，天窗将完全开启。将旋转开关沿顺时针方向转到位置D天窗倾斜打开达到极限。

图1-6　桑塔纳3000型轿车门锁锁钮

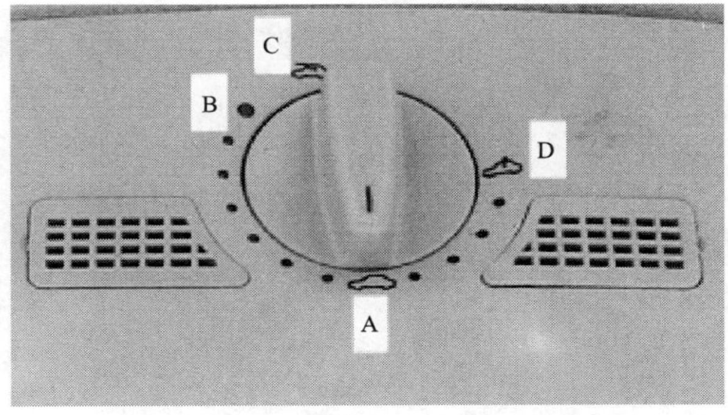

图1-7　桑塔纳3000型轿车电动天窗开关

注意事项

1. 天窗关闭过程中具有自动防夹功能，但出于保护电动机的需要，不要无故尝试。
2. 不宜用力压天窗太阳挡板，以免产生挡板脱位、产生异响、操纵吃力等现象。

5. 认识检查电动车窗开关

如图 1-8 所示为桑塔纳 3000 型轿车电动车窗控制开关。按下相应按钮，电动车窗开关所控制的车窗应随之升降，否则为电动车窗或控制开关及其电路有故障。

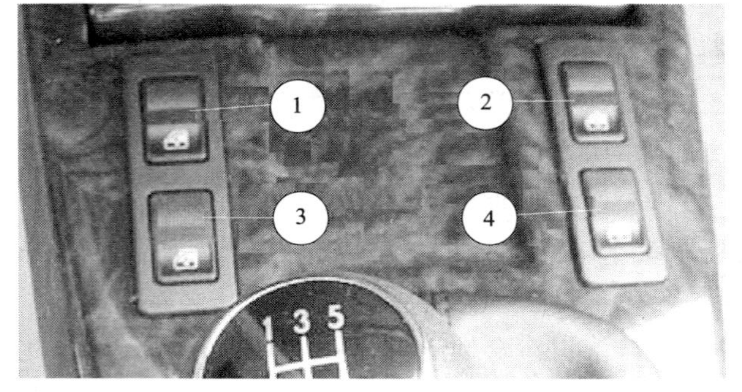

图 1-8 桑塔纳 3000 型轿车电动车窗控制开关
1—驾驶员侧车窗玻璃 2—副驾驶员侧车窗玻璃
3—后排乘员左侧车窗玻璃 4—后排乘员右侧车窗玻璃

6. 车外后视镜的认识与检查

桑塔纳 3000 型轿车电动后视镜控制开关见图 1-9。将点火开关置于“ON”（接通）位置，旋转后视镜控制开关至左侧或右侧（L 为左侧，R 为右侧，中间位置停止操作），上下左右摇动，相应车左外侧或右外侧后视镜反射面的空间角度相应作上下、左右转动。电动后视镜调整开关即可起控制作用。按下后风窗加热开关，车外后视镜可一同加热除雾（选装）。

注意事项

不得在作摇动的同时又进行旋转，否则容易损坏开关。

7. 安全气囊的认识与检查

桑塔纳 3000 型轿车驾驶员正面安全气囊位置见图 1-10。接通点火开关，气囊指示灯大约亮 3s（自检），然后熄灭。若有以下情况，系统就存在故障：

图 1-9 桑塔纳 3000 型轿车电动后视镜控制开关

图 1-10 驾驶员正面安全气囊

1）在点火开关打开时指示灯没有亮。

2）点火开关打开后指示灯在 3s 以后没有熄灭。

3）点火开关打开后指示灯熄灭并重新亮起来。

4）车在行驶过程中指示灯亮或者闪烁。

8. 点火开关的认识与检查

桑塔纳 3000 型轿车点火开关见图 1-11。

1）将钥匙转在位置 1，拔出钥匙，转动转向盘，听见锁紧销的啮合声，便知已锁住转向盘。

2）将钥匙转在位置 2，在此位置，前照灯、车外后视镜、风窗刮水器、鼓风机、电动窗升降机及后窗加热装置等均可正常操作。

3）将钥匙转在位置 3，在此位置，前照灯、风窗刮水器、鼓风机及后窗加热装置均被切断。松手后，钥匙将自动回到位置“2”。

4）在重新起动发动机前，须将钥匙转到位置“1”。

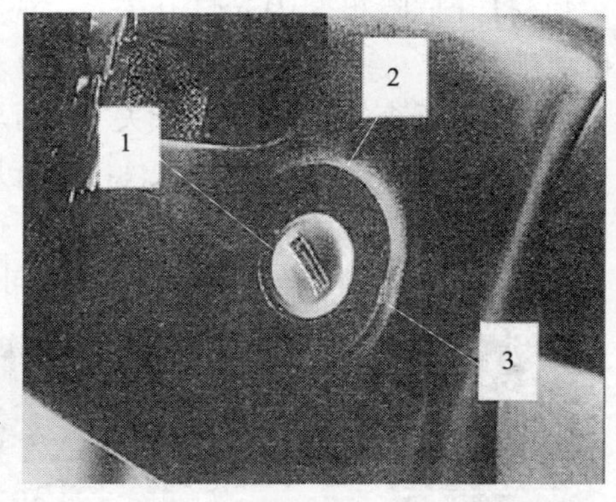

图 1-11　桑塔纳 3000 型轿车点火开关
1—点火开关断开　2—点火开关接通
3—起动发动机

注意事项

1. 如钥匙在匙孔内不易转动或根本不能转动，应将转向盘轻轻地往复转动以放开锁紧销。
2. 点火开关的重复起动闭锁装置，可防止发动机运转时再次接通起动机，以免损坏起动机。车辆停稳后方可取下钥匙。

9. 灯光开关的认识与检查

桑塔纳 3000 型轿车灯光开关见图 1-12。接通点火开关，将灯光转换开关旋到驻车灯或近光灯/远光灯的位置。近光灯或远光灯亮起。在起动发动机过程中和关闭点火开关后，会自动切换回驻车灯。如果未将灯关闭就拔出点火钥匙，驾驶员侧车门打开时，会想起蜂鸣声。

将灯光转换开关对准驻车灯或近光灯/远光灯位置并向外拉至挡位 1。开启雾灯时会在组合仪表中和开关处各亮起一只指示灯。对于配有后雾灯的车型，将灯光转换开关对准驻车灯或近光灯/远光灯位置并向外拉至挡位 2。

在照明开关开启状态下，可按下滚花按钮对仪表和夜光照明进行无级调控，调节结束之后按下滚花按钮使其复位。

图 1-12　桑塔纳 3000 型轿车灯光开关
○—关闭　驻车灯符号—驻车灯　近光灯符号—近光灯
前雾灯符号—前雾灯　后雾灯符号—后雾灯

10. 中控台开关的认识与检查

桑塔纳 3000 型轿车中控台开关见图 1-13。

1）打开点火开关。

2）打开后风窗加热开关和车外后视镜加热开关 1（此加热装置仅在点火开关接通状态下工作），此时开关上的指示灯亮起。接通后约 20min 加热装置会自动关闭。

3）通过再次轻击开关也可将加热装置提早关闭。

4）打开危险报警闪光灯开关2，观察4个转向灯应闪亮（此设备在点火开关关闭状态下也可响应）。

5）按下行李箱盖锁开启开关3，行李箱盖应打开。

6）按下车窗升降锁定开关4，检查后车门玻璃升降器开关应被锁定，不起作用。

11. 组合开关的认识与检查

桑塔纳3000型轿车组合开关的转向灯和前照灯变光开关，位于转向盘左侧，见图1-14。

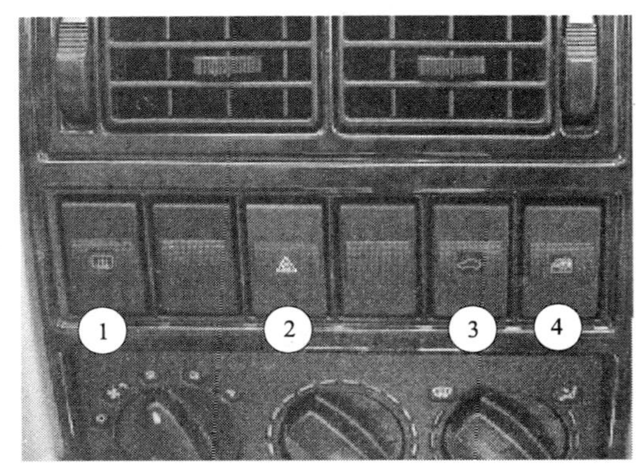

图1-13 桑塔纳3000型轿车中控台开关

1—后风窗加热开关和车外后视镜加热开关 2—危险报警闪光灯 3—行李箱盖锁开启开关 4—车窗升降锁定开关

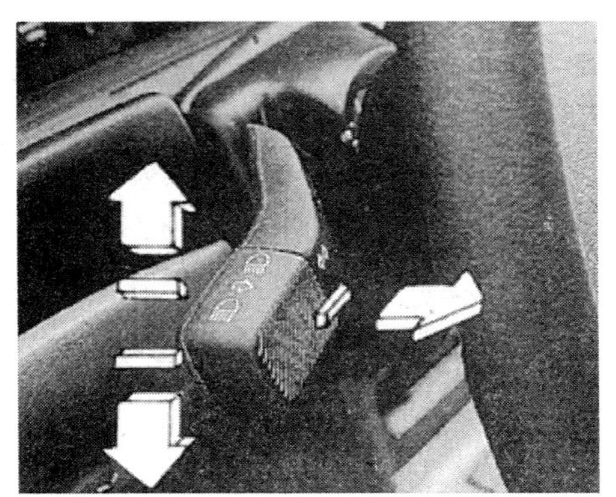

图1-14 桑塔纳3000型轿车组合开关的转向灯和前照灯变光开关

（1）转向灯和前照灯变光开关的认识与检查 组合开关左侧拨杆为转向灯和前照灯变光开关。

接通点火开关，组合开关左侧拨杆朝上、下拨动，汽车右、左转向灯应闪烁，同时仪表盘上转向信号灯亦同时闪烁。转向灯中的一只损坏时，信号灯会快速闪烁。转向后，回正转向盘，转向灯会自动熄灭。

前照灯近光远光变换拨杆朝后抬起，进行远近光变换。

（2）刮水器和洗窗器开关认识与检查 组合开关右侧拨杆为刮水器和洗窗器开关，见图1-15。

接通点火开关，上下拨动开关至如图位置，刮水器应分别进行“0”挡为刮水器停；“1”挡为慢速刮水；“2”挡为快速刮水；“3”挡为间歇刮水（每6s工作一次），风窗刮水在“0”挡与“1”挡之间有一挡点动刮水功能，拨杆可自动复位。

朝上抬起刮水开关拨杆，刮水器及洗窗器即开始工作。复原拨杆，洗窗器停止而刮水器继续工作约4s。

12. 倒车报警装置

桑塔纳3000型轿车倒车报警装置声纳探头，见图1-16。

接通点火开关，挂入倒挡，轿车发出一短促声音，表明该装置进入工作状态。若此时无该提示音（0.3s左右，800Hz）或发出一种明显区分于正常报警声的高音异常警报声（2s左右，800～1600Hz）及高音故障提示声（1600Hz），则表明倒车报警装置未被激活。

图 1-15　桑塔纳 3000 型轿车组合开关的刮水器和洗窗器开关

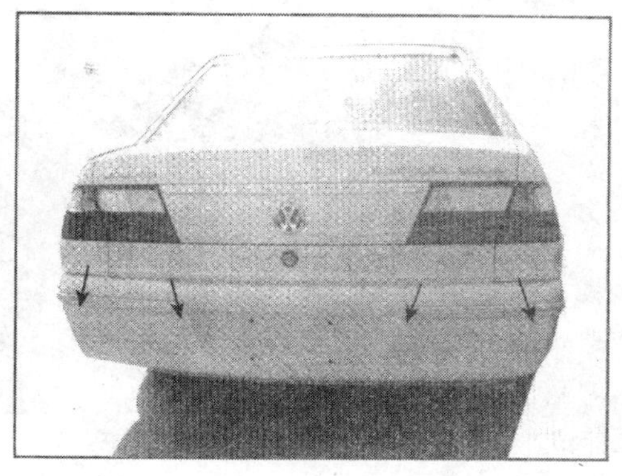
图 1-16　桑塔纳 3000 型轿车倒车报警装置声纳探头

倒车时，轿车距后障碍物约 1.5m 左右时装置开始发出报警声，距离障碍物越近，警报声越急促。当轿车倒至与障碍物之间的距离小于 0.4m 时，装置将发出连续警报声。

注意事项

当车速超过 15km/h 时，该系统不能正常工作，此时不能有效分辨障碍物，为保证系统正常工作，必须使传感器保持清洁，无积雪和冰。

13. 空调系统的认识与检查

（1）手动空调的检查与认识　桑塔纳 3000 型轿车手动空调控制开关与出风口位置见图 1-17 和图 1-18。

按下空调开关按钮 A，按钮上的信号灯亮起，制冷空调开启。按下空气循环开关按钮 B，指示灯会亮起。此运行模式下空气会由车内吸取并进行循环。旋转旋钮 C 由 0 至 4，风量由无至最大。当旋钮 C 调至 0 时，按下空调开关按钮 A，空调系统将强制以一挡风速运行。温度调节旋钮 D 由蓝色至红色，温度由最低调至最高。旋转旋钮 E 于不同位置可得到不同出风位置。

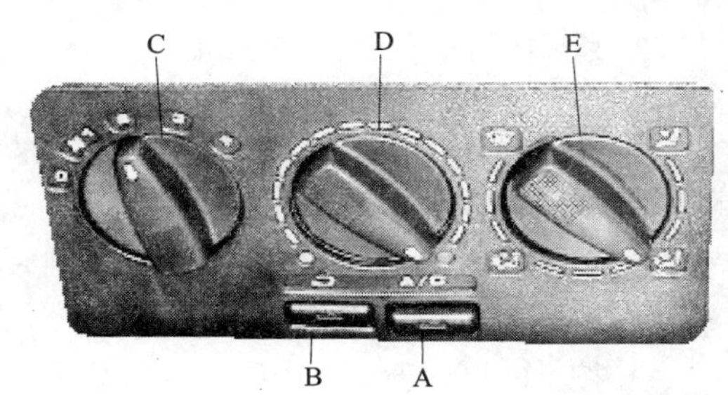

图 1-17　桑塔纳 3000 型轿车手动空调控制开关
A—空调开关　B—空气循环开关　C—风量控制
D—温度调节　E—空气分配暖风和通风

注意事项

1. 所设定的温度不可低于现有外部环境温度。
2. 只有发动机达到它的运行温度，才能够达到最大许可采暖功率，风窗玻璃才能快速除霜。
3. 停车时不得长时间使用暖风与通风。

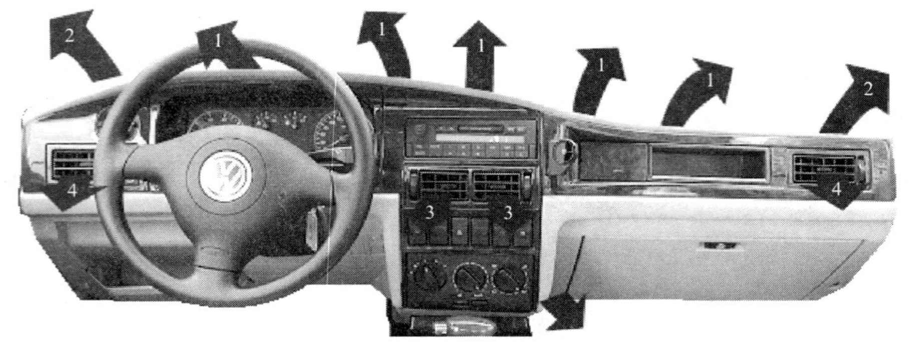

图 1-18　桑塔纳 3000 型轿车空调出风位置

（2）自动空调的认识与检查　桑塔纳 3000 型轿车自动空调控制面板，见图 1-19。

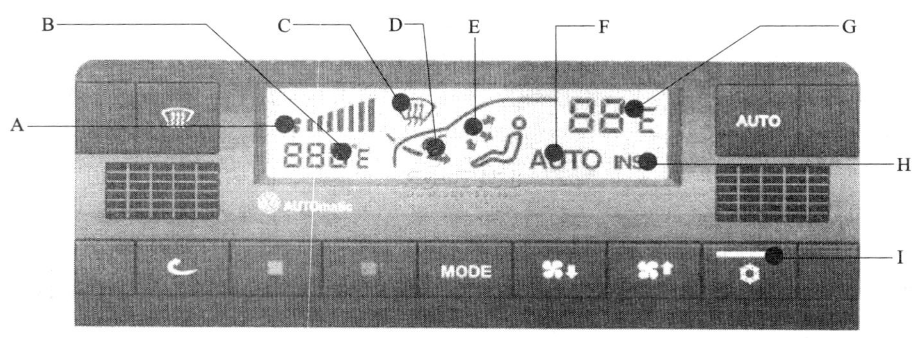

图 1-19　桑塔纳 3000 型轿车自动空调控制面板

A—风速显示　B—环境温度显示　C—除霜/除雾状态显示　D—内外循环状态显示

E—出风模式显示　F—自动运行显示　G—设定温度显示　H—设备故障显示　I—压缩机运转显示

1）按下按钮，进行除霜操作，如果环境温度低于 2℃，则进行除霜功能，反之，运行除雾功能。

2）按下按钮，循环空气模式强制开启或关闭，在控制器屏幕上有相应显示。

3）按下■按钮，设定温度下降和上升。

4）按 MODE 键，模式风门在各出风模式间进行切换，并在屏幕上显示对应图案。

5）按下按钮，鼓风机转速上升和下降。

6）按下按钮，键上黄色指示灯点亮，起动压缩机，再次按下此按钮，键上指示灯熄灭，关闭压缩机（鼓风机风速在使用者手工调节时共有 14 级，当鼓风机挡位变化两次时，屏幕显示才变化为一一对应的矩形）。

7）按下 AUTO 键，系统即进入全自动运行状态，空调系统可以根据当前所处的环境（环境温度、阳光辐射强度、当前的车内温度、车速和发动机冷却液温度等）及使用者的设定，自动调节所有的空调设备，确保车内空间舒适惬意。所做的任何操作，等待约 2s 之后都将被控制器记忆。在下次点火开关打开时，控制器将恢复至上次熄火前的最终工作状态。

按下除 AUTO、■（红）和■（蓝）之外的任何按键，自动运行模式停止，但温度会继续得到控制。

使用手动运行模式时，出风温度、风速和风向分别进行调节，使用者未定义的设备仍由控制器自动调节。

14. 车内照明灯光的认识与检查

（1）前阅读灯　桑塔纳 3000 型轿车前后阅读灯，见图 1-20。

按钮按至，此灯由车门控制；按钮按至，此灯关闭；按钮按至，此灯打开。

图 1-20　桑塔纳 3000 型轿车前后阅读灯

（2）后阅读灯　按钮按至，此灯由车门控制，按钮按至，此灯关闭；按钮按至，此灯打开。

（3）梳妆镜照明灯　桑塔纳 3000 型轿车梳妆镜照明灯，见图 1-21。

遮阳板可以上下左右翻转，不仅具有遮阳的作用，而且右侧遮阳板上还装有梳妆镜，镜内设有照明灯，开关位于镜子下缘。前座乘客想梳妆时，只需翻下遮阳板，打开照明开关即可。有些车型梳妆镜上备有盖板，见图 1-21。前座乘客想梳妆时，只需翻下遮阳板，打开盖板，打开照明开关即可。

图 1-21　桑塔纳 3000 型轿车梳妆镜照明灯

15. 点烟器的认识与检查

桑塔纳 3000 型轿车点烟器见图 1-22。将点烟器揿入插座内即可接通，电热丝发红时，点烟器会自动弹出，应立即取出。

16. 收音机/CD 播放机的认识与检查

桑塔纳 3000 型轿车收音机/CD 播放机，见图 1-23。

旋转旋钮打开收音机，按下 AM、FM，选择调谐、调频，按下 TAPE 选择磁带，按下 CD 键，选择 CD 机。当选择收音机时，天线自动伸出。

图 1-22 桑塔纳 3000 型轿车点烟器

图 1-23 桑塔纳 3000 型轿车收音机/CD 播放机

考核

序号	考核内容	配分	评分标准	考核记录	扣分	得分
1	正确操作和使用各种电器装置	30	不能正确操作每次扣 3 分 操作不熟练扣 10 分			
2	正确认识各部名称	20	不能正确说出名称每处扣 10 分			
3	熟悉各部分的作用	20	不能正确说出其作用每处扣 8 分			
4	正确判断故障	20	不能判断出故障每处扣 3 分			
5	操作规范，整洁有序，不超时	10	第一项扣 4 分，后两项各扣 3 分			
	遵守安全操作规程，无事故		出现元器件损坏，此题为 0 分			
6	分数总计	100				

项目 1.2 常用工具与仪器的使用

学习目标

1）熟悉汽车电器系统检修常用的工具和仪器。

2）掌握常用工具、仪器的使用方法。

工具材料

1）跨接线。

2）有源及无源测试灯。

3）汽车专业测试笔。

4）普通及数字万用表。

5）桑塔纳轿车。

6）汽车电路试验台。

相关知识

1. 跨接线

如图 1-24 所示，它是一段多股导线，两端分别接有鳄鱼夹或不同形式的插头，一般备有多种形式的跨接线，以备特定位置的测量。

跨接线起到了旁通电路的作用，主要用于线路故障（断路、短路和窜电）的检查。

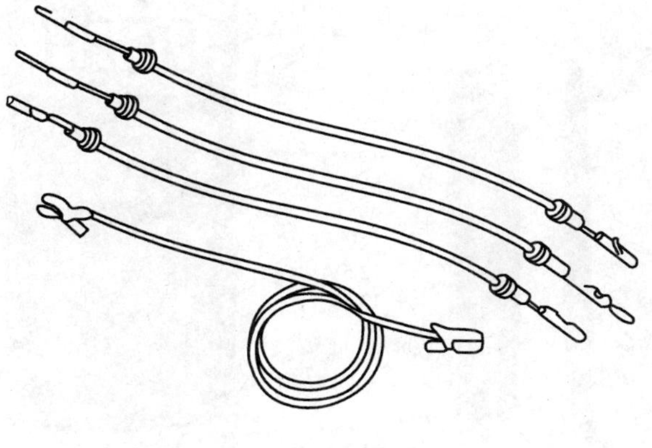

图 1-24　跨接线

2. 测试灯

测试灯也称测电笔，它是在跨接线的基础上增加了用于显示电路导通状态的灯，根据灯的明暗程度还可以判断被测线路电压的大小。测试灯分为有源测试灯（可用绝缘电阻表代替）和无源测试灯（可用电压表代替）两种类型，其组成见图 1-25。

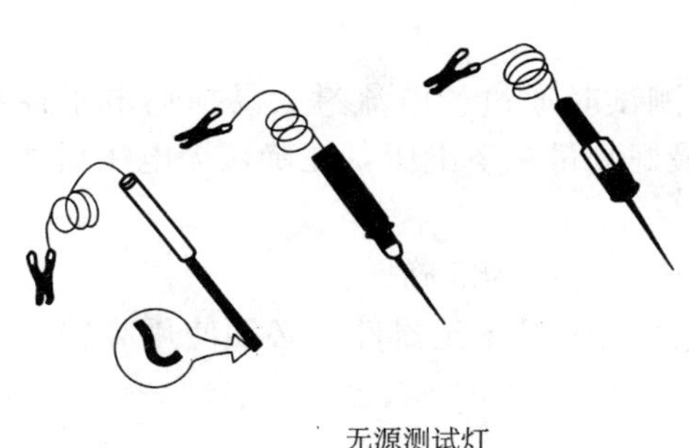

无源测试灯

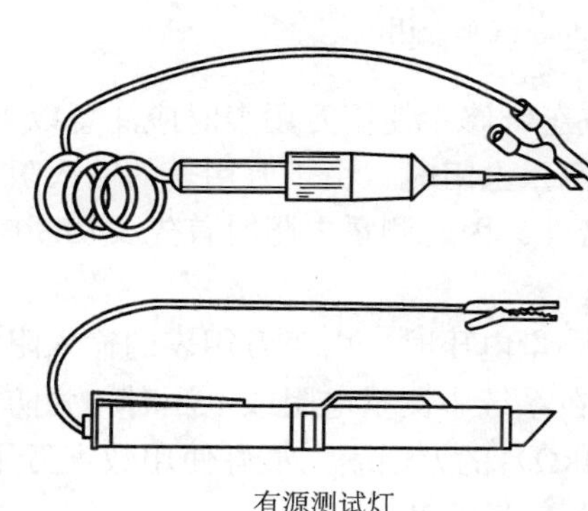

有源测试灯

图 1-25　测试灯

（1）无源测试灯　无源测试灯也称 12V 测试灯，由 12V 灯泡、导线和各种型号的插头组成（图 1-25），可以用来检查电源电路各线端是否有电压。

（2）有源测试灯　有源测试灯的结构和原理与前者基本相同，只是在手柄内加装两节 1.5V 干电池，它用来检查电气电路断路和短路故障。由于自身带有电源，检测方法略有不同。另外采用断路法可对线路的断路故障进行快速检查。

3. 汽车专用电笔

对汽车维修电工来说，配备汽车专用电笔在维修工作中是十分方便的。它不仅可以用于汽车电路的测试，代替测试灯，而且可以直接从电笔的灯光指示上判断发电机、调节器的工作是否正常。在这方面，它其至比万用表更实用。

汽车专用电笔分 A 型、B 型两种，A 型用于 12V 电源检测，B 型用于 24V 电源检测，见图 1-26。

4. 万用表

常用的万用表分为指针式和数字式两种。数字式万用表精确、功能多，价格贵；指针式万用表直观、便宜。H15 数字式万用表外形见图 1-27，表面上“O/V”符号表示万用表本身的灵敏度，数字越大，表示灵敏度越高。

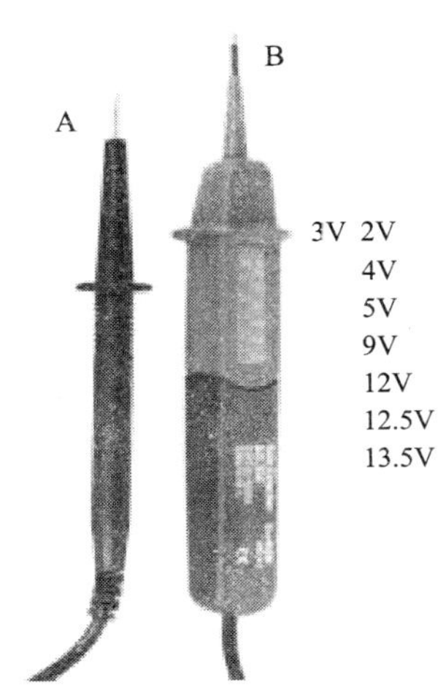

图 1-26 汽车专用电笔

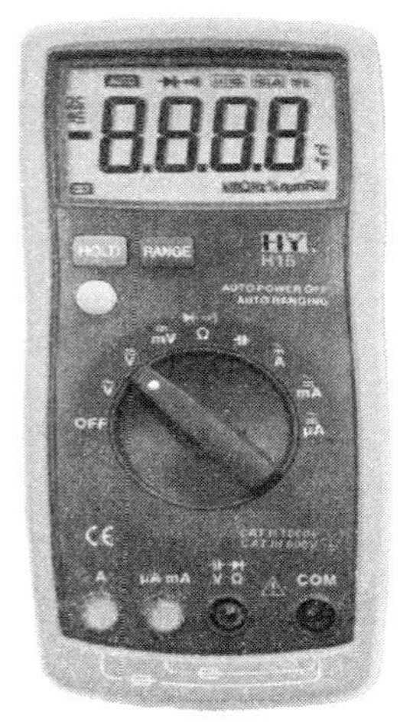
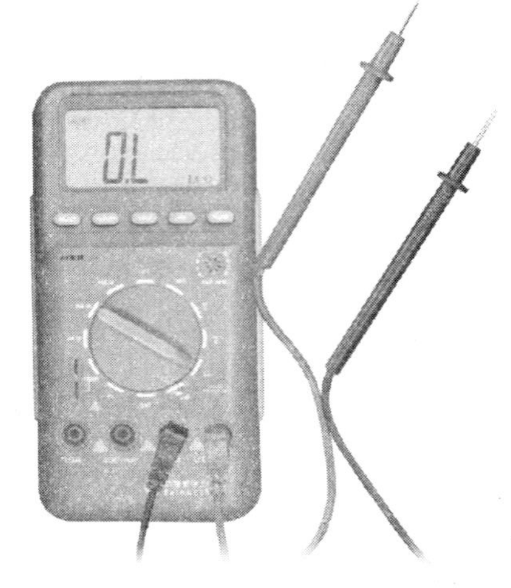

图 1-27 H15 数字万用表外形

在汽车维修中使用万用表时应注意以下几点：

1）测量电阻时，由于万用表的输入阻抗低，测试时通过的电流过大易损坏电子控制部分的元器件。因此测量电阻时首先要切断电源，最好测量一下电压，在确认无电压后才能进行测量。

2）测量电压时，由于万用表的输入阻抗低而影响数据的准确性。

3）在系统中测量电阻或电压时，为防止电流过大而损坏元器件，必须使用高输入阻抗（大于 10kΩ）的万用表。最好使用数字万用表。

5. 汽车万用表

在发动机电控系统检测及故障诊断中，除经常要检测电压、电流、电阻等参数外，还需要检测转速、闭合角、百分比、频率、压力、时间、电容、电感、温度等参数。这些参数对于发动机电控系统的故障检测与诊断具有重要意义。但是这些参数用一般数字式万用表无法检测，需用汽车万用表。

如图 1-28 所示为汽车万用表。汽车万用表主要由数字及模拟量显示屏、功能按钮、测试项目选择开关、温度测量座孔、公用座孔（用于测量电压、电阻、频率、闭合角、频宽比和转速等）、搭铁座孔、电流测量座孔等构成。

一般汽车万用表应具备下述功能：

1）测量交、直流电压，考虑到电压的允许变动范围及可能产生的过载，汽车万用表应能测量大于 40V 的电压值，但测量范围也不能过大，否则，读数的精度会下降。

2）测量电阻，汽车万用表应能测量 1MΩ 的电阻，测量范围大一些使用起来较方便。

3）测量电流，汽车万用表应能测量大于 10A 的电流，测量范围再小则使用不方便。

4）记忆最大值和最小值，该功能用于检查某电路的瞬间故障。

5）模拟条显示，该功能用于观测连续变化的数据。

6）测量脉冲波形的频宽比和点火线圈一次电流的闭合角。该功能用于检测喷油器、怠速稳定控制阀、EGR 电磁阀及点火系统等的工作状况。

7）测量转速。

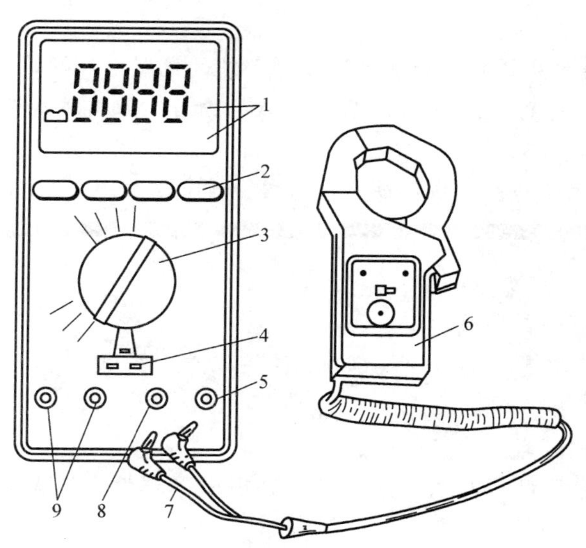

图 1-28　汽车万用表及电流传感器

1—数字及模拟量显示屏　2—功能按钮　3—测试项目选择开关　4—温度测量座孔　5—公用座孔　6—电流传感器　7—电流传感器引线插头　8—搭铁座孔　9—电流测量座孔

8）输出脉冲信号，该功能用于检测无分电器点火系统的故障。

9）测量传感器输出的电信号频率。

10）测量二极管的性能。

11）测量大电流，配置电流传感器后，可以测量大电流。

12）测量温度，配置温度传感器后可以检测冷却液温度、尾气温度和进气温度等。

目前国内生产的汽车万用表，如“胜利-98”、笛威 TWAY9206、TWAY9406A 和 EDA-230 等型号的汽车万用表，都具有上述功能。有些汽车万用表，除了具有上述基本功能外，还有一些扩展功能。例如，EDA-230 型汽车万用表在配用真空/压力转换器（附件）时可以测量压力和真空度，并且它还具有背光显示功能（使显示数据在光线较暗时也能被看清楚）。

操作步骤

1. 跨接线的使用

1）当控制开关接通而电器不工作时，将跨接线跨接在被测部件的“搭铁”端子与车身搭铁之间，若电器恢复工作，则说明其搭铁电路开路。

2）将跨接线跨接在蓄电池“＋”极与被测部件的“电源”端子上，若部件工作正常，则说明电源电路有故障。

3）电源电路和搭铁电路都跨接而电器仍不工作，说明电器本身有故障。

也可以在不需要某部件的功用时，用跨接线短路而将其隔离出去，以检查部件的工作情况。此外，在发动机管理系统的自诊断中常用跨接线完成“激活”故障码的过程（跨接在专用检测接口内规定的插座或插头上）。

注意事项

1. 用跨接线将电源电压加至实验部件之前，必须确认被测部件的电器电压规定值。否则，可能造成设备损坏。如有的喷油器工作电压为4V，加上12V电压就可能使喷油器损坏。
2. 跨接线不可将被测部件“+”端子与发动机搭铁直接跨接，避免造成电源短路。

2. 无源测试灯的使用

1）当电器有故障时先将测试灯的搭铁夹搭铁。

2）再用探针短接于电子器件的“电源”端子处，如灯不亮，说明被测线路有断路故障。

3）沿电流的流向逐次短接在第二测试点、第三测试点。

4）当灯点亮时，可断定故障点在最后两个测试点之间的线路或电子器件上。大多为断路故障。

3. 有源测试灯的使用

（1）断路检查

1）首先断开与电气部件相连接的电源电路。

2）将测试灯一端搭铁。

3）另一端接电路各接点（从电路首端开始），如果灯不亮，则断路出现在被测点与搭铁之间；如灯亮，则断路出现在此时被测点与上一个被测点之间。

（2）短路检查

1）首先断开电气部件电路的电源线和搭铁线。

2）测试灯一端搭铁。

3）一端与余下电气部件电路相连接，如灯亮，表示有短路故障（搭铁）存在。

4）然后逐步将电路中插接器拨开，开关打开，拆除各部件，直到灯灭为止，则短路出现在最后开路部件与上一个开路部件之间。

注意事项

不可用测试灯检查发动机电控单元，除非维修手册中有特殊说明。

4. 汽车专用电笔的使用

1）使用时，根据电源电压，将电笔负极用鳄鱼夹与搭铁可靠地相接（12V 电系时用 A1 接负极，24V 时用 A2 接负极）。

2）将电笔头逐次碰触被测点，这时电笔上的两只双色二极管可组合指示 6 种颜色。

3）根据各种颜色不同的组合，分别对应不同的电压值。

5. 万用表的使用

常见的万用表分为指针式和数字式两种，选用合适挡位可测取电流、电压、电阻等参数值。

（1）直流电压的测量　用指针式万用表测量直流电压（以 MF500 为例）。

1）可先将红测试棒插入“＋”插孔中，黑测试棒插入“＊”插孔中。

2）将左右选挡旋钮分别置于“V”和直流电压估测挡位上。

3）将万用表棒并接在被测负载或信号源上，读取指针指示的刻度值。

用数字式万用表测量直流电压（以 DT-930 为例）。

1）可将红测试棒插入“V/Ω”插孔中，将黑测试棒插入“COM”插孔中。

2）将中间功能旋钮置于“DCV”量程范围挡。

3）并将万用表棒并接在被测负载或信号源上，读取显示屏显示的数值。数字式万用表显示电压数值的同时会显示红测试棒的极性。

（2）直流电流测量　用指针式万用表测量直流电流时（以 MF500 为例）。

1）可先将红测试棒插入“＋”插孔中，黑测试棒插入“＊”插孔中。

2）将左右选挡旋钮分别置于“A”或“20A”和直流电流估测挡位上。

3）将万用表棒串接在被测电路中。

4）读取指针指示的刻度值，刻度与所选挡位相对应。

用数字式万用表测量电流时（以 DF-930G 为例），可先将红测试棒插入“A”插孔中，将黑测试棒插入“COM”插孔中；将中间功能旋钮置于“DCA”量程范围挡，并将万用表棒串接在被测电路中，读取显示屏显示的数值。数字式万用表显示电压数值的同时会显示红测试棒的极性。

注意事项

1. 测量前若不知被测电压的范围，应将万用表先置于高量程挡，然后逐步调低进行测试。
2. 电流挡过载时，万用表内熔丝会熔断起过载保护作用。数字式万用表“20A”插孔没有熔丝保护，测量时间应小于15s。

（3）电阻的测量　用指针式万用表测量电阻时（以 MF500 为例），可先将红测试棒插入“＋”插孔中，黑测试棒插入“＊”插孔中；将左右选挡旋钮分别置于“Ω”和电阻估测挡位上。将两万用表棒短接，使指针向满刻度方向偏转，然后调节电位器旋钮，使指针指示“Ω”刻线的零位置上，再去测量未知电阻的阻值。为了确保测量精度，指针所指的位置尽可能指示在刻度中间区域。

用数字式万用表测量电阻时，可先将红测试棒插入“V/Ω”插孔中，将黑测试棒插入“COM”插孔中；将中间功能旋钮置于“Ω”量程范围挡，并将两万用表棒跨接在被测电阻两端，读取显示屏显示的数值。

6. 汽车万用表的使用方法

（1）信号频率的测试

1）测试项目选择开关置于频率（Freq）挡。

2）黑线（自汽车万用表搭铁座孔引出）搭铁。

3）红线（自汽车万用表公用座孔引出）接被测信号线，显示屏即显示被测频率。

（2）温度的检测

1）测试项目选择开关置于温度（Temp）挡。

注意事项

1. 用指针式万用表测量电阻时，试用每一个挡位都要把电阻调零，数字式万用表不需调零。
2. 读取结果是将指针式万用表实际数等于指针数乘以挡位数；数字式万用表直接读数。200挡单位是Ω，2kΩ、20kΩ、200kΩ、三个挡位单位都是kΩ，2MΩ、20MΩ、200MΩ三个挡位单位都是MΩ。
3. 指针式万用表用R×1挡，调零时，如果调节电位器不能使指针指示到零位，表明万用表内干电池电压不足。数字式万用表ON/OFF按钮按下，如果屏幕上出现干电池符号表示万用表内干电池电压不足。
4. 无论指针式还是数字式万用表，绝对不能测量干电池的电阻或带电电路上的电阻。

2）按下功能按钮（℃/F）。

3）将黑线搭铁。

4）探针线插头端插入汽车万用表温度测量座孔，探针端接触被测物体，显示屏即显示被测温度。

（3）点火线圈一次电路闭合角的检测

1）测试项目选择开关置于闭合角（Dwell）挡。

2）黑线搭铁。

3）红线接点火线圈负接线柱。

4）发动机运转，显示屏即显示点火线圈一次侧电路闭合角。

（4）频宽比的测量

1）测试项目选择开关置于频宽比（Duty Cycle）挡。

2）红线接电路信号。

3）黑线搭铁，发动机运转，显示屏即显示脉冲信号的频宽比。

（5）转速的测量

1）测试项目选择开关置于转速（R/MIN）挡。

2）转速测量专用插头插入搭铁座孔与公用座孔中。

3）感应式转速传感器（汽车万用表附件）夹在某一缸高压点火线上，在发动机工作时，显示屏即显示发动机转速。

（6）起动机起动电流的测量

1）测试项目选择开关置于400mV挡（1mV相当于1A的电流，即用测量电流传感器电压的方法来测量起动机的起动电流）。

2）把霍尔式电流传感器夹到蓄电池线上，其引线插头插入电流测量座孔，

3）按下最小/最大功能按钮。

4）然后拆下点火高压线。

5）用起动机转动曲轴2～3s，显示屏即显示起动电流。

（7）氧传感器的测试

1）拆下氧传感器线束插接器。

2）将测试项目选择开关置于“4V”挡。

3）按下DC功能按钮，使显示屏显示“DC”，再按下最小/最大功能按钮。

4）将黑线搭铁，红线与氧传感器相连。

5）然后以快怠速（2000r/min）运转发动机，使氧传感器工作温度达360℃以上。

6）此时，如混合气浓，氧传感器输出电压约为0.8V；如混合气稀，氧传感器输出电压为0.1～0.2V。当氧传感器工作温度低于360℃时（发动机处于开环工作状态），氧传感器无电压输出。

（8）喷油器喷油脉冲宽度的测量

1）测试项目选择开关置于频宽比挡。

2）测出喷油器工作脉冲频率的频宽比。

3）再把测试项目选择开关置于频率（Freq）挡，测出喷油器工作脉冲频率（Hz）。

4）然后按下式计算喷油器喷油脉冲宽度

$$S_p=\eta/f_p$$

式中　S_p——喷油脉冲宽度（s）；

η——频宽比（%）；

f_p——喷油频率（Hz）。

考核

序号	考核内容	配分	评分标准	考核记录	扣分	得分
1	正确使用跨接线	15	每次工具使用不当扣5分			
			使用方法错误或不会使用扣15分			
2	正确使用测试灯	15	每次工具使用不当扣5分			
			使用方法错误或不会使用扣15分			
3	正确使用万用表	30	每次工具使用不当扣5分			
			使用方法错误或不会使用扣30分			
4	正确使用汽车万用表	30	每次工具使用不当扣5分			
			使用方法错误或不会使用扣30分			
5	操作规范，整洁有序，不超时	10	第一项扣4分，后两项各扣3分			
	遵守安全操作规程，无事故		出现元器件损坏，此题为0分			
6	分数总计	100				

项目1.3　基本测量与检查技术

学习目标

1）电压、电流和电阻等基本电量的测量。

2）二极管极性及好坏的测量。

3）晶体管类型、极性及好坏的测量。

工具材料

1）万用表。

2）交、直流电源。

3）测量用电阻、电容器、二极管、晶体管、连接导线、开关等。

相关知识

1. 电阻元件

电阻元件是电子线路中基本的、不可缺少的元件，它的主要作用是限流和调压。电阻测量的原理是利用欧姆定律来实现的。

电阻元件两端的电压和通过电阻元件的电流之间的关系为

$$I=\frac{U}{R}$$

电阻的单位为欧姆，简称欧，符号是Ω。

（1）串联电路　把电阻一个接一个地首尾依次连接起来，就组成串联电路。串联电路的基本特点是：

1）电路中各处的电流强度相等。

2）电路两端的总电压等于各部分电路两端的电压之和。

（2）并联电路　把几个电阻并列地连接起来，就组成了并联电路。并联电路的基本特点是：

1）电路中各支路两端的电压相等。

2）电路中的总电流强度等于各支路的电流强度之和。

（3）混联电路　在实际电路中，既有电阻的串联，又有电阻的并联，这种电路被称为电阻的混联。对于混联电路的计算，我们只要按串联和并联的计算方法，一步一步地把电路化简，最后就可以求出总的等效电阻来。

2. 电容元件

电容器具有隔直流、通交流、储能等特性，常用它来组成滤波、耦合、旁路、振荡等电子电路。电容器由两块金属板中间隔一层绝缘介质所构成。电路中电容器的代号用符号 C 来表示。

电容器的主要参数有电容器的标称容量、允许误差和耐压等。

电容器长期连续可靠工作时，两电极间最高承受的电压，称为电容器的额定工作电压，简称电容的耐压。

标注在电容器外壳上的电容量大小称为标称容量。

3. 二极管

半导体二极管的种类很多，按材料来分，最常用的有硅管和锗管两种；按结构不同可分为点接触型和面接触型两类。

半导体二极管的主要特性是单向导电性，其主要参数有最大整流、最高反向工作电压、最大反向电流、最高工作频率。还有一些特殊二极管：

（1）稳压二级管　稳压二极管就是通过对半导体内进行特殊的工艺处理制成的，它具有很陡峭的反向特性。稳压二极管的反向击穿是可逆的，切断外加电压后，PN 结仍能恢复原状。

（2）发光二极管　发光二极管是一种能将电能转换成光能的半导体器件，有时简写为 LED。它是由磷砷化镓、镓铝砷或磷化镓等化合物材料制成的。其内部结构是一个 PN 结，具有单向导电性。

（3）光敏二极管　光敏二极管是一种能将光能转换成电能的半导体器件。

4. 晶体管

晶体管按照频率分，有高频管、低频管；按照功率分，有小、中、大功率管；按照半导体材料分，有硅管、锗管；按结构分，有 NPN 型管和 PNP 型管。NPN 型晶体是由两个 PN 结的三层半导体制成的，见图 1-29。中间是一块很薄（几微米至几十微米）且掺杂浓度很低的 P 型半导体，两边各为一块 N 型半导体，从三块半导体上各自接出三个电极，它们分别叫发射极 e、基极 b 和集电极 c，对应的每块半导体称为发射区、基区和集电区（发射区比集电区的掺杂浓度高）。

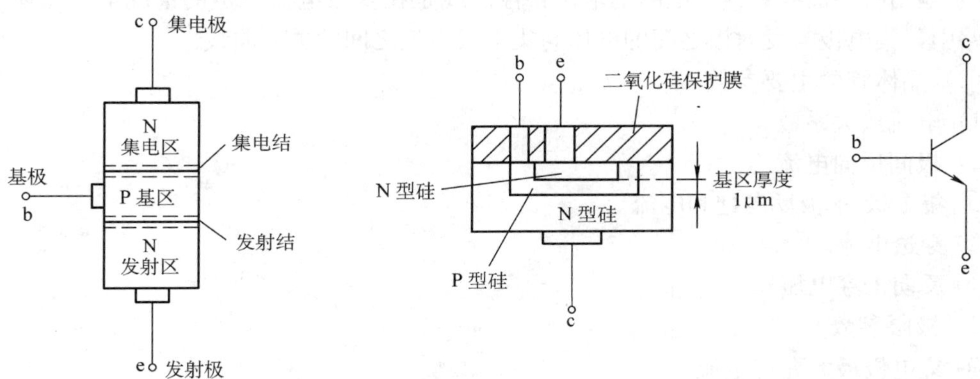

图 1-29　NPN 型晶体管

（1）晶体管的电流放大

1）晶体管各电极间的电流分配关系，满足晶体管发射极电流，等于基极电流与集电极电流之和。

$$I_E = I_B + I_C$$

2）在一定范围内，基极电流增大时，集电极电流也成比例相应增大，其比值为直流电流放大系数，用字母 $\bar{\beta}$ 表示

$$\bar{\beta} = \frac{I_C}{I_B}$$

β 值的大小体现了晶体管的电流放大能力。

3）在一定范围内，集电极电流会因基极电流的变化而变化。集电极电流变化量与基极电流变化量的比值称为晶体管的交流电流放大系数。

$$\beta = \frac{\Delta I_C}{\Delta I_B}$$

（2）晶体管的特性曲线　晶体管的特性曲线是指晶体管各电压与电流之间的关系曲线，它是晶体管内部载流子运动的外部表现，见图 1-30。

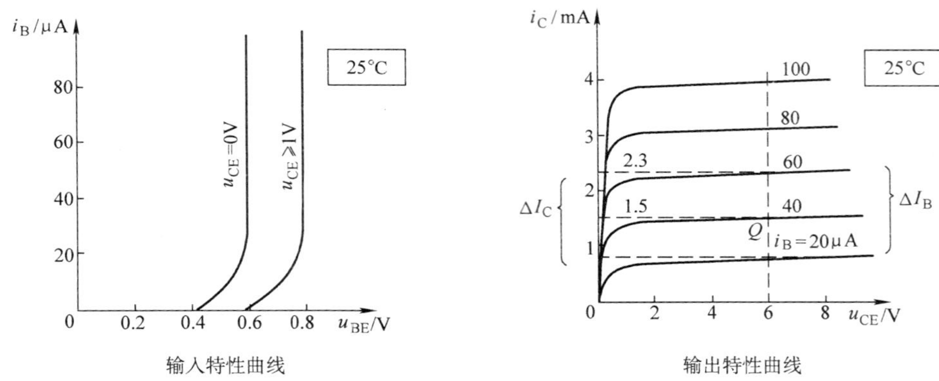

图 1-30 晶体管的特性曲线

1）输入特性曲线：输入特性是指 U_{CE} 为定值时，输入回路中 i_{BE} 与 U_{BE} 之间的关系。

2）输出特性曲线：共射电路的输出特性曲线是在基极电流一定的情况下，晶体管的输出回路中，集电极与发射极之间的电压与集电极电流之间的关系曲线。

（3）晶体管的主要参数

1）电流放大系数。

2）极间反向电流

① 集电极-基极反向饱和电流。

② 穿透电流。

③ 反向击穿电压。

3）极限参数

① 集电极最大允许电流。

② 集电极最大允许耗散功率。

③ 反向击穿电压。

4）晶体管的频率参数。

操作步骤

1. 基本电量的测量

电压、电流和电阻是直流电路的三个基本物理量，一般对它们的测量都用万用表。

（1）电压的测量

1）测量时，将万用表置于直流电压挡适当的量程上。

2）如图 1-31 所示，将两个测试棒以并联方式与被测元器件（或电路）连接。

3）观察万用表指针的摆动方向。正向摆动（接法正确），即可读出测量数值；若反向摆动（接法不对），立即交换两个测试棒的接法后再读数。

（2）电流的测量　如图 1-31 所示，将万用表置于直流电流挡合适的量程，并将万用表以串联的方式与被测电路相接。

（3）电阻的测量　如图 1-31 所示，将万用表置于电阻（R）挡，此时表头与表内的干电池串联，如图 1-31 中的点划线框所示。

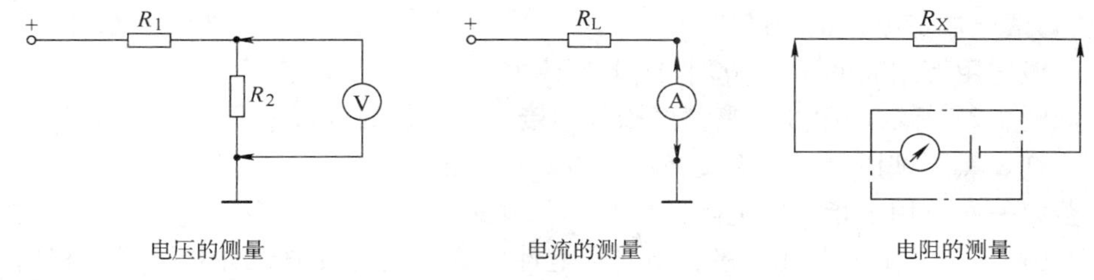

图 1-31　基本电量的测量

注意事项

1. 选择量程时应从大到小试选，否则，会损坏表头。
2. 由于测量时表内干电池的电压有所变化，所以指针式万用表每一次都需将两个万用表棒短接进行校零。

2. 电容器的简易判别

使用指针式万用表，可以判定大容量电解电容器的正负极性和小容量电容器漏电（或质量）情况等。

（1）大容量电解电容器极性的判别

1）将万用表置于电阻（R×1k）挡。

2）先将两个万用表棒与电容器的两根引线任意相接，万用表的指针突然向右摆动，表明万用表内干电池开始对电容器充电。

3）随着充电的进行，万用表的指针会自动向左回摆。此时，再将电容器两引线短接一下，进行放电。

4）然后交换两个万用表棒做同样的检测。

两次检测中电阻值较大（即漏电小）的那一次，黑测试棒所接的那根引线为电容器的正极。

（2）小容量电容器漏电（或质量）的检测　小容量电容器体积较小，引线也较细，测量时两只手不应同时捏住电容器的两根引线。小容量电容器在进行正反向检测时，万用表指针基本不动或微微动一下即为正常，否则为漏电过大，不能使用。

3. 二极管的简易判别

注意事项

在使用二极管时，必须注意它的极性不能接错，否则电路就不能正常工作。二极管的极性一般在管壳上注有箭头或线条图形标记，箭头指向的一端或具有线条图形的一端为负极或阴极。如无标记，就需用简易的测量法把它的正负极判别出来，并能判别二极管的好坏。

（1）用一般万用表测试　通常是用万用表测量二极管的正反向电阻来确定其的好坏和极性。一般万用表的电阻挡，实际是由电流表、干电池和一个内电阻串联而成的电路，如图1-32 所示。两个测试棒间的电压极性，正好同万用表的两个接线柱的标号“＋”、“－”相反，即负测试棒带正电，正测试棒带负电。

1）一般选用万用表的 R×100 挡或 R×1k 挡。

2）如图 1-32 所示，用红、黑测试棒分别接二极管的两极，记下读数。

3）将红、黑测试棒所接电极交换后，再测量，记下读数。

4）若第一次万用表指示的电阻值比较小（通常在 100～1000Ω），而第二次所指示电阻值又大于几百千欧，则说明此二极管单向导电性较好，这时红测试棒接的是二极管的正极，黑测试棒接的是负极。

5）如果在测试过程中，交换测试棒所接管极，所测阻值都很大，甚至为∞，则表示二极管内部已经断路；反之，若交换测试棒所接管极，测出的电阻均很小，甚至为 0，则表示二极管内部已经短路，这两种情况都说明二极管已经损坏。

（2）用数字式万用表来判别二极管

1）将测试挡置于测二极管挡。

2）红测试棒接 Ω 插孔，黑测试棒接 COM 插孔。

3）然后将两测试棒接被测二极管的两引出极，当显示 0.15～0.30Ω（所测二极管为锗管）或 0.55～0.70Ω（所测二极管为硅管）时，说明此二极管正常，此时红测试棒接的是二极管正极，黑测试棒接的是负极。

4）测试时，若液晶显示为 1，则交换红黑测试棒接法，若能显示上述读数范围者，就可按上述结论去确定二极管的材料与引出极性；若交换后仍显示为 1，则说明此二极管已损坏。

4. 晶体管的简易判别

晶体管的电极与类型对使用者来说十分重要。如不知道晶体管的类型或电极，连接到电路中就可能损坏。为此可用万用表检测晶体管的类型、电极并粗略地测试其质量好坏。

（1）检测判断晶体管的基极

1）将万用表（指针式）的功能开关拨到 R×100 挡或 R×1k 挡（数字式万用表拨到 R×20k 挡或 R×200k 挡）。

2）先假定一个电极为基极“b”，并将一只测试棒接此电极，另一只测试棒分别接其余两个电极进行检测，见图 1-33a。

3）如测量阻值都很大（或都很小），则对调测试棒位置再次进行检测，见图 1-33b。如此时测量阻值都很小（或都很大），说明假定正确，该电极就是基极“b”。

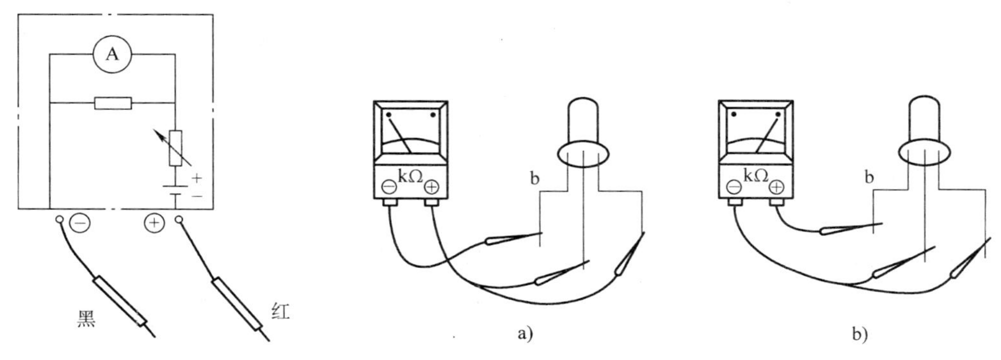

图 1-32　二极管的测量　　图 1-33　判断晶体管的基极

4）在对调测试棒前、后的检测中，只要测量阻值出现一大一小（具体阻值与晶体管型号、万用表型号及其电源电压等因素有关），就说明假定错误，该电极不是基极，需另设一个电极为基极，直到假定正确为止。

（2）检测判断管子的类型　晶体管的基极确定后，即可检测判定晶体管的类型。用指针式万用表检测：

1）将挡位开关旋至 R×10 挡。

2）用万用表的黑测试棒接晶体管基极“b”，红测试棒分别接另外两个电极进行测试。

3）如测量阻值都很小，说明晶体管为 NPN 型，见图 1-34；如测量阻值都很大，说明晶体管为 PNP 型。

4）当用万用表的红测试棒接晶体管基极“b”，黑测试棒分别接另外两个电极进行测试时，如测量阻值都很小，说明该晶体管为 PNP 型，见图 1-34；如测量阻值都很大，说明晶体管为 NPN 型。

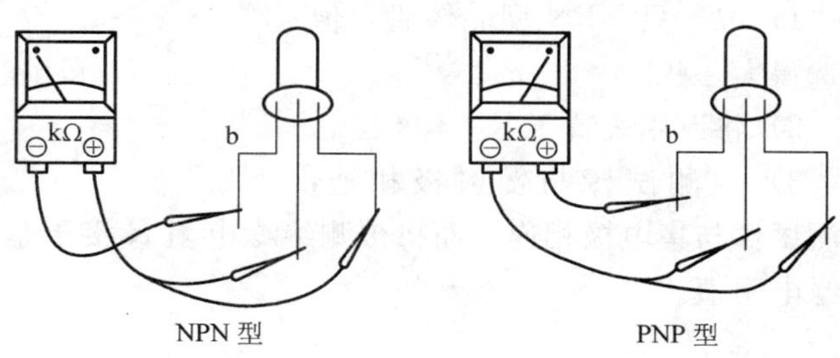

图 1-34　判断晶体管的类型

注意事项

数字式万用表的红测试棒是与万用表内电源的正极相连，黑测试棒是与表内电源的负极相连；而指针式万用表的红测试棒是与表内电源的负极相连，黑测试棒是与表内电源正极相连。因此，当用数字式万用表检测晶体管的类型时，判定结果与指针式正好相反。

用数字式万用表检测：

1）功能开关拨到 R×200k 以上挡位，否则不能正确读出阻值。

2）数字式万用表的正极（红测试棒）接晶体管基极，负极（黑测试棒）分别接另外两个电极测试。

3）如测量阻值都很小，说明晶体管为 NPN 型；如测量阻值都很大，说明该晶体管为 PNP 型。

反之，当用数字式万用表的负极（黑测试棒）接晶体管基极，正极（红测试棒）分别接另外两个电极测试时，如测量阻值都很小，说明晶体管为 PNP 型；如测量阻值都很大，说明该晶体管为 NPN 型。

（3）检测判断晶体管集电极与发射极　集电极和发射极可在判定晶体管的基极和类型之后，利用晶体管正向电流放大系数比反向电流放大系数大的原理检测判定。

1）用指针式万用表检测 NPN 型晶体管时，先将两只测试棒分别接基极以外的两个电极。

2）一手握住管壳，并用嘴含住基极“b”（即利用人体电阻实现偏置），见图 1-35。

3）记下此时测量的阻值。

4）然后对调测试棒检测位置，重复上述方法再次测试。

5）比较两次测量阻值的大小，其中测量阻值较小的一次测试，万用表负极（黑测试棒）所接电极即为集电极“c”、正极。

（4）用万用表测绝缘电阻　一般万用表的电阻测量挡只能达到20MΩ左右，这对于测量绝缘电阻是不够的。在没有绝缘电阻表的情况下可以用万用表测量。

1）取一只NPN型晶体管，值应选得大一些。

2）将万用表置于R×10k挡。

3）红测试棒与发射极相连，黑测试棒与集电极相连，而将被测绝缘电阻R接于基极与集电极之间，所测量值就是被测绝缘电阻值。

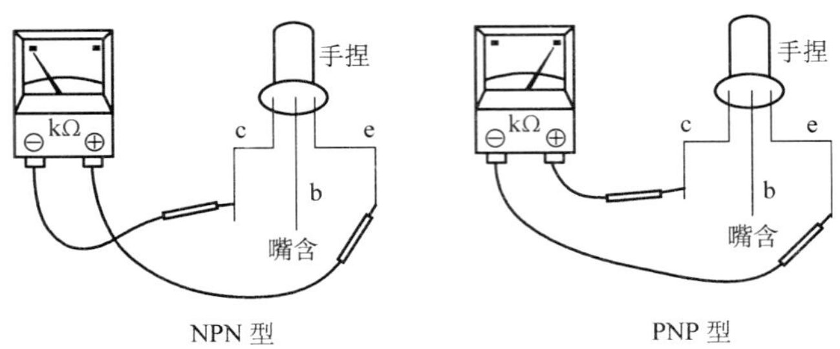

图 1-35　判断晶体管集电极与发射极

考核

序号	考核内容	配分	评分标准	考核记录	扣分	得分
1	正确使用工具、仪表、量具	10	每次工具使用不当扣3分			
			每次量具、仪表使用不当扣3分			
2	正确认识各部结构	30	操作不熟练扣10分			
			检测错误扣20分			
3	正确测量电压、电流、电阻、二极管、晶体管	20	操作不熟练扣8分			
			操作错误扣12分			
4	操作规范，整洁有序，不超时	10	第一项扣4分，后两项各扣3分			
	遵守安全操作规程，无事故		出现元器件损坏，此题为0分			
5	分数总计	100				

模块二　汽车电源系统的检修

项目 2.1　蓄电池的检查与充电

学习目标

1）熟悉蓄电池的结构。

2）掌握蓄电池检查的内容与方法。

3）掌握蓄电池的充电方法与充电机的使用。

工具材料

1）蓄电池。

2）钢丝刷、刮刀、玻璃管。

3）电解液密度计。

4）蓄电池检测仪。

5）充电机。

6）整车。

相关知识

汽车用蓄电池主要是铅酸蓄电池。

1. 用途

1）起动发动机时给起动机提供强大的起动电流（一般高达 200～1000A）。

2）发电机电压较低或不发电时，蓄电池向用电设备供电。

3）发电机过载时，蓄电池协助发电机向用电设备供电。

4）蓄电池相当于一只大容量电容，能吸收电路中出现的瞬时过电压，保护电子元器件。

2. 构造

蓄电池主要由正负极板、隔板、电解液、外壳、联条、接线柱等部件组成，见图 2-1。

（1）极板　极板由栅架活性物质组成。将正负极板各一片浸入电解液中，就可获得 2V 的电动势。为了增大蓄电池容量，通常把多片正负极板分别并联，用横板焊接成正负极板组，构成一个单格蓄电池，一个蓄电池通常由一个或几个单格蓄电池串联而成。

（2）隔板　隔板的作用是使正负极板尽量地靠近而不至于短路，缩小蓄电池的体积，防止极板变形和活性物质脱落。

（3）电解液　电解液的作用是形成电离，促使极板活性物质溶离，产生可逆的电化学反应，其物质是硫酸水溶液。

（4）外壳　外壳的作用是用来盛装电解液和极板组，使铅蓄电池构成一个整体，外壳材料由硬橡胶和塑料两种。

（5）联条 联条的作用是将单格蓄电池串联起来，提高整个蓄电池的端电压。一般联条由铅锑合金制成，有外露式和内藏式两种。

（6）接线柱 一个普通铅蓄电池首尾两极板组的横板上焊有接线柱。一个为正接线柱，旁边标有“+”；另一个为负极接线柱，旁边标有“-”记号，有的用不同颜色表示。

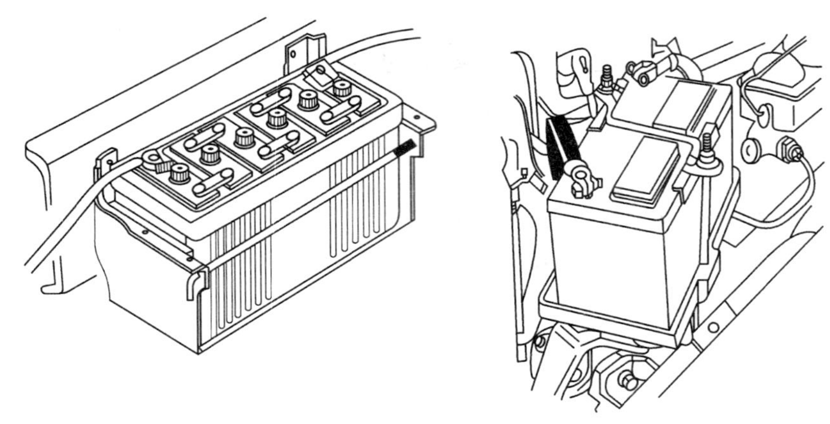

汽车蓄电池的安装

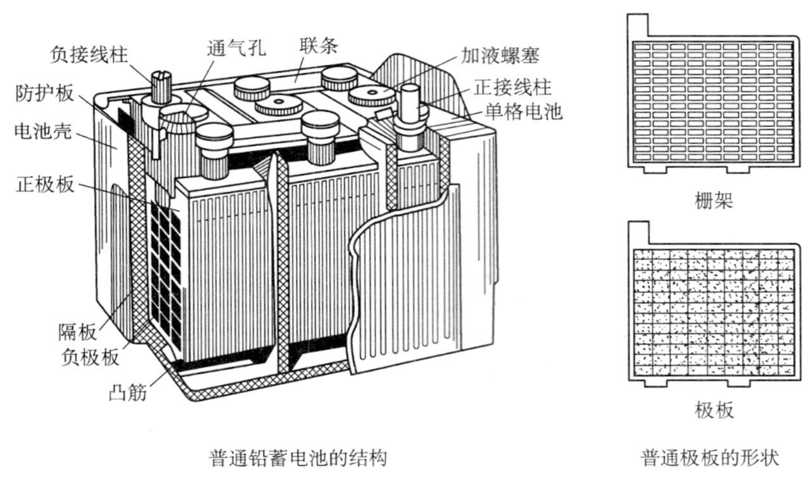

普通铅蓄电池的结构　　普通极板的形状

图 2-1 蓄电池结构

操作步骤

1. 检测前对蓄电池的清洁作业

1）检查蓄电池封胶有无开裂和损坏，柱桩有无破损，壳体有无泄露，否则应修理或者更换。然后用清水冲洗蓄电池外部的灰尘和污垢，再用碱水清洗。

2）疏通加液盖通气孔。

3）用钢丝刷或刮刀清洁柱桩和接线卡头的氧化物并涂抹一层薄凡士林或润滑脂。

2. 检测蓄电池液面高度

1）用玻璃管测量（图 2-2a）。

① 用一空心玻璃管插入蓄电池电解液内极片的上平面处。

② 玻璃管内的电解液与电池液面同高，用大拇指按紧玻璃管上端，使管口密封。

③ 提起玻璃管，测量玻璃管内的液面高度，即为蓄电池电解液液面高度。标准值为 10～15mm 高，过低应加入蒸馏水使之符合标准。

2）观察液面高度指示线，见图 2-2b。使用透明塑料容器的蓄电池，检查液面高度时，在容器壁上刻有两条高度指示线。正常液面高度应介于两线之间的中线上，低于中线则为液面过低，应加入蒸馏水补充。

3）从加液孔观察判断，见图 2-2c。部分轿车蓄电池在电解液加液孔内侧的标准液面位置处开有方视孔，检视液面高度，观察液面在方孔下面为液面过低；正好与方孔齐平时为标准；液面漫过方孔而充满加液口底部以上为过多。

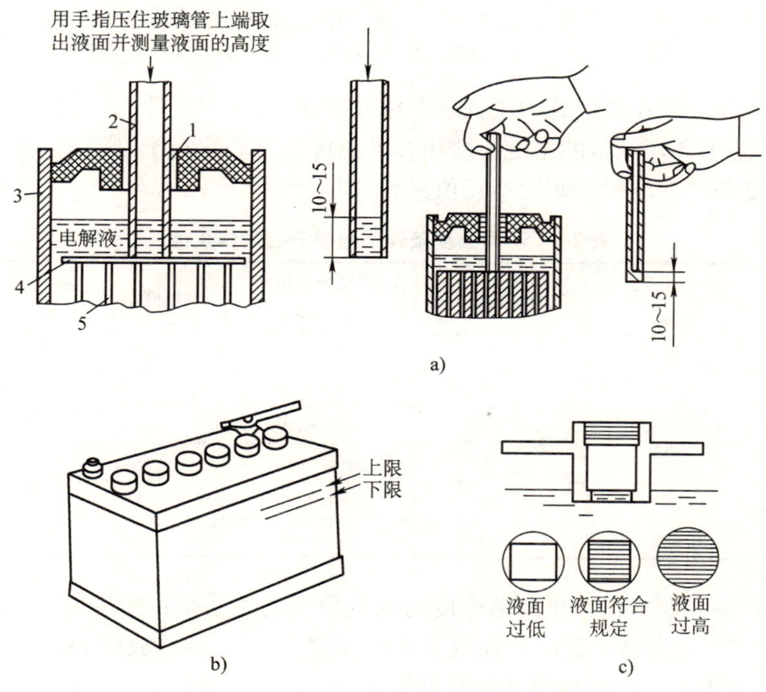

图 2-2　电解液液面高度的检查

a）用玻璃管检查法　b）观察液面高度指示线法　c）从加液孔观察图形法

1—加液孔　2—玻璃管　3—外壳　4—防护板　5—极板组

3. 检测蓄电池电解液密度

电解液的密度大小，是判断蓄电池容量的重要标志，用密度计测量电解液密度步骤如下：

1）打开蓄电池的加液盖。

2）把密度计下端的橡皮管插入单格电池的加液孔内，见图 2-3。

3）用手将橡皮球捏瘪，再慢慢放开，电解液就会被吸到玻璃管中。

4）注意控制吸入时电解液不要过多或过少，以能将密度计浮子浮起而不会顶住为宜。

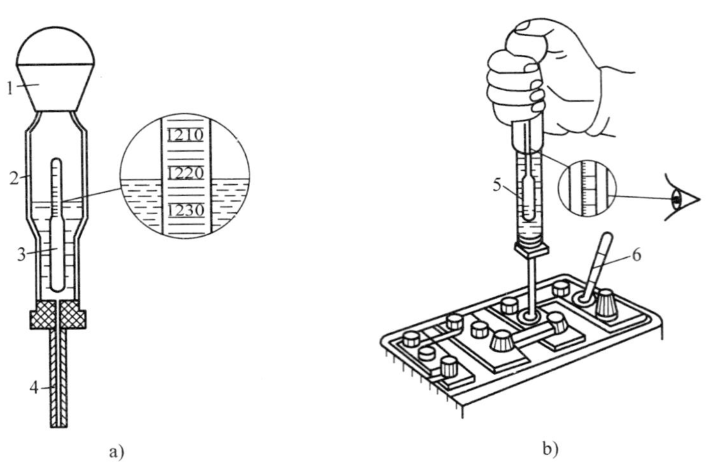

图 2-3 密度计及测量密度的方法

a）密度计的构造 b）测量电解液密度的方法

1—橡皮球 2—吸液玻璃管 3、5—密度计 4—吸嘴 6—温度计

5）使管内的浮子浮在玻璃管中央（不要相互接触），读密度计的读数。要求读数时使密度计刻度线与眼睛平齐，测量的密度值应用标准温度（+25℃）予以校正（同时测量电解液温度）。不同温度条件下电解液密度修正值见表 2-1。

表 2-1 不同温度条件下电解液密度修正值

电解液温度/℃	密度修正值/(g/cm³)	电解液温度/℃	密度修正值/(g/cm³)	电解液温度/℃	密度修正值/(g/cm³)
+40	+0.0113	+10	−0.0113	−20	−0.0337
+35	+0.0075	+5	−0.00150	−25	−0.0375
+30	+0.0037	0	−0.00188	−30	−0.0412
+25	0	−5	−0.0255	−35	−0.0450
+20	−0.0037	−10	−0.0263	−40	−0.0488
+15	−0.0075	−15	−0.0300	−45	−0.0525

6）放电程度的判断方法。电解液密度与放电程度的关系是：密度每下降 0.01g/cm³ 相当于蓄电池放电 6%，当判定蓄电池在夏季放电超过 50%，冬季放电超过 25%时不宜再使用，应及时进行充电，否则会使蓄电池早期损坏。

7）将所测量的密度值、温度值与修正后的电解液密度值，以及根据密度下降的程度计算出的蓄电池剩余电量填入表 2-2。

表 2-2 蓄电池密度测量记录 （测量温度 ℃）

单格 / 参数	1	2	3	4	5	6
测量值/（g/cm³）						
修正值/（g/cm³）						
剩余电量（%）						

注：此项测量应该避免在蓄电池刚加入蒸馏水或者大电流放电过后进行，否则因为蓄电池内部电解液不平衡会使测量结果产生较大误差。

4. 静止（开路）电动势测试

1）如果蓄电池刚充过电或车辆刚行驶过，应接通前照灯远光 30s，消除“表面充电”现象。

2）然后熄灭前照灯，切断所有负载。

3）用数字式万用表测量蓄电池开路电动势。若 12V 标准电压的蓄电池电动势小于 12V，说明蓄电池过量放电；在 12.2～12.5V 之间，说明部分放电；高于 12.5V 说明蓄电池存电充足。

用万用表测量蓄电池端电压，只能作为检测的参考因素。通常静置时，测量端电压不小于 12.6V，并且电解液密度不小于 1.22g/cm^3，才可以基本判定蓄电池具有一定的电量储备。

5. 负荷测试

铅蓄电池性能的最佳测试方式是负荷测试。测试时为保证得到正确结果，要求蓄电池至少存电 75%以上，若电解液相对密度不到 1.22g/cm^3，开始电压达不到 12.4V 应先充足电，再作测试。

（1）使用高率放电计（蓄电池检测表）检测　高率放电计的结构及测量方法见图 2-4。

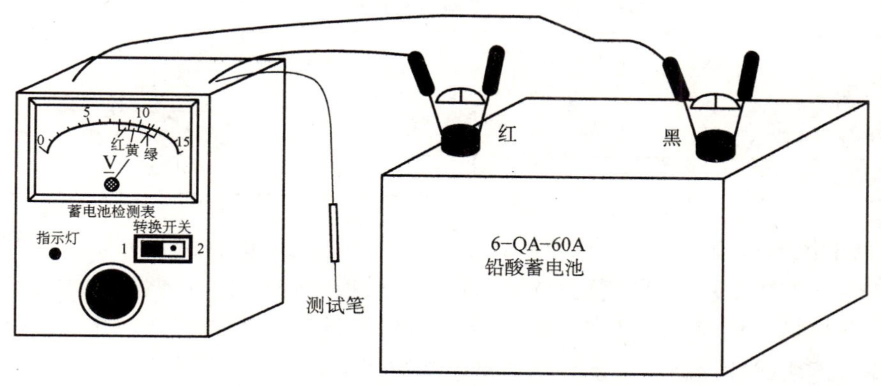

图 2-4　高率放电计的结构及测量方法

高率放电计是模拟起动机工作状态，检测蓄电池容量的仪表。它由一只电压表和一负载电阻组成，见图 2-5。由于在检测时，蓄电池对负载电阻放电电流可达 100A 以上，所以，能比较准确判定蓄电池的容量和基本性能，是目前普遍使用的检测仪表。以 12V 蓄电池为例，使用方法如下：

1）将测试夹分别对应夹在蓄电池的正、负极柱桩上。此时读数显示蓄电池的空载电压值。通常显示在 11.8～13V 范围内为正常。

2）按下按钮开关，蓄电池开始瞬间大电流放电，在 5s 内读出电压表的负载电压指示数值。

① 若指针稳定在 10～12V 区间（绿色区域），说明蓄电池存电充足，不需要充电。

② 若指针在 9～10V 区间（黄色区域），说明蓄电池存电不足，需要充电。

③ 若指针在 9V 以下区间（红色区域），说明蓄电池严重亏电，要立即充电，才能

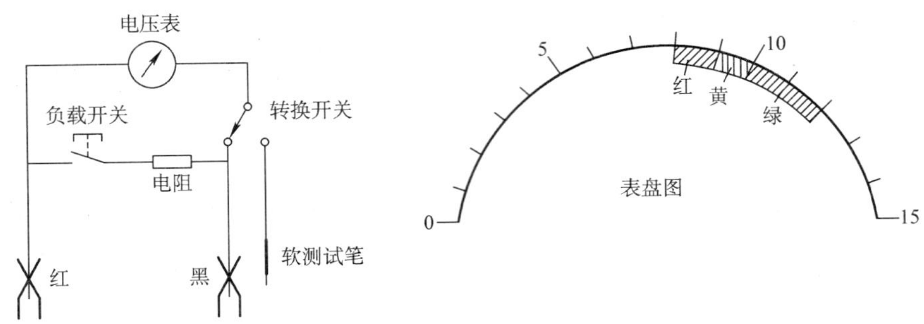

图 2-5　高率放电计原理及表盘图

使用。

④ 如果空载电压基本符合要求，但负载时指针迅速下降至红色区域以下，说明蓄电池已经损坏。

注意：此项测量不能连续进行，必须间隔 1min 后才可以再次检测，以防止蓄电池损坏。

测量电压与放电程度的关系见表 2-3。

表 2-3　蓄电池测量电压与放电程度的关系

蓄电池开路端电压/V	≥12.6	12.4	12.2	12.0	≤11.7
高率放电计检测值/V	10～12	9～10		≤9	
高率放电计检测单格值/V	1.7～1.8	1.6～1.7	1.5～1.6	1.4～1.5	1.3～1.4
放电程度（%）	0	25	50	75	100

3）单格电压的检测。在负载检测后，立即进行单格电压的检测，可以发现蓄电池单格性能是否正常。方法是：断开红色测试夹，将功能转换开关置于 2，然后用附带软测试笔依次从高电压单格进行测量（如无外部连接条，可将测试笔插入加液孔，并触及内部极板），显示数值应该逐次线性递减，如果哪个单格递减数值与其他相比较大，则说明此格电池组有故障，需要检修或者更换。将测量结果填入表 2-4。

表 2-4　蓄电池电压测量记录

万用表测量端电压值/V			高率放电计测量电压值/V		
单格电压值/V					
根据测试结果估算容量（%）	100	75	50	25	0

（2）就车起动测试　如果没有高率放电计，在起动系统正常情况下，可用起动机作为实验负荷，步骤如下：

1）拔下分电器中央线，并将线头搭铁。

2）数字式电压表接于蓄电池正负极上。

3）接通起动机 15s，读取电压表读数。

4）对 12V 蓄电池而言，电压表读数应不低于 9.6V。

（3）3min 充电测试　这个实验用来确定已放完电的蓄电池是否能进行补充充电或是否

已严重硫化。将蓄电池拆下，对 12V 蓄电池以不超过 40A 的电流连续充电 3min，若 3min 结束，充电电压超过 15.5V，说明蓄电池有故障，应予以更换；若不超过 15.5V，可按制造厂推荐值继续补充充电。

（4）蓄电池漏电测试　漏电测试用来判明当所有电路切断时，是否还有某些电器元件或部件在耗用蓄电池电能。方法有以下几种：

1）刮火法、试灯法：切断所有开关，关好车门，拆下蓄电池搭铁线对蓄电池负接线柱刮火，若有火花，说明电路漏电。在拆下搭铁线后，用小功率试灯串入蓄电池负接柱与搭铁线之间，若试灯亮，说明电路有漏电。

2）电压表测试：汽车上有些电子器件在所有开关切断时也一直在耗电，如数字钟，电子调谐式收放机，发动机电控单元的二极管等，但其耗电数值很小。检查这些电子器件在点火开关断开时的耗电情况，用电压表测量蓄电池正极接线柱两端电压，然后拆下蓄电池搭铁线，再次测量蓄电池正极接线柱之间的电压，比较两次测量值，应为前次测量值略小，说明蓄电池在较长时间内不会漏完电。

3）用绝缘电阻表测试：从蓄电池上拆下搭铁线，将绝缘电阻表测试棒分别连接搭铁线与蓄电池正极引线，其电阻值应不小于 100Ω，否则，蓄电池漏电将过大。

4）蓄电池接线柱接触不良的测试：将电压表正极测试棒接到蓄电池正接线柱上，负极测试棒接到正极电缆夹头上，接通起动机，这时电压表读数不得大于 0.5V，否则说明接线柱接触不良。

6. 蓄电池的初充电

对于蓄电池初次使用，只需按规定加足电解液后，静放 20～30min 即可装车使用。

7. 蓄电池的补充充电

1）清洁蓄电池外部的脏污以及极柱上的氧化物，疏通通气小孔并拧下加液孔盖。

2）连接充电机的正、负极到蓄电池的正、负极，准备充电；多个电池充电时的连接见图 2-6。

3）补充充电常采用改进恒流充电法，其步骤如下：

① 检查电解液液面高度，若不足应补加蒸馏水。

② 选择充电电流为蓄电池额定容量的 1/10，充至单格电压达 2.3～2.4V。

③ 充电电流减半，即为蓄电池额定容量的 1/20，充

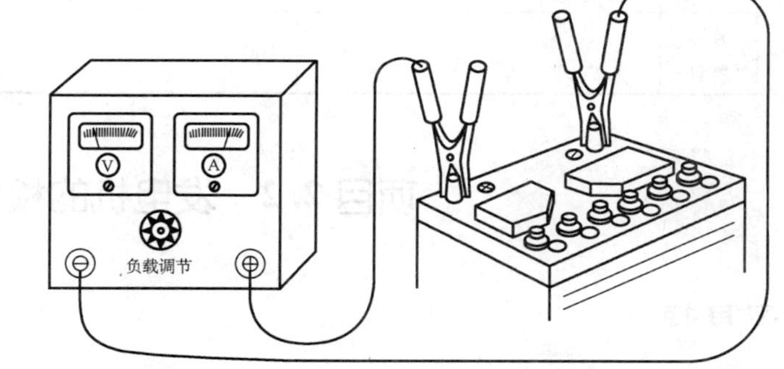

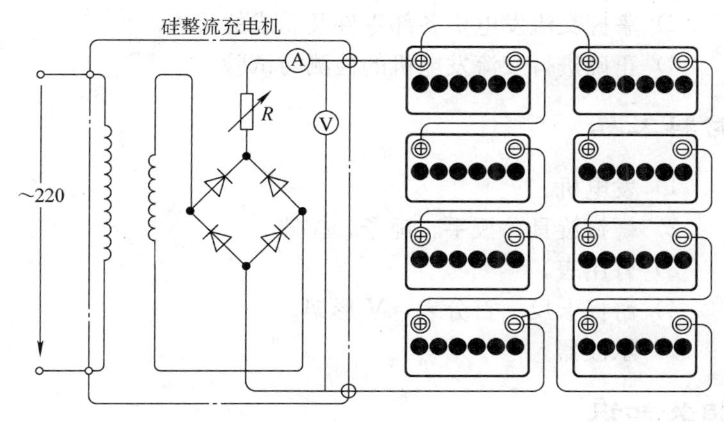

图 2-6　充电蓄电池的连接方法

至单格电压达 2.5～2.7V。

考核

序号	作业项目	考核内容	配分	评分标准	评分记录	扣分	得分
1	蓄电池的检测	蓄电池端电压的检测	60	检测方法不正确扣 10 分			
				检测结果不正确扣 5 分			
		电解液液面高度的检测		检测方法不正确扣 10 分			
				检测结果不正确扣 5 分			
		电解液相对密度的检测		检测方法不正确扣 10 分			
				检测结果不正确扣 5 分			
		负荷试验的检测		检测方法不正确扣 10 分			
				检测结果不正确扣 5 分			
2	蓄电池的充电	充电机与蓄电池的连接	30	连接方法不正确扣 10 分			
		蓄电池的充电		充电方法不正确扣 20 分			
3	安全文明生产	遵守安全操作规程，正确使用工量具，操作现场整洁	10	每项扣 2 分，扣完为止			
		安全用电、防火，无人身、设备事故		因违规操作发生重大人身和设备事故，此题按 0 分计			
4	分数总计		100				

项目 2.2　发电机的检修

学习目标

1）掌握交流发电机的拆解与装复。
2）掌握交流发电机各部零件及总成的检查。
3）正确进行交流发电机的检测与试验。

材料工具

1）发电机。
2）螺钉旋具、扳手、锤子、拉器。
3）万用表。
4）游标卡尺、百分表、V 形架。
5）示波器。

相关知识

汽车交流发电机的基本结构

常见汽车交流发电机的基本结构见图 2-7。

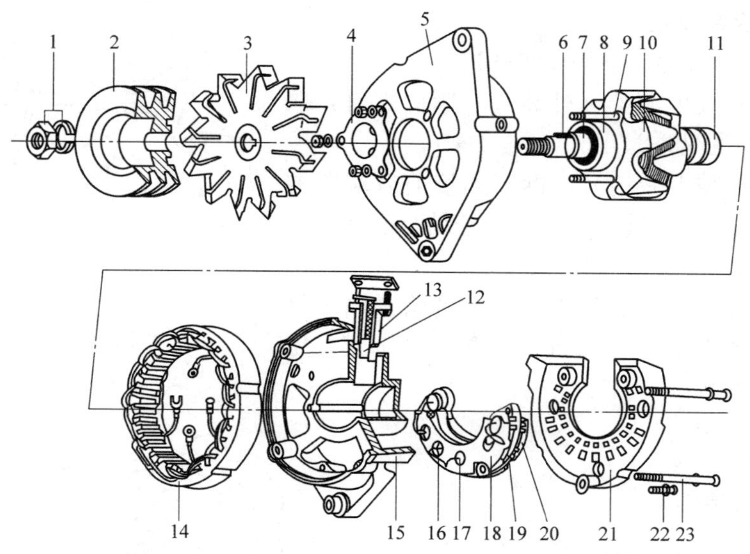

图 2-7　汽车交流发电机的基本结构

1—紧固螺母及弹簧垫圈　2—带轮　3—风扇　4—前轴承盖　5—前端盖　6—半圆键　7—定位套筒　8—前轴承　9—轴承盖紧固螺栓　10—转子总成　11—后轴承　12—电刷　13—电刷架　14—定子总成　15—后端盖　16—正极管　17—负极管　18—绝缘板　19—搭铁散热板　20—绝缘散热板　21—防护罩　22—防护罩固定螺钉　23—拉紧螺栓

1）常见交流发电机各接线柱之间的电阻值见表 2-5。

2）一般 12V 发电机转子绕组电阻约为 3.5～6Ω，24V 的约为 15～21Ω。

3）集电环圆柱度误差不超过 0.025mm，厚度不小于 1.5mm。

4）电枢轴径向圆跳动量不超过 0.10mm。

5）电刷磨损后不得超过原高度的 1/2；当电刷从电刷架中露出长度 2mm 时，电刷弹簧力一般为 2～3N。

表 2-5　常用发电机各接线柱间电阻值

发电机型号	“F”与“E”间电阻/Ω	“B”与“E”间电阻/Ω		“N”与“E”或“B”间电阻/Ω	
		正向	反向	正向	反向
JF11、JF13、JF15、JF21、JF132N	4～7	40～50	≥10k	10～15	≥10k
JWF14（无刷）	3.5～3.8	40～50	≥10k	10～15	≥10k
夏利轿车 JFZ1542	2.8～3.0	40～50	≥10k	10～15	≥10k
桑塔纳轿车 JFZ1913	2.8～3.0	65～80	≥10k	10～15	≥10k

操作步骤

1. 发电机拆卸前的检测

使用万用表对发电机外接线柱进行测量，可以初步判定发电机的状态。对于普通发电机拆卸前的测量，建议使用指针式万用表，其测量结果因使用万用表型号的不同，略有差异。

常用发电机各接线柱间电阻值，见表2-5。

2. 发电机拆卸作业

发电机的拆卸按照以下操作步骤进行：

① 拆下电刷及电刷架（外装式）紧固螺钉，取下电刷架总成，见图2-8。

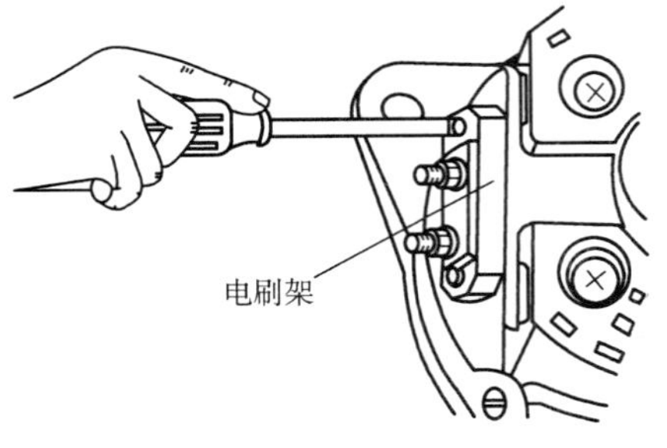

图2-8 电刷架拆卸

② 在前后端盖上做记号，拆下连接前后端盖的紧固螺栓（图2-9），将其分解为与转子结合的前端盖和与定子连接的后端盖两大部分。

③ 将转子夹紧在台虎钳上，拆下带轮紧固螺母（图2-10）后，可依次取下带轮、风扇、半圆键、定位套。

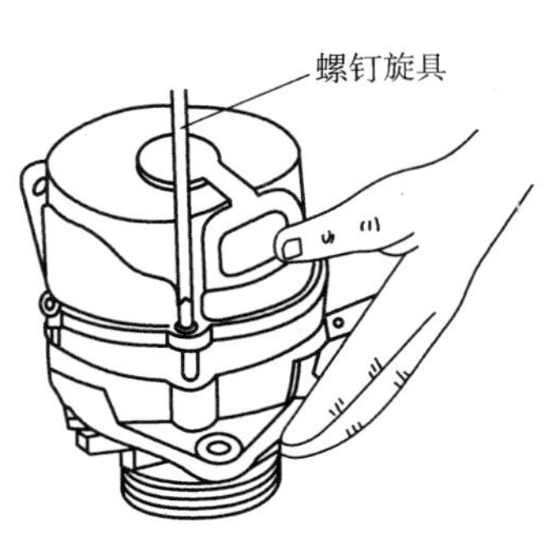

图2-9 前、后端盖的分解

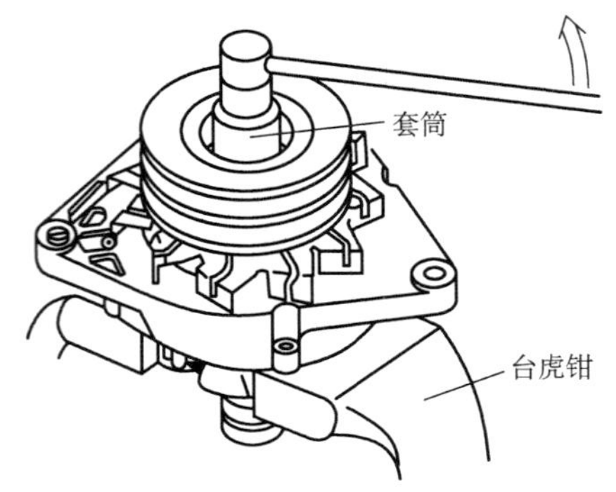

图2-10 带轮的分解

④ 将前端盖与转子分离，若装配过紧，可用拉器拉开（图2-11）或用木锤轻敲，使之分离。

注意事项

1. 不能单独将后端盖分离下来，否则会扯断定子绕组与整流器的连接线（即三相定子绕组端头）。
2. 铝合金端盖容易变形，因此拆卸时应均匀用力。

⑤ 拆掉防护罩，拆掉图2-12所示的后端盖上的三个螺钉（其中螺钉3兼作“一”极接线柱），即可将防护罩取下。

对于整体式发电机，先拧下“B”端子上的固定螺母并取下绝缘套管；再拧下后防尘盖上的3个带垫片的固定螺母，取下后防尘盖。然后拆下电刷组件的两个固定螺钉和调节器的3个固定螺钉，取下电刷组件和IC调节器总成。最后拧下整流器二极管与定子绕组的引线端子的联接螺钉，取下整体式整流器总成。

⑥ 拆下定子上四个接线端（三相绕组首端及中性点）在散热板上的联接螺母，见图2-13，使定子与后端盖分离。

⑦ 拆下后端盖上紧固整流器总成的螺钉，取下整流器总成，见图2-14。

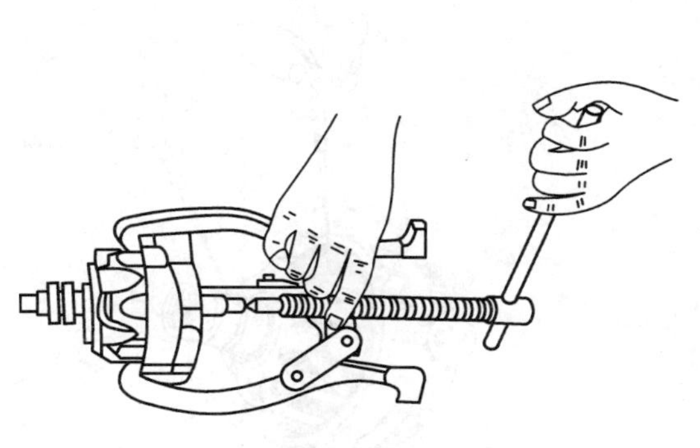

图 2-11　前端盖的分解

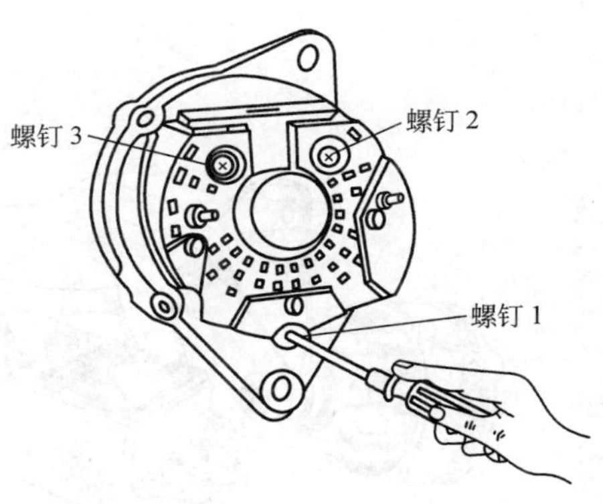

图 2-12　后端盖的分解

注：若经检验所有二极管均良好，该步骤可不进行。

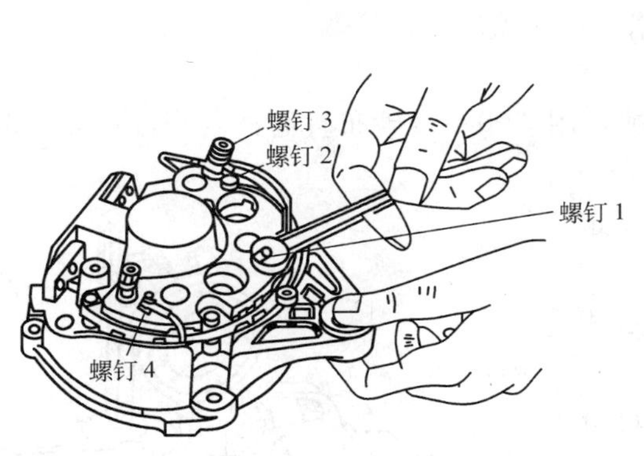

图 2-13　定子线圈与整流板的分解

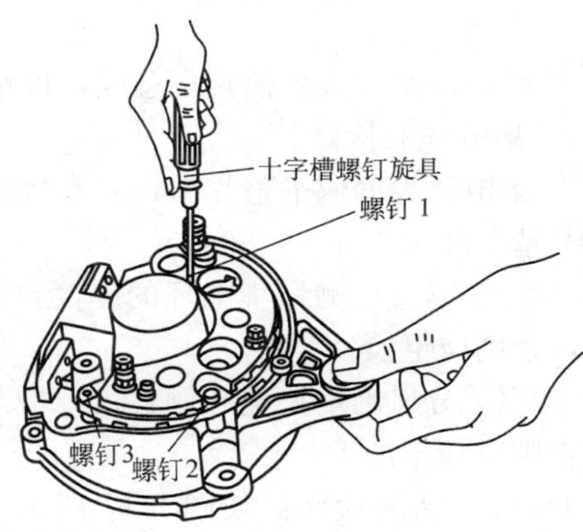

图 2-14　整流器的分解

⑧ 零部件的清洗。对机械部分可用煤油或清洗液清洗，对电气部分如绕组、散热板及全封闭轴承等，表面尘土脏污宜用干净的棉纱擦拭去。

注意事项

发电机的拆卸要按照工艺要求进行，禁止生敲硬卸而损坏机件。拆卸的零件要按照规范清洗并顺序摆放。对有问题的零件和拆卸复杂部位的顺序和连接方法，必要时要有详细记录。

3. 硅整流交流发电机的检修

（1）转子的检修

1）转子绕组的检修

① 如图 2-15 所示，用万用表 R×1 挡检测两集电环之间的电阻，应与标准相符。若阻值为“∞”，说明断路；若阻值过小，说明短路。

② 如图 2-16 所示，用万用表最大电阻挡检测集电环与铁心（或转子轴）之间的电阻，

应为∞，否则为搭铁。

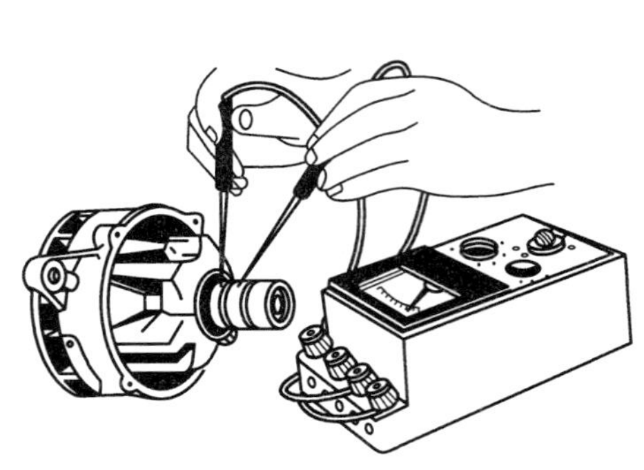
图 2-15　检测两集电环之间电阻

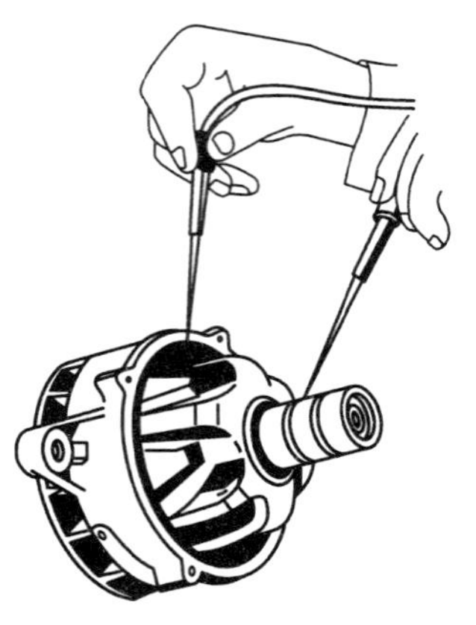
图 2-16　检测集电环与铁心（或转子轴）之间的电阻

③ 断路应焊修或更换转子总成，短路和搭铁应更换转子总成。

2）集电环的检修

① 集电环表面应平整光滑，若有轻微烧蚀，用“00”号砂布打磨；若烧蚀严重，应在车床上精车加工。

② 用金属直尺测量集电环的厚度，应与规定相符，否则应更换。

③ 用千分尺测量集电环圆柱度，应与规定相符，否则应精车加工。

3）转子轴的检修：如图 2-17 所示，用百分表测量转子轴径向圆跳动，应与规定相符，否则应予校正。

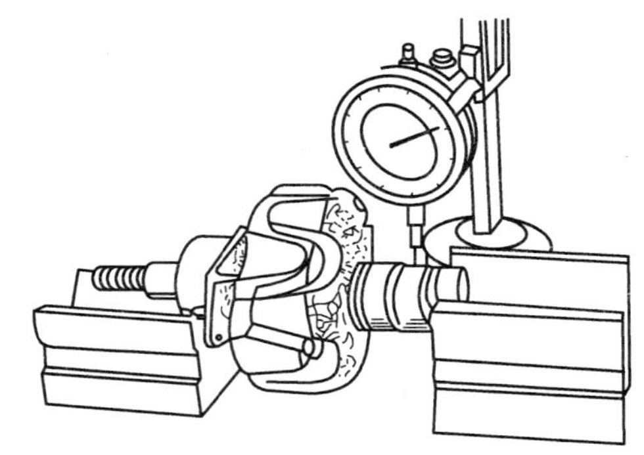
图 2-17　转子轴的检修

（2）定子的检修

1）定子绕组短路的检修：通过台架试验测量其输出功率或通过示波器测量其输出电压波形进行判断。各种故障的端电压波形见图 2-18，若短路应更换定子绕组或定子总成。

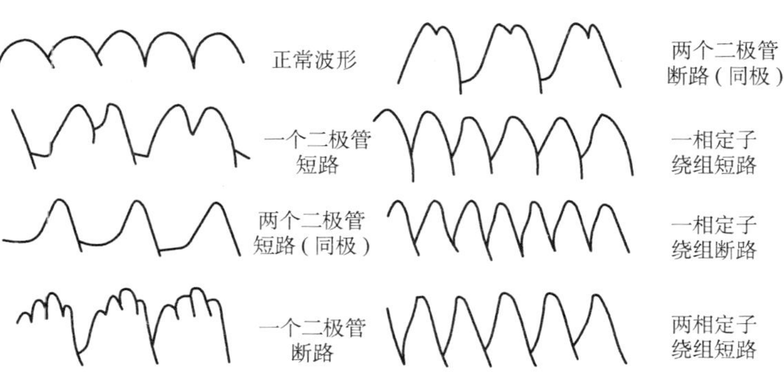

图 2-18　定子绕组各种故障的端电压波形

2）定子绕组断路的检修：如图 2-19 所示，用万用表 R×1 挡检测定子绕组三个接线端，两两相测，阻值应小于 1Ω，若阻值为∞，说明断路。断路故障应用 35W220V 的电烙铁焊接修复，若不能修复，应更换定子绕组或定子总成。

3）定子绕组搭铁的检修：如图 2-20 所示，用万用表最大电阻挡检测定子绕组接线端与定子铁心间的电阻，应为∞，否则说明有搭铁故障。有搭铁故障应更换定子绕组或定子总成。

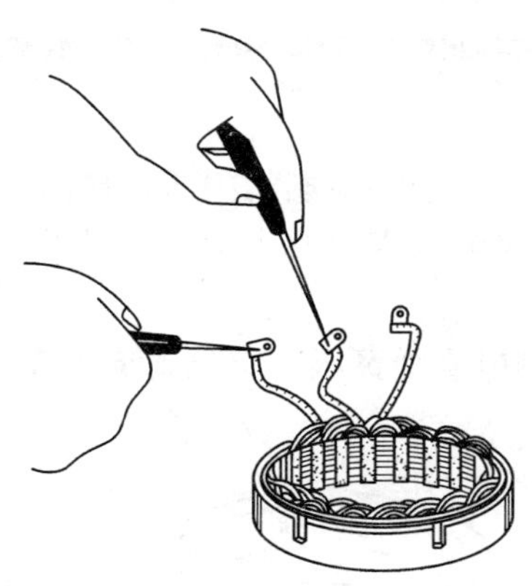

图 2-19　定子绕组断路的检修

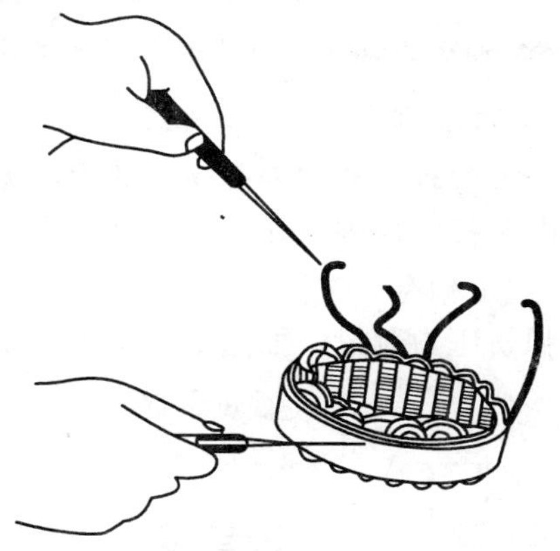

图 2-20　定子绕组搭铁的检修

（3）检查整流器

1）检查二极管的好坏：将万用表的两测试棒接于二极管的两极，测量其电阻，再反接测一次，若电阻值一大（10kΩ）一小（8～10Ω），差异很大，说明二极管良好。若两次测量阻值均为∞，则为断路；若两次测量阻值均为 0，则为短路。

对焊接式整流二极管来说，只要有一只二极管损坏，则需更换该二极管所在的正或负整流板总成；若为压装结构，则只需更换故障二极管即可。

2）二极管的极性判别：常用的万用表有机械式和电子式两种，机械式万用表检测方法是：将万用表的正极测试棒（红色）接二极管引出极，负极测试棒（黑色）接二极管的另一极，测量其电阻。若阻值大于 10kΩ，则该二极管为正极管；若阻值为 8～10Ω，则该二极管为负极管。

3）整体式整流器的检查：以夏利轿车 JFZ1542 型整体式交流发电机为例说明，见图 2-21。

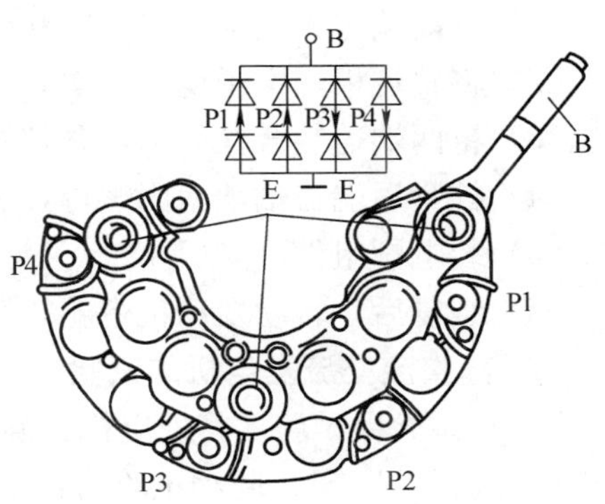

图 2-21　整体式整流器的检查

当检测负极管时，先将与万用表（R×1 挡）电源正极相连的测试棒接“E”端（图 2-21 中有三个部位），与电源负极相连的测试棒分别接 P1、P2、P3、P4 点，万用表均应导通，如不通，说明该负极管断路，则应更换整流器总成。再调换两测试棒检测，万用表应不导通，如导通，说明该负极管短路，也需更换整流器总成。

当检测正极管时，先将与万用表内电源负极相连的测试棒接整流器端子“B”；另一只测试棒分别接 P1、P2、P3、P4 点进行检测，万用表均应导通，如不通，说明该正极管断路，则应更换整流器总成。再调换两测试棒的检测部位进行检测，此时万用表应不导通，如导通，说明该正极管短路，也应更换整流器总成。

注意事项

1. 分离前后端盖时，不要硬敲乱撬，要使用拉拔器。

2. 使用万用表检测时，应注意万用表型号和挡位的选择。

（4）检查电刷组件

1）外观检查：电刷表面应无油污，无破损、变形，且应在电刷架中活动自如。

2）电刷长度检查：如图 2-22 所示，用游标卡尺或金属直尺测量电刷露出电刷架的长度，应与规定相符。

3）弹簧压力测量：如图 2-23 所示，用天平秤检测电刷弹簧压力应与规定相符。

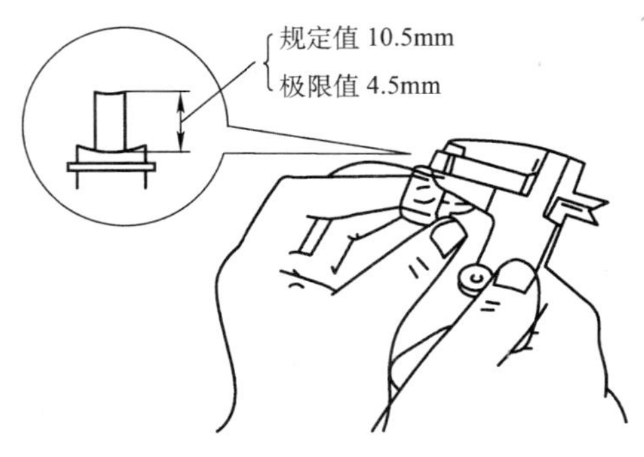

图 2-22 电刷长度检查

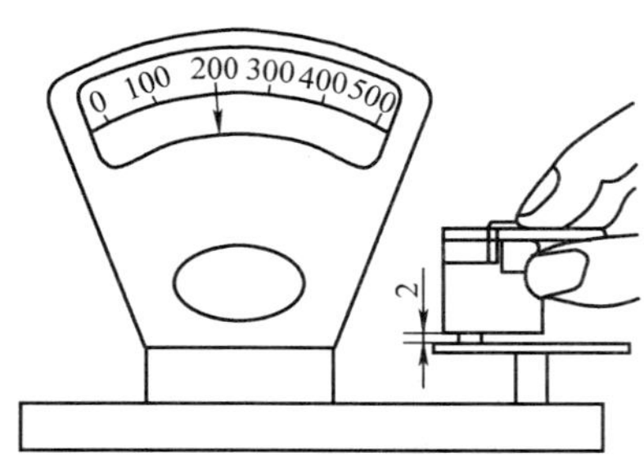

图 2-23 弹簧压力测量

（5）其他零件检查 检查发电机各接线柱绝缘情况，发现搭铁故障应拆检；检查轴承轴向和径向间隙均应不大于 0.20mm，滚珠、滚道无斑点，轴承无转动异响。检查前后端盖、带轮等应无裂损，绝缘垫应完好。

4. 硅整流交流发电机的装复

首先向轴承中填充 2/3 的润滑脂，再按拆卸的反顺序装复。

1）将前端盖、风扇、半圆键和带轮依次装到转子轴上，并用螺母紧固。

2）将整流板、定子绕组依次装入后端盖。

3）将两端盖装合在一起，并拧紧联接螺栓。

4）拧紧后端盖轴承紧固螺母，装好轴承盖。

5）装电刷组件。

6）装复后，转动发动机带轮，转子转动平顺，无摩擦及碰击声。

5. 硅整流交流发电机的试验

（1）试验台试验 将发电机正确安装在试验台上，并由调速电动机驱动，线路连接见图 2-24。合上开关 S1，起动试验台，并逐渐提高发电机的转速，记录电压升到额定值时的转速，即空载转速，应与规定相符。

然后断开开关 S1，并合上开关 S2，同时调节负载电阻，记下额定负载情况下电压达到额定值时的转速，即满载电压，试验结果应与表 2-6 的规定相符。

若开始转速过高，或在满载转速下，发电机的输出电流过小，则表示发电机有故障。

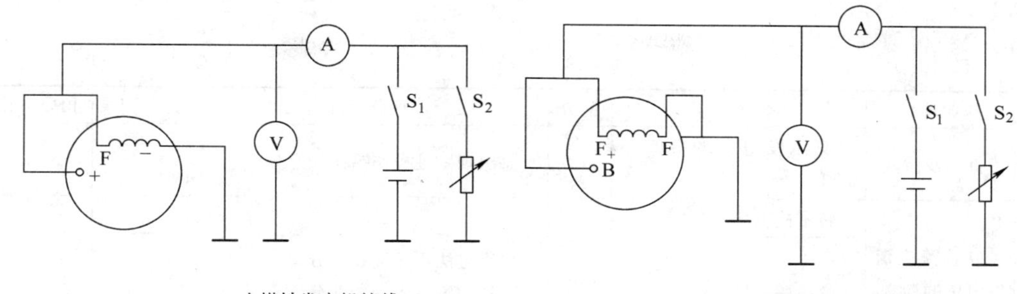

图 2-24　发电机空载和发电试验线路的连接

表 2-6　国产车用硅整流发电机规格

型　号	同类型号或旧型号	额定输出			空载转速不大于/(r/min)	额定工作转速/(r/min)	配用调节器	适用车型或发动机型号
		电压/V	电流/A	功率/W				
JF1311	JF11、JF13D、JF131、JF132	14	25	350	1000	3500	FT111	上发 490Q
JF1313Z	JF13E、JF131、JF132、JF132E、JF132D、JF132C、JF137E、JF14X	14	25	350	1000	35000	FT111	北内 492Q、NJ1041、BJ1041
FJ131A	FJ137A、JF132A、FJW131、JF131B	14	25	350	1000	3500	FT61	NJ1060A、NJ1060
FJ1314-I	JF13C、JF13D、JF113、JFW131、JF132C、JF132E、JF137CS	14	25	350	1000	3500	FT111、FT61	CA1090、CA10B

(2) 就车测试

1) 检查传动带松紧度：如图 2-25 所示，用 30～50N 的力按下传动带，挠度应为10～15mm。

2) 发电机电压测试：关闭车上所有电器，起动发动机转速保持在 2000r/min，测量蓄电池的空载充电电压，应比参考电压(原蓄电池端电压) 高些，但不超过 2V；发动机转速仍在 2000r/min 时，接通所有电器，测量蓄电池负载电压，应至少高出参考电压 0.5V。

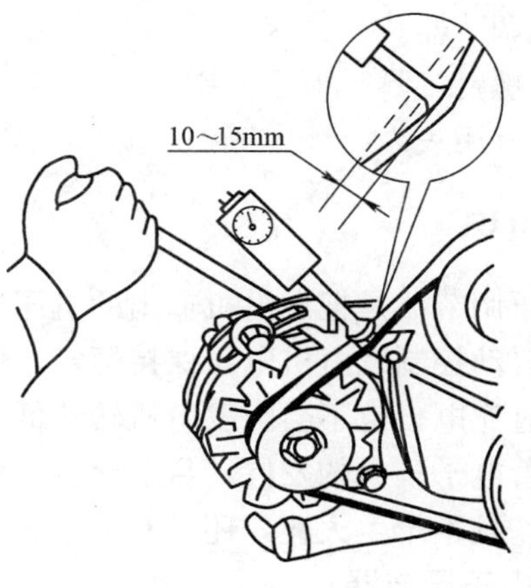

图 2-25　检查传动带的松紧度

考核

序号	作业项目	考核内容	配分	评分标准	评分记录	扣分	得分
1	拆卸及清洗	交流发电机的拆卸与清洗	12	每出现一处操作错误扣 6 分			
2	硅整流交流发电机的检查	转子检查	40	检查方法不正确扣 5 分 检查结果不正确扣 5 分			
		定子检查					
		整流器二极管的检查					
		电刷组件的检查					
3	发电机装复	组装工艺和方法	10	每出现一处操作错误扣 5 分			
4	硅整流交流发电机的检测与试验	试验台动态试验测试	28	检测方法不正确扣 10 分			
				检测结果不正确扣 10 分			
		就车动态测试		检测方法不正确扣 4 分			
				检测结果不正确扣 4 分			
5	安全文明生产	遵守安全操作规程	10	每项扣 2 分，扣完为止			
		安全用电，无事故		因违规发生重大事故，按 0 分计			
6	分数总计		100				

项目 2.3　调节器的检修

学习目标

1）掌握晶体管电子调节器的静态检测。
2）掌握晶体管电子调节器的动态检测。
3）掌握电磁式调节器的结构与检修方法。

材料工具

1）调节器。
2）螺钉旋具、扳手、钳子。
3）万用表。

相关知识

电压调节器是把发电机输出的电压控制在规定范围内的装置。其功用是在发电机转速变化时，自动控制发电机电压保持恒定，使其不因发电机转速高时电压过高而烧坏电器和导致蓄电池过充电；也不会因发电机转速低而电压不足导致用电器工作失常。

随着电子技术的发展，目前交流发电机几乎全部采用电子调节器。其优点是：电压调节精度高，且不产生火花，还具有重量轻、体积小、寿命长、可靠性高、电波干扰小等优点。

1. 电子调节器

（1）内搭铁型调节器　内搭铁型调节器适用于内搭铁型交流发电机的电子调节器，见图 2-26。

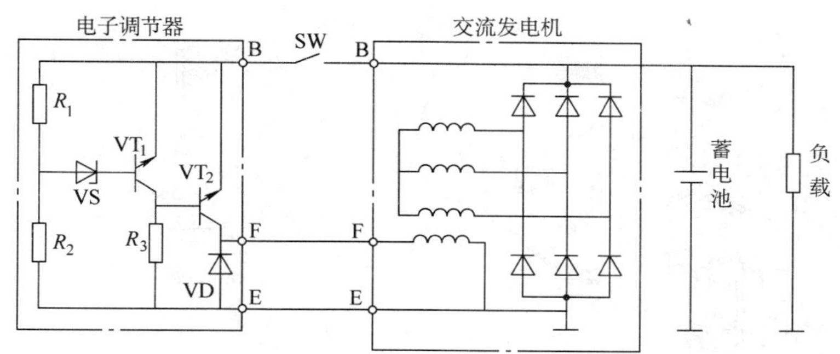

图 2-26　内搭铁式晶体管调节器基本电路

（2）外搭铁型调节器　外搭铁型调节器适合用于外搭铁型交流发电机的电子调节器，见图 2-27。

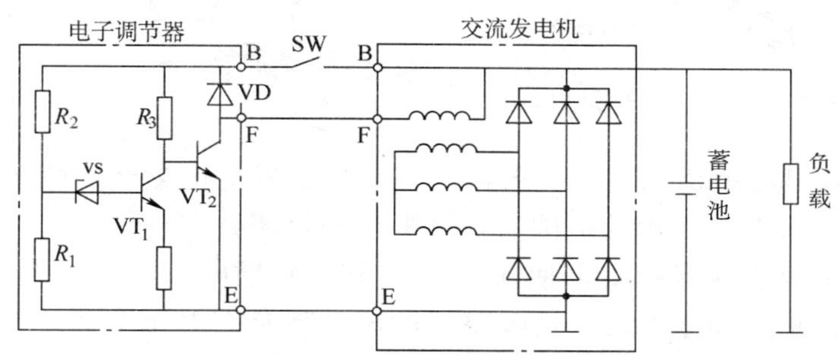

图 2-27　外搭铁式晶体管调节器基本电路

JFT 系列晶体管调节器各接线柱之间的电阻值，见表 2-7。

表 2-7　JFT 系列晶体管调节器各接线柱之间的电阻值　（单位：Ω）

调节器型号	"S" 与 "F" 之间		"S" 与 "E" 之间		"F" 与 "E" 之间	
	正向	反向	正向	反向	正向	反向
JFT141；JFT142B	500～750	5～7.5	1.2～1.6	3.5～4	550～600	3.9～4.0
JFT241；JFT242B	650～700	5～5.5	1.6～1.8	3～3.3	550～600	4.3～5.0
JFT106；JFT107	1500～2000	3～4	1.4～1.6	1.4～1.6	1400～1600	3.0～4.0
JFT206；JFT207	1300～1500	2～3	1.5～2.0	1.5～2.0	1300～1500	4.0～6.0
JFT126	4600～5000	7.5～8	3.0	3.0	550	6.5～7.0

2. 电磁振动式电压调节器

触点式调节器以电磁振动的方式工作，通过电磁铁控制触点的开闭来控制磁场绕组的励磁电流，实现对发电机电压的调节。因此，触点式调节器也称之为电磁振动式调节器。图 2-28 为国产 FT111 型调节器结构，其工作原理见图 2-29。

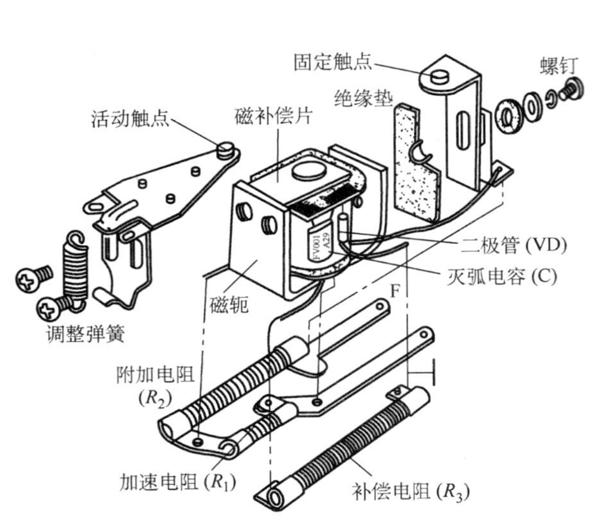

图 2-28 国产 FT111 型调节器结构

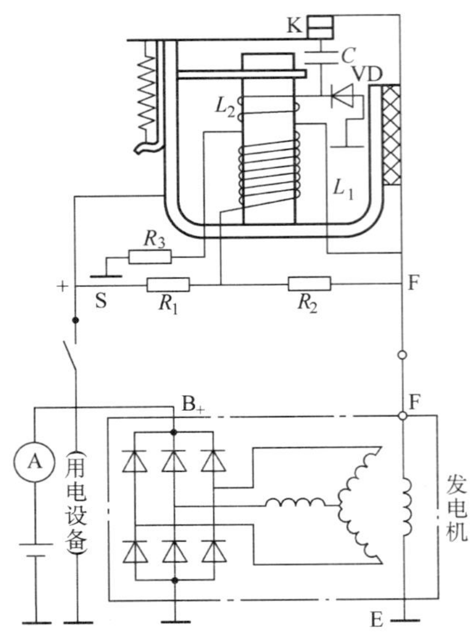

图 2-29 国产 FT111 型调节器工作原理图

调节器触点在其弹簧力的作用下保持闭合，调节器的电磁线圈输入发电机的电压。当发电机转速在调节器起作用的范围内，发电机的电压达到上限电压 U_1 时，调节器电磁线圈产生的磁力克服触点弹簧力使触点 K 断开，励磁电流经 R_1、R_2 串入励磁回路，励磁电流减小，磁极磁通量减弱，使发电机的电动势及端电压下降。若电压继续升高，触点继续被吸下与下触点接通而搭铁，励磁绕组中无电流，发电机电动势及端电压迅速下降。当发电机电压下降至下限电压 U_2 时，调节器电磁线圈的磁力已减弱至不足以保持 K 断开，K 在弹簧力的作用下又闭合。K 闭合后，R_1、R_2 被短路，励磁电流增大，磁极磁通量又增大，发电机电压又随之上升。当发电机电压上升至 U_1 时，触点又被打开。触点如此不断地振动，使发电机电压在 U_1～U_2 范围内波动，得到一个稳定的电压调节值 U_e。

操作步骤

1. 晶体管静态检测

使用万用表 R×100 挡测量晶体管调节器各接线柱之间的静态电阻，应与表 2-7 相符。

2. 晶体管动态检测

（1）搭铁形式的检测

1）用 12V（或 24V）蓄电池和一只 12V（或 24V）、2W 的小灯泡按图 2-30 的方法连接。

2）若小灯泡在“－”与“F”接线柱之间发亮，而在“＋”与“F”接线柱之间不亮，则该调节器为内搭铁型调节器；反之，若小灯泡在“－”与“F”接线柱之间不亮，而在“＋”与“F”接线柱之间发亮，则该调节器为外搭铁型调节器。

（2）好坏的检查　使用可调直流稳压电源（输出电压为 0～30V，电流为 5A）和一只 12V（或 24V）、20W 的汽车灯泡代替发电机磁场绕组，按图 2-31 的方法接线进行试验。

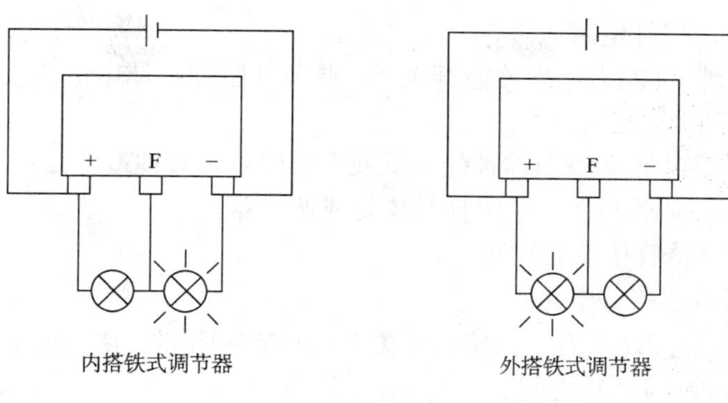

图 2-30 电子调节器搭铁形式的判断

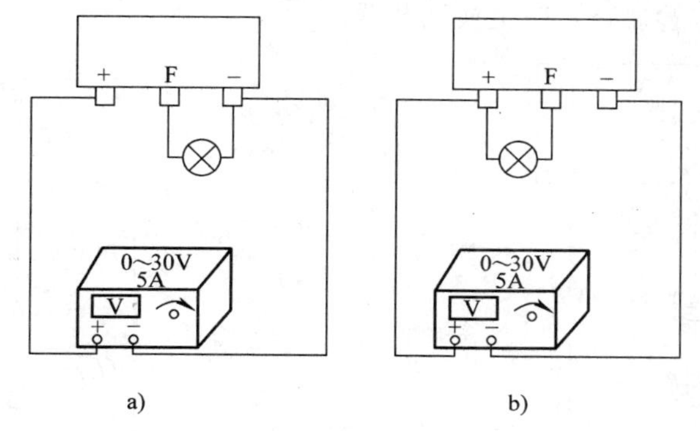

图 2-31 用直流稳压电源检查电子式调节器接线图
a）内搭铁式调节器 b）外搭铁式调节器

注意事项

1. 检查内搭铁式晶体管调节器时，试灯应接在调节器“F”与“−”接线柱之间。
2. 检查外搭铁式晶体管调节器时，试灯则应接在调节器“F”与“+”接线柱之间。

调节直流稳压电源，使其输出电压从零逐渐升高，14V 调节器当电压升高到 6V（28V 调节器电压升高到 12V）时，试灯开始点亮。随着电压的不断升高，试灯逐渐变亮，14V 调节器当电压升高到 14V±0.5V（28V 调节器当电压升高到 28V±1V）时，试灯应立即熄灭。继续调节直流稳压电源，使电压逐渐降低，试灯又重新变亮，且亮度随电压的降低逐渐减弱，则说明调节器良好。

当施加到电子式电压调节器上的电压超过调节电压规定值时，试灯仍不熄灭，或者起控电压数值与规定值相差较大时，说明调节器有故障，已不能起调节作用。如试灯一直不亮，也说明调节器有故障，这样的调节器不能使用在汽车发电机上。

注意在试验时，应该使用万用表检测电压，而不应以稳压电源指示数值为准。

（3）管压降的检测　在检测管压降时，必须限定流过大功率晶体管的电流。具体数值应根据调节器调节上限和配用发电机磁场绕组的电阻确定。

1）内搭铁型调节器管压降的检测

① 按图 2-32 所示连好电路。

② 将变阻器调到 4Ω 左右，再接通开关 S，调节变阻器，使电流表读数调到 3A，此时电压表读数应在 0.6～2V 之间。

③ 若电压超过 2V，说明调节器性能降低或有故障，须修理或更换；若电压过低（小于 0.6V），说明大功率晶体管短路，须更换晶体管或调节器。

2）外搭铁型调节器管压降的检测

① 按图 2-33 所示连接好电路。

② 先将变阻器调到 3Ω 左右，再接通开关 S，调节变阻器，使电流表读数达到 4A，此时电压表读数应在 0.6～1.6V 之间。

③ 若电压超过 1.6V，说明调节器性能不好或有故障，应更换调节器；若电压低于 0.6V，说明大功率晶体管短路，应更换调节器。

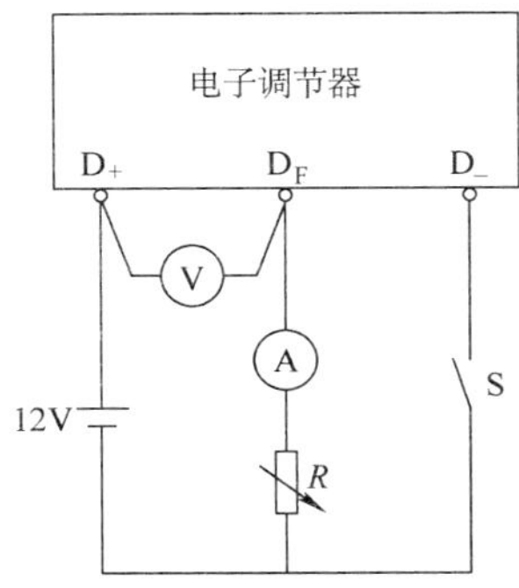

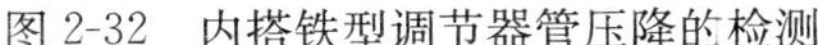
图 2-32 内搭铁型调节器管压降的检测

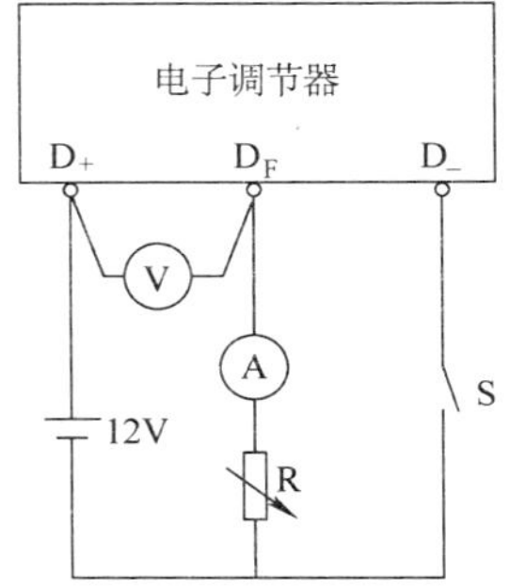

图 2-33 外搭铁型调节器管压降的检测

注意事项

对于晶体管调节器，在使用过程中，最好使用汽车说明书中指定的调节器。如果采用其他型号替代，除标称电压、功率等规定参数与原调节器相同外，代用调节器必须与原调节器的搭铁形式相同，否则，发电机可能由于励磁电路不通而不能正常工作。

3. 电磁振动式电压调节器的检测与试验

目前电磁振动式电压调节器已较少使用，其检测和调整方法，只是对于提高专业操作技能是具有一定意义的。我们以 FT111 型为例进行检测、试验。

（1）电磁振动式电压调节器的基本检测和调整

1）触点的检修：两触点应同心，接触面积应不小于 85%，触点表面应平整、光洁。如有轻微烧蚀，应用“00”号砂布（对折后使用）修磨。修磨后或触点表面有脏污时，应用清洗纸擦拭净表面。触点在断电状态下，用万用表测量两触点间的电阻，应为零，否则表明触点接触不良。

2）调节器衔铁间隙的检查与调整：触点在断电状态下，使用塞尺检查，活动触点臂与铁心的间隙应为 1.4～1.5 mm，见图 2-34。若间隙不符合要求，可松开固定触点臂上的固定螺钉，上下移动固定触点臂，见图 2-35。使间隙符合要求，然后将固定螺钉拧紧。

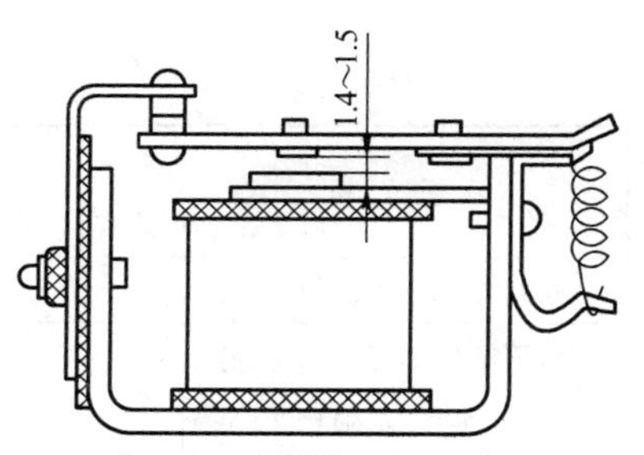

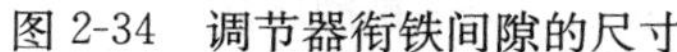

图 2-34　调节器衔铁间隙的尺寸

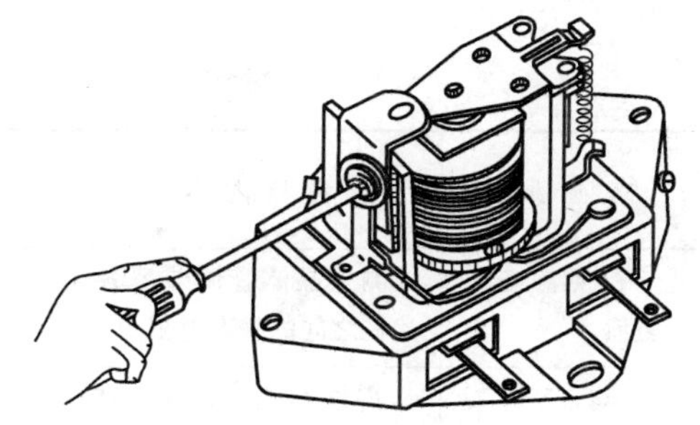

图 2-35　调节器衔铁间隙的调整方法

3）调节器电阻的测量：FT111 型调节器内部有调节电阻、补偿电阻和附加电阻，以及电磁线圈电阻，其结构见图 2-36。使用万用表对其进行测量，并与标准值进行比较。常用电磁振动式电压调节器参数见表 2-8。

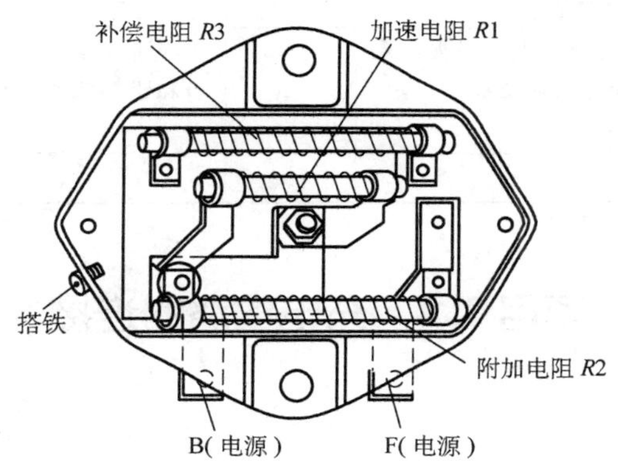

图 2-36　内部电阻结构图

表 2-8　常用电磁振动式电压调节器参数

型号	电磁线圈			内部电阻/Ω			继电器线圈
	线径/mm	匝数	电阻/Ω	调节电阻	加速电阻	补偿电阻	
FT111	ϕ0.31	900	8.8	150	4	15	
FT121	ϕ0.29	1400	18	300	8	60	
FT61	ϕ0.31	850	9.5	8.5	1	13	
FT61A	ϕ0.20	2200	53	40	2	80	启动线圈：1400 匝，R=35Ω 维持线圈：$R1$=35Ω；$R2$=65Ω
FT70	ϕ0.29	700	7.2	9	0.4	20	
FT70A	ϕ0.21	1540	30	40	2	80	
FT121	ϕ0.31	900	8.8	150	4	15	ϕ1=0.21　1400 匝　27Ω ϕ2=0.27　700 匝　13Ω
FT221	ϕ0.29	1400	18	250	15	60	ϕ1=0.15　2300 匝　85Ω ϕ2=0.19　1400 匝　52Ω

考核

序号	作业项目	考核内容	配分	评分标准	评分记录	扣分	得分
1	检测静态电阻值	测量晶体管调节器各接柱之间的静态电阻	20	检测方法不正确扣 10 分			
				检测结果不正确扣 10 分			
2	动态试验测试	搭铁形式、好坏、管压降的检测	35	检测方法不正确扣 20 分			
				检测结果不正确扣 15 分			
3	万能试验台测试	用电器万能试验台检验的调节器工作性能	35	检测方法不正确扣 20 分			
				检测结果不正确扣 15 分			
4	安全文明生产	遵守安全操作规程，正确使用工量具，操作现场整洁	10	每项扣 2 分，扣完为止			
		安全用电，防火，无人身、设备事故		因违规操作发生重大人身和设备事故，此题按 0 分计			
5	分数总计		100				

项目 2.4 充电线路的连接

学习目标

1）掌握充电电源电路的工作原理。
2）掌握电源电路的连接及电流走向分析。

材料工具

1）调节器。
2）螺钉旋具、扳手、钳子。
3）万用表。
4）连接导线。

相关知识

1. CA1090 型汽车电源系统

CA1090 型汽车电源系统是 12V 单线制，负极搭铁。蓄电池为 6-QA-100 型蓄电池，在蓄电池出厂后两年内，只要灌入密度符合规定的电解液（1.260～1.280g/cm^3），使液面高出极板 10～15mm，搁置 20～30min 即可使用。如果有条件，将蓄电池充电 3～4h 起动性能更佳。

交流发电机为磁场绕组外搭铁式（经调节器），必须配用外搭铁的电压调节器。发电机额定功率为 500W（14V36A），在额定功率时的转速为 2500r/min，当转速为 5000r/min 时，最大输出电流不小于 50A，当发电机空载时，其输出电压达到 14V 的最高转速不超过 1000r/min。

发电机有 5 个接柱（见 CA1090 型汽车电路原理图和线束图），各接柱标志的含意与接线方法为：

E——搭铁，黑线。

B 或 A——发电机正极，接电流表和需要与蓄电池火线相接的熔断器，粉红线。

N——发电机三相绕组中性点，接组合继电器“N ”接柱，蓝线。

Fl——磁场线圈一端，经熔丝（8）与点火开关相通，励磁电流的入端，7C 号红白线。

F2——磁场线圈另一端，励磁电流的出端，接电压调节器的“ F ”接柱，8 号黄色线。

晶体管调节器工作范围是 13.9～14.3V，出厂时已经校准，使用中不用进行任何调整与维护。

2. 桑塔纳 2000 型轿车电源电路

桑塔纳 2000 型轿车充电系统由发电机、调节器、蓄电池、充电指示灯及点火开关等组成。采用内装式全集成电压调节器硅整流发电机，见图 2-37。交流发电机的技术参数见表 2-9。

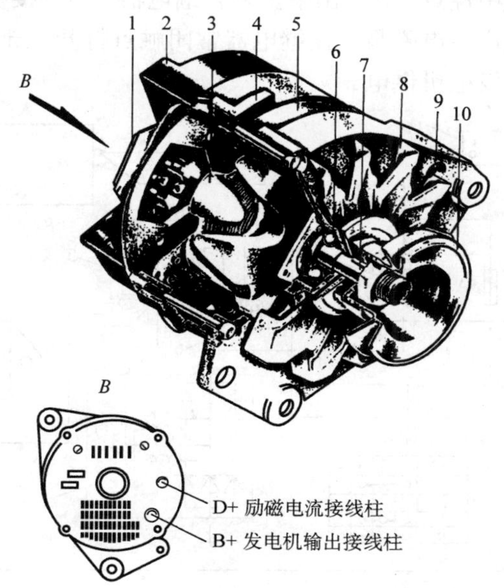

图 2-37 桑塔纳轿车交流发电机结构

1—调节器 2—后罩盖 3—转子 4—后端盖 5—定子
6—轴承 7—轴 8—风扇 9—前端盖 10—V 带轮

表 2-9 交流发电机的技术参数

发电机型号	JFZ1913Z、JFZ1813Z	工作环境温度/℃	−40～+90
额定电压/V	14	调节器形式	集成电路式
额定电流/A	90	调节电压/V	12.5～14.5
额定输出功率/W	1200	安装方式	单挂脚
零电流转速/（r·min^{-1}）	≤1050	质量（无带轮）/kg	5.66
开始充电转速/（r·min^{-1}）	≤1900	比功率/（W·kg^{-1}）	223
常用工作转速/（r·min^{-1}）	6000	新电刷高度/mm	10
最高工作转速/（r·min^{-1}）	15000	电刷极限高度/mm	5
磁场绕组电阻/Ω（20℃）	2.8	搭铁形式	外搭铁

操作步骤

1. 解放 CA1091 型汽车电源电路分析

解放 CA1091 型汽车电源电路见图 2-38。将点火开关置于点火挡，端子 1 和 2 接通，此时，电流从蓄电池“＋”极至起动机，从起动机经过电源总熔断器到电流表，从电流表进入点火开关 1 端子。从端子 2 出来，分两路，一路经过熔断器盒“调节器”进入发电机“F1”接柱，经过发电机磁场绕组从发电机“F2”接柱出来进入调节器“＋”接柱。经调节器内部开关电路从调节器“－”接柱出来搭铁。

从点火开关接柱出来另一路，经充电指示灯进入复合继电器，接在继电器“L”接柱，经过继电器内常闭开关从“E”接柱出来搭铁。此时，若发电机正常工作，其中性点“N”将有电压，电流从发电机中性点“N”出来至复合继电器“N”接柱进入线圈，经端子“E”出来搭铁。通电后的线圈产生电磁吸力使继电器常闭触点打开，充电指示灯电路断路，充电指示灯熄灭，表示此时由发电机供电。

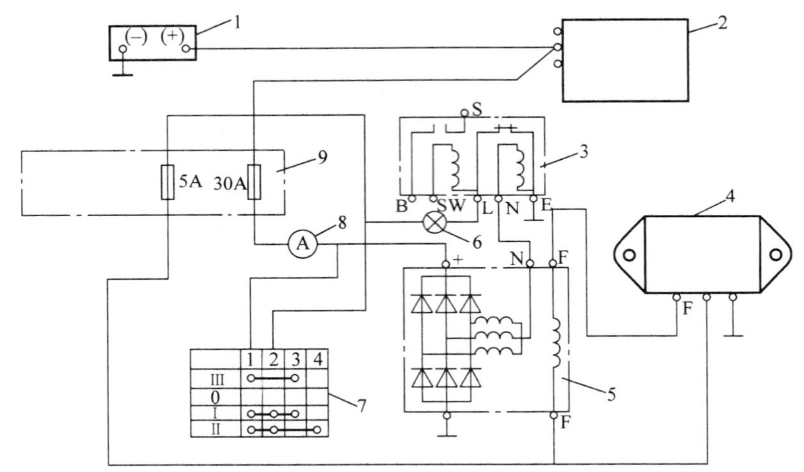

图 2-38 解放 CA1091 型汽车电源电路

1—蓄电池 2—起动机 3—复合继电器 4—调节器 5—发电机 6—充电指示灯 7—点火开关 8—电流表 9—熔断器

2. 解放 CA1091 型汽车电源电路连接

1）连接导线从蓄电池“＋”极至起动机电源接柱。

2）连接导线从起动机电源接柱至熔断器（14）。

3）连接导线从熔断器（14）至电流表“＋”接柱。

4）连接导线从电流表“－”接柱至点火开关“1”接柱。

5）连接导线从点火开关接柱至熔断器（8）。

6）连接导线从熔断器（8）至发电机“磁场”进“F1”接柱。

7）连接导线从熔断器（8）至调节器“＋”接柱。

8）连接导线从发电机“磁场”出“F_2”接柱至调节器“F”接柱。

9）连接导线从发电机“B”接柱到起动机电源接柱。

10）连接蓄电池“－”极线。

注意事项

1. 当交流发电机中性点电压控制充电指示灯熄灭时，表示发电机正常工作并向蓄电池充电。
2. 发电机磁场电流由点火开关控制，停车时，不允许长时间接通点火开关。夜间停车维修保养时，需用车上照明设备时应反打点火开关至“Ⅲ”挡。
3. 发电机磁场为外搭铁，接线时应正确连接各导线。

3. 桑塔纳轿车充电系统的线路分析

桑塔纳2000GLS轿车充电线路如图2-39所示。当点火开关接通时，电流由蓄电池“+”接线柱经电缆至起动机的“30”接线柱，再经红色导线、中央接线板P后与点火开关“30”接柱接通。经点火开关“15”由黑色导线进入仪表板26孔蓝色插接件，经过仪表板印制电路板到R2和充电指示灯串接线与R1并联电路，经过一只二极管再接到仪表板26孔蓝色插接件，由蓝色导线与中央接线板A16连接，经内部连通D4结点，又经T1插件后，用蓝色导线接到发电机D+接柱。发电机B+接线柱经红色导线接至起动机“30”接柱后，由电缆接至蓄电池的“+”极。

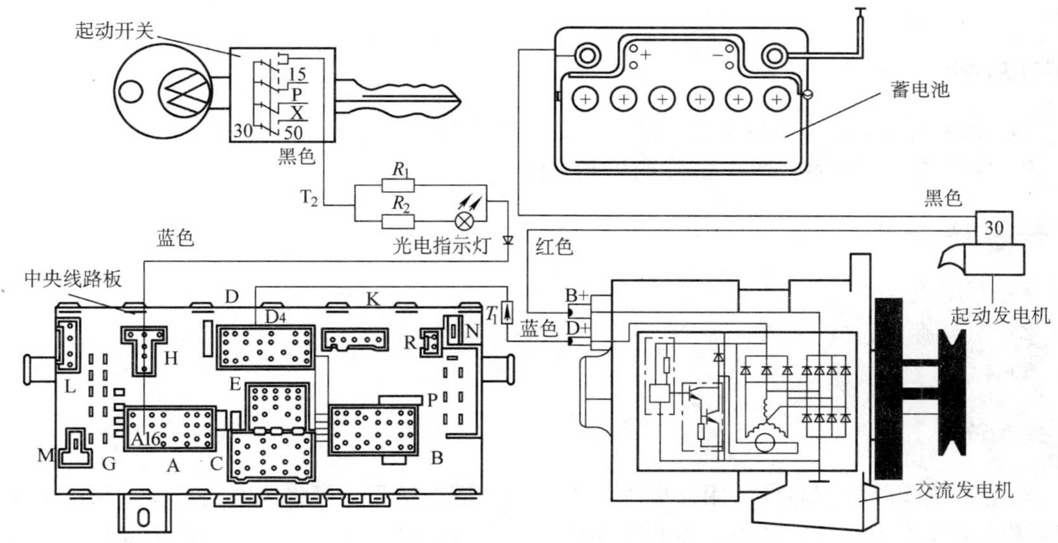

图2-39　桑塔纳轿车充电线路图

4. 桑塔纳轿车充电系统线路的连接

1）连接蓄电池“+”极线至起动机“30”接柱。

2）连接导线从起动机“30”接柱到发电机“B”接柱。

3）连接发动机右侧线束中蓝色导线至发电机“D”接柱。

4）插上中央接线盒“D”插头。

5）插上中央接线盒“A”插头。

6）连接仪表板线束插头“T_{26}”。

7）连接“$T_{26/11}$”黑色导线至组合开关到点火开关连接插头“15”接线柱。

考核

序　号	考核内容	配　分	评分标准	考核记录	扣分	得分
1	正确分析解放汽车电源电路	20	每次不能正确分析扣5分			
2	正确连接解放汽车电源电路	20	不能连接每处扣10分 操作不熟练扣5分			
3	正确分析桑塔纳轿车电源电路	20	不能正确分析每处扣5分			
4	正确连接桑塔纳轿车电源电路	20	不能连接每处扣10分 操作不熟练扣5分			
5	操作规范，整洁有序，不超时	20	第一项扣4分，后两项各扣3分			
	遵守安全操作规程，无事故		出现元器件损坏，此题为0分			
6	分数总计	100				

项目2.5　充电线路的检修

学习目标

1）掌握充电系统线路故障的检测基本方法和步骤。

2）掌握充电系统线路常见故障的诊断方法。

材料工具

1）万用表。

2）螺钉旋具、扳手、钳子。

3）试灯、跨接线。

相关知识

充电系统线路检测时应使用万用表，采用逐点搭铁检测法可确诊断路部位，采用依次拆断检测法可确诊短路搭铁部位。检测程序可从前向后，也可从后向前，或从中间向前、向后依次选择各个节点进行。主要分两个线路的检测：一是励磁线路（在点火开关在ON时逐点检测）；二是充电线路（在点火开关在OFF时逐点检测，注意在拆下连接电枢的导线时应先断开蓄电池的火线或搭铁线，防止大电流搭铁而烧线）。

电源系统常见故障有：充电指示灯不亮，充电系统不充电，充电指示灯时亮时灭，蓄电池充电不足，发电机充电电流过大等故障。

1. 充电指示灯不亮

1）故障现象：接通点火开关和发动机正常运转时，充电指示灯始终不亮。

2）故障原因：充电指示灯灯丝断路；熔断器烧断，使指示灯线路不通；指示灯或调节器电源线路导线断路或接头松动；蓄电池极柱上的电缆接头松动；点火开关有故障；发电机电刷与集电环接触不良；调节器内部电路有故障，如调节器内部电子元件损坏而使大功率晶体管不能导通或大功率晶体管本身断路。

2. 充电系统不充电

1）故障现象：发动机起动后，仪表盘上的充电指示灯不熄灭，或是在发动机正常运转过程中，充电指示灯始终亮着，这都说明发电机出现了不充电故障。

2）故障原因：发电机磁场绕组短路、断路或搭铁而导致磁场电流减小或不通；定子绕组短路、断路或搭铁有故障；整流器有故障；电刷磨损过短、电刷弹簧无弹性或电刷在电刷架中卡住，而造成电刷不能与集电环接触或接触不良；调节器有故障，如调节器内部电子元件损坏而使大功率晶体管不能导通或大功率晶体管本身断路。交流发电机的传动带过松，由于传动带打滑，发电机不转或转速过低而不发电。

3. 充电指示灯时亮时灭

1）故障现象：接通点火开关和发动机正常运转时，充电指示灯时亮时灭。

2）故障原因：发电机传动带挠度过大而出现打滑现象；发电机个别整流二极管断路、一相定子绕组连接不良或断路而导致发电机输出功率降低；发电机电刷磨损过多；调节器调节电压过低；相关线路接触不良。

操作步骤

1. 充电指示灯不亮

首先起动发动机并将转速稳定在2000r/min左右运转，然后用万用表检查发电机充电系统能否充电（发电机输出电压能够超过蓄电池电压）。将充电指示灯不亮分为充电系统能充电与不能充电两种情况分别进行排除。

当接通点火开关时充电指示灯不亮，起动发动机后发电机又能发电（发电机输出电压能够超过蓄电池电压），说明发电机充电系统正常，应检查仪表盘上的充电指示灯是否正常，若灯丝断路，则需更换。

当接通点火开关充电指示灯不亮，起动发动机后发电机不能发电时，故障排除方法与诊断程序如下：

1）首先断开点火开关，检查熔断器是否断路。如该熔断器断路，必须更换相同容量的熔断器；如仪表熔断器良好，再继续检查。

2）接通点火开关，用万用表检测熔断器上的电压值，如电压为零，说明点火开关以及点火开关与熔断器之间线路有故障，应予检修或更换；如熔断器上的电压等于蓄电池的电压，再继续检查。

3）拆下调节器接线端子上的导线，接通点火开关，用万用表检测调节器接线柱上的导线电压，如电压为零，说明仪表盘上的充电指示灯或充电指示灯的旁通电阻断路，或仪表盘与调节器之间的线路断路，应予检修或更换；如调节器接线柱上的导线电压等于蓄电池的电压，再继续检查。

4）检查电刷与电刷弹簧，检查电刷与集电环接触是否良好，否则应予检修或更换；如接触良好，再继续检查。

5）检查调节器有无故障，如有则需更换调节器总成。

6）检查发电机的转子绕组有无短路、断路、搭铁故障，如有则需更换。

2. 充电系统不充电

当充电指示灯常亮时，说明点火开关、熔断器以及充电指示灯技术状态良好。起动发动机并将其转速逐渐升高，此时用万用表检测发电机“B”端子与发电机壳体间的电压，如万用表指示的电压高于发动机未起动时蓄电池的电压（12V左右），说明发电机发电，发电机“B”端子至蓄电池正极柱之间的线路断路；如电压为零或过低，说明充电系统有故障，应按以下方法继续检查。

1）断开点火开关，检查交流发电机传动带的挠度是否符合规定（5～7mm），挠度过大应予调整；如传动带的挠度正常，则继续检查。

2）拆下调节器接线端子上的导线，接通点火开关，用万用表检测调节器接线柱上的导线电压，如电压为零，充电指示灯发亮，说明仪表盘与调节器之间的线路搭铁，应予检修或更换；如调节器接线柱上的导线电压等于蓄电池的电压，再继续检查。

3）检查电刷与电刷弹簧，检查电刷与集电环接触是否良好，否则应予检修或更换；如接触良好，再继续检查。

4）检查调节器有无故障，如有则需更换调节器总成。

5）检测发电机的定子绕组、转子绕组有无短路、断路、搭铁等故障；检测整流器有无故障；如有应予检修或更换。

3. 充电指示灯时亮时灭

1）检查传动带的挠度是否符合规定。

2）检查相关线路连接情况，如不正常，则需检修。

3）拆下调节器和电刷组件总成，并按前述方法检查调节器和电刷组件，如不正常，则需检修或更换。

4）检修发电机总成。

考核

序　　号	考 核 内 容	配　　分	评 分 标 准	考核记录	扣分	得分
1	正确使用工具、仪表、量具	10	工具每次使用不当扣3分			
			每次量具、仪表使用不当扣3分			
2	正确认识各部结构	30	操作不熟练扣10分			
			检测错误扣20分			
3	正确检测、诊断故障	20	操作不熟练扣8分			
			操作错误扣12分			
4	正确排除故障	30	操作不熟练扣10分			
			操作错误扣20分			
5	操作规范，整洁有序，不超时	10	第一项扣4分，后两项各扣3分			
	遵守安全操作规程，无事故		出现元器件损坏，此题为0分			
6	分数总计	100				

模块三　汽车起动系统的检修

项目 3.1　起动机的检修

学习目标

1）熟悉起动机的结构及各零件名称和作用。

2）掌握拆卸、检修及装配起动机作业的基本方法。

3）掌握起动机检查与测量的内容和方法。

工具材料

1）起动机。

2）钳子、扳手、螺钉旋具。

3）万用表、游标卡尺。

4）百分表、V 形架、平板。

5）扭力扳手。

6）万能电气试验台。

相关知识

1. 起动机的组成

起动机由直流电动机、传动机构和控制装置三大部分组成，见图 3-1。

直流电动机的作用是将蓄电池输入的电能转换为机械能，产生电磁转矩。

传动机构的作用是利用驱动齿轮啮入发动机飞轮齿圈，将直流电动机产生的转矩传给曲轴，并及时切断曲轴与电动机之间的动力传递。防止曲轴的转矩传给电动机。

控制机构的作用是接通或切断起动机与蓄电池之间的主电路，并使驱动齿轮进入或退出啮合。

2. 直流电动机

起动机的直流电动机主要由定子、转子、换向器、电刷及端盖等组成。

（1）定子　定子俗称“磁极”，作用是产生磁场，分励磁式和永磁式两类。为增大转矩，汽车起动机通常采用四个磁极，两对磁极相对交错安装，见图 3-2。

（2）转子　转子俗称“电枢”，由电枢轴、铁心、电枢绕组和换向器等组成。转子的作用是产生电磁转矩，见图 3-3。

（3）电刷与电刷架　端盖内装有电刷架及四个电刷，其中两只搭铁电刷利用与端盖相通的电刷架搭铁。另外两只电刷的电刷架则与端盖绝缘。绝缘电刷引线与励磁绕组的一个端头相连接，见图 3-4。电刷架上有盘形弹簧，用以压紧电刷。

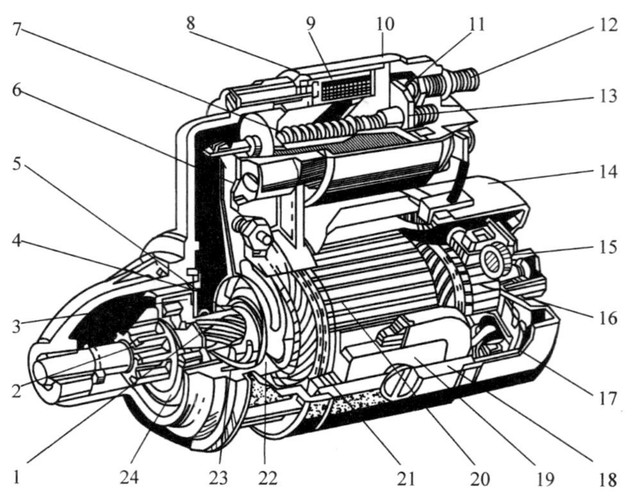

图 3-1 起动机结构

1—电枢轴螺旋槽 2—驱动齿轮 3—离合器驱动座圈 4—离合器制动盘 5—啮合弹簧 6—移动叉 7—复位弹簧 8—保持线圈 9—吸引线圈 10—电磁开关壳体 11—电动机开关触点 12—电源接线端子（30） 13—开关触盘 14—换向器端盖 15—电刷弹簧 16—换向器 17—电刷 18—电动机壳体 19—磁极 20—电枢 21—磁场线圈 22—集电环 23—支撑盘 24—单向离合器

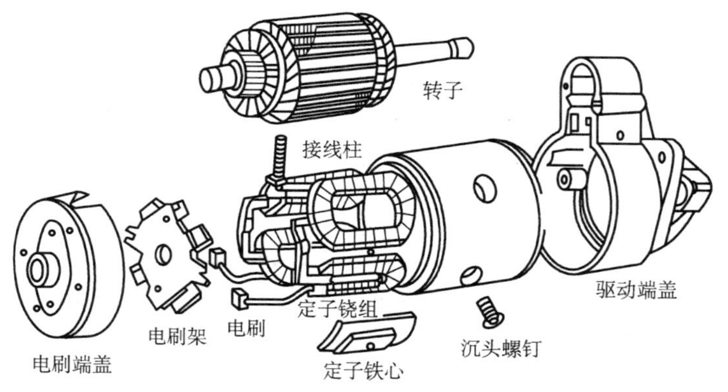

图 3-2 定子结构

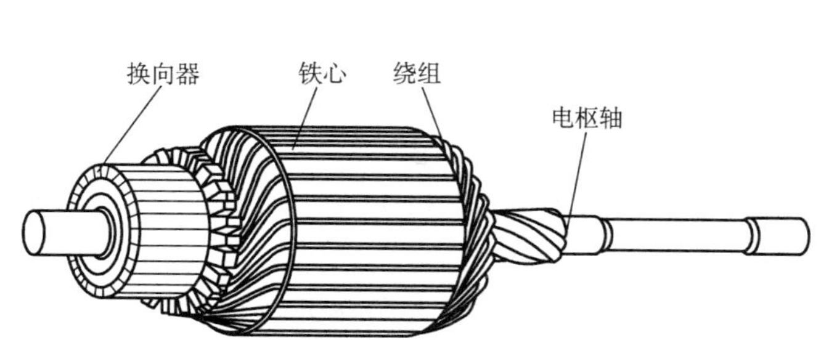

图 3-3 转子结构

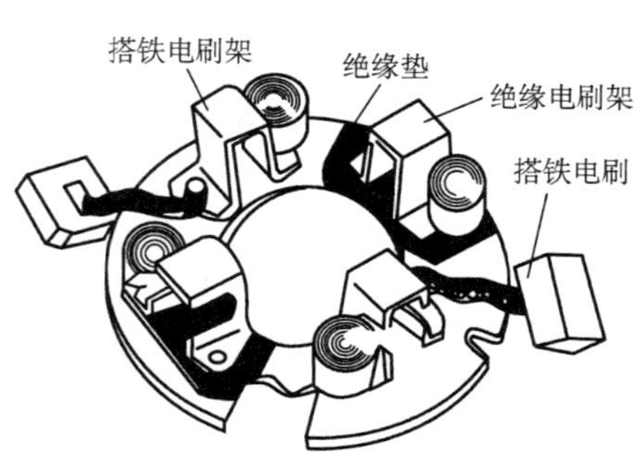

图 3-4 电刷与电刷架

3. 传动机构

起动机的传动机构是指包括驱动齿轮的单向离合器，减速起动机的传动机构还包括减速装置。一般驱动齿轮与飞轮的啮合是靠拨叉强制拨动完成，见图 3-5。

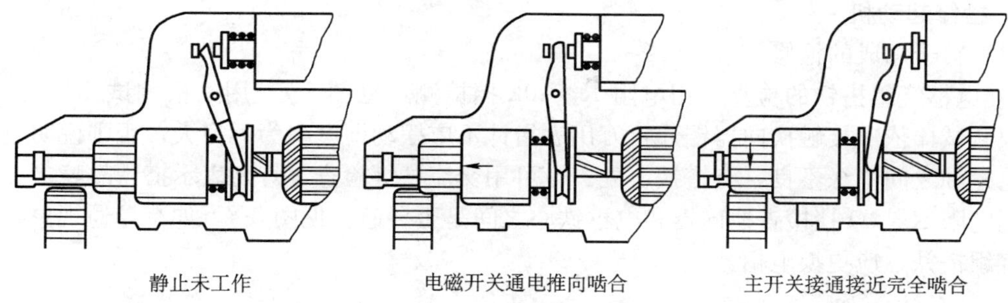

图 3-5　驱动齿轮的啮合过程

滚柱式单向离合器是通过改变滚柱在楔形槽中的位置，实现接合和分离的。其结构分十字块式和十字槽式两种，见图 3-6。主要由驱动齿轮、外壳及十字槽套筒（或外座圈及十字块套筒）、滚柱、弹簧等组成。起动时，起动机带动发动机旋转，滚柱被挤到楔形槽的窄端，并越挤越紧，使十字块与驱动齿轮形成一体，电动机转矩便由此输出。

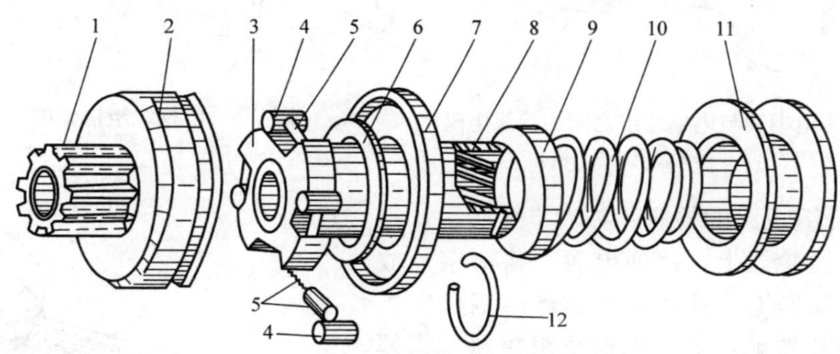

图 3-6　滚柱式单向离合器

1—驱动齿轮　2—外壳　3—十字块　4—滚柱　5—压帽及弹簧　6—垫圈　7—护盖
8—花键套筒　9—弹簧座　10—啮合弹簧　11—拨环　12—卡簧

操作步骤

1. 解体起动机

1）清除外部尘污和油垢。

2）拆下电磁开关与电动机接线柱之间的连接钢片。

3）拆下电磁开关与驱动端盖的紧固螺钉，取下电磁开关。

4）拆下起动机防护罩。

5）用电刷钩取出电刷。

6）旋出两只穿心螺栓，使驱动端盖（连同转子）、定子与电刷端盖分离，注意转子换向器处的止推垫圈片数。

7）拆下中间支撑板螺钉、拆下拨叉销轴，从驱动端盖中取出转子（连同中间支撑板、单向离合器）。

8）拆下转子驱动端锁环，取下挡圈，取下单向离合器、中间支撑板。

9）解体后，清洗擦拭各零件。

2. 检修起动机

（1）转子总成的检修

1）电枢绕组搭铁的检查。用电阻 R×10k 挡检测，见图 3-7。用一根测试棒接触电枢，另一根测试棒依次接触换向器铜片，万用表指针不应摆动即电阻为无穷大，否则说明电枢绕组与电枢轴之间绝缘不良，有搭铁之处。也可用交流试灯检查，灯亮表示搭铁故障。

用电阻 R×1Ω 挡检查换向器和电枢铁心之间是否导通，见图 3-8。如有导通现象，说明电枢绕组搭铁，应更换电枢。

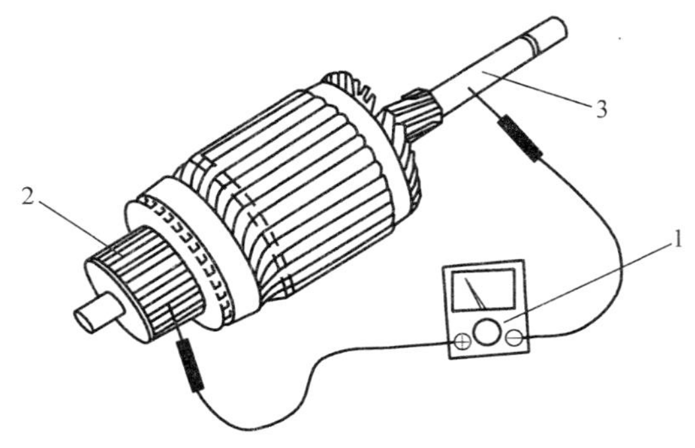

图 3-7 检测电枢轴与电枢绕组之间的绝缘电阻

1—万用表 2—换向器 3—电枢轴

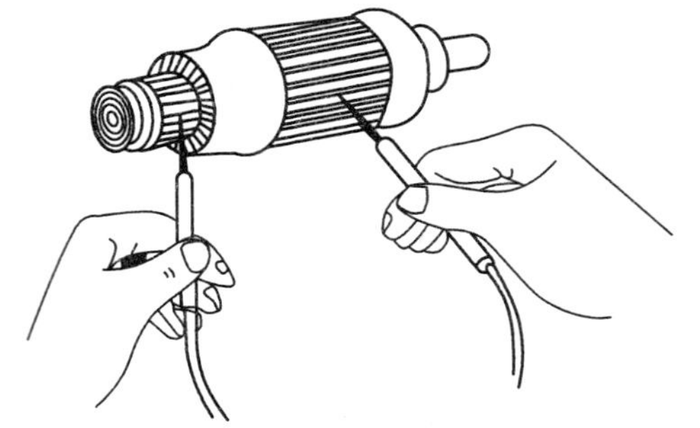

图 3-8 电枢绕组搭铁的检查

2）电枢绕组短路的检查：如图 3-9 所示，把电枢放在电枢检验器上，接通电源，将薄钢片放在电枢上方的线槽上，并转动电枢。薄钢片应不振动，若薄钢片振动，表明电枢绕组短路。相邻两换向片间短路时，钢片会在四个槽中振动。当同一个槽中上下两层导线短路时，钢片在所有的槽中都振动。

3）电枢绕组断路的检查：目测电枢绕组的导线是否甩出或脱焊。然后用电阻 R×1Ω 挡，将两个测试棒分别接触换向器相邻的铜片，如图 3-10 所示。测量每相邻两换向片间是否相通，如万用表指针指示“0”，说明电枢绕组无断路故障；若万用表指针在某处不摆动，即电阻值为无穷大，说明此处有断路故障，应更换电枢。

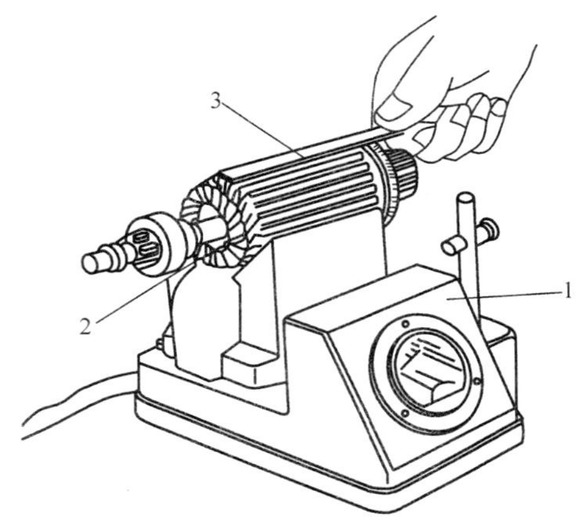

图 3-9 电枢绕组的短路检查

1—短路检测仪 2—电枢 3—薄钢片

对于磁场绕组的断路、短路、搭铁故障都应对其检修或更换。

4）电枢轴的检查

① 用游标卡尺检测轴颈、外径与衬套内径的配合间隙，应与要求相符，若间隙过大应更换衬套并重新铰配。

② 如图 3-11 所示，用百分表检测电枢轴径向圆跳动，应与要求相符，否则应予以校正。

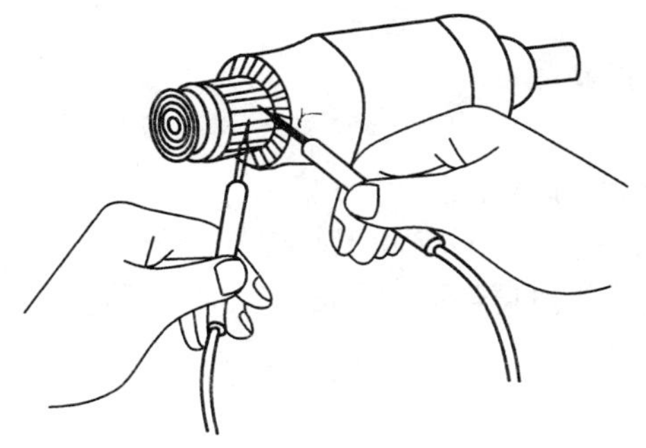

图 3-10 电枢绕组断路的检查

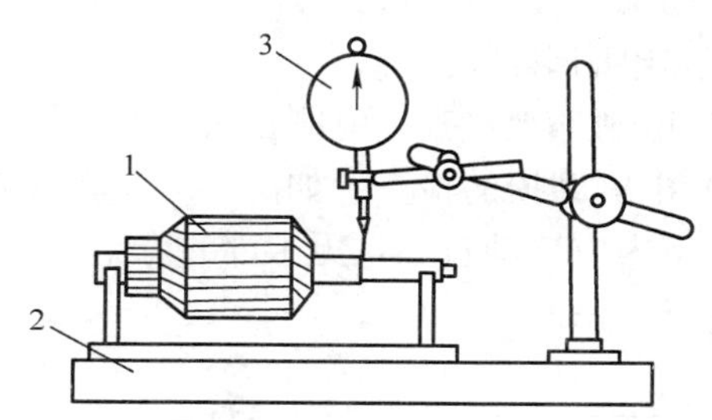

图 3-11 检测电枢轴径向圆跳动

1—电枢 2—V 形架 3—百分表

5）换向器的检测

① 检查换向器表面有无烧蚀，轻微烧蚀用 00 号砂布打磨，严重时应车削。

② 用百分表检测换向器圆度误差和外径，圆度误差大于 0.025mm 时，应在车床上修整。

③ 换向器片的径向厚度不得小于 2mm，否则应予更换。

④ 换向器的云母片，应低于换向器铜片圆周表面 0.5mm 左右。

⑤ 铜片和线头的焊接应牢固，不得松动。

（2）定子绕组的检修

1）磁场绕组搭铁的检查：如图 3-12 所示，用万用表测量起动机接线柱和外壳间的电阻，阻值应为无穷大，否则为搭铁故障。也可用 220V 的交流试灯检测。

2）磁场绕组断路的检查：如图 3-13 所示，用万用表测量起动机接线柱和绝缘电刷间的电阻，阻值应很小，若为无穷大则为断路。

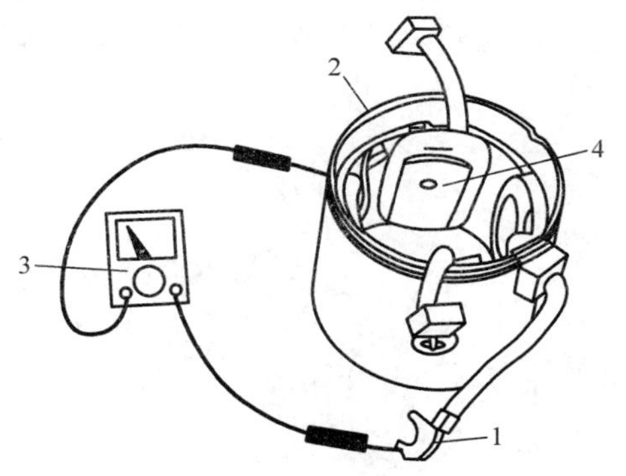

图 3-12 磁场绕组搭铁的检查

1—磁场绕组的正极端 2—定子壳体

3—万用表 4—磁场绕组

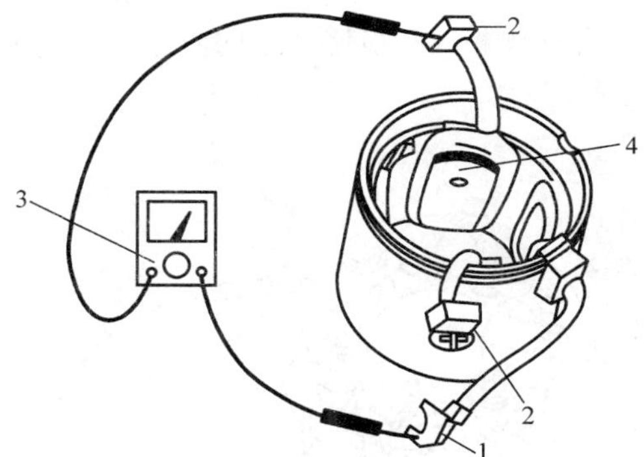

图 3-13 磁场绕组断路的检查

1—磁场绕组的正极端 2—电刷

3—万用表 4—磁场绕组

3）磁场绕组短路的检查：如图 3-14 所示，用蓄电池 2V 直流电源正极接起动机接线柱，负极接绝缘电刷。将螺钉旋具放在每个磁极上，检查磁极对螺钉旋具的吸力，应相同。若某磁极吸力弱，则为匝间短路。

磁场绕组有严重搭铁、短路或断路时，应更换新品。

（3）电刷组件的检修

1）电刷外观检查：电刷在架内活动自如，无卡滞，不歪斜。

2）电刷磨损的检查：如图 3-15，测量电刷的高度，不应低于新电刷高度的 2/3。电刷在电刷架内应活动自如，无卡滞现象。目测电刷与换向器的接触面积，应在 75%以上，否则应进行磨修。

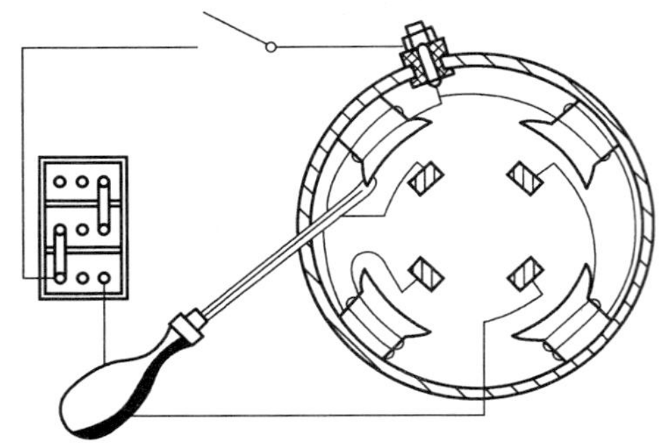

图 3-14 磁场绕组短路的检查

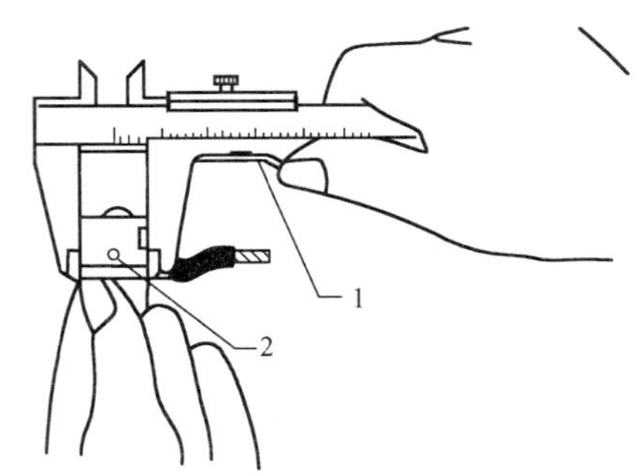

图 3-15 起动机电刷磨损的检查

1—游标卡尺 2—电刷

3）电刷架的检查：如图 3-16 所示，用万用表测量绝缘电刷架和后盖间的电阻，应为无穷大；用万用表测量搭铁电刷架和后盖间的电阻，应为零。

4）电刷弹簧的检查：在弹簧处于工作状态时，用弹簧秤检查电刷弹簧的压力，一般为 11.7～14.7N。若压力降低，可将弹簧向与螺旋方向相反处扳动或更换。

（4）单向离合器的检修

1）单向离合器的安装与检查：如图 3-17 所示，将单向离合器及驱动齿轮总成装到电枢轴上，握住电枢 1，当转动单向离合器外座圈 2 时，驱动齿轮总成应能沿电枢轴自如滑动。

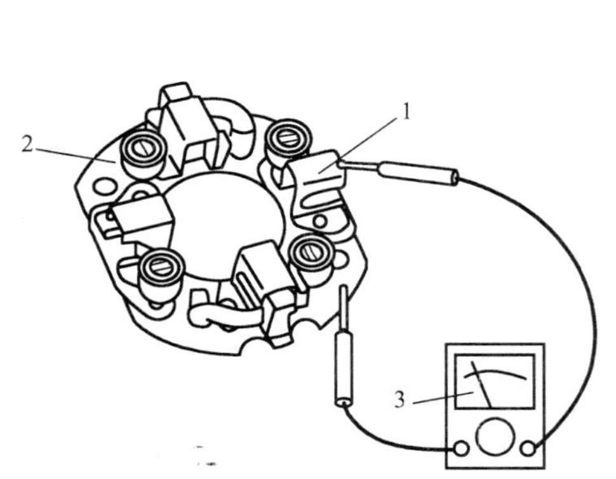

图 3-16 电刷架的检查

1—电刷架 2—电刷架底板 3—万用表

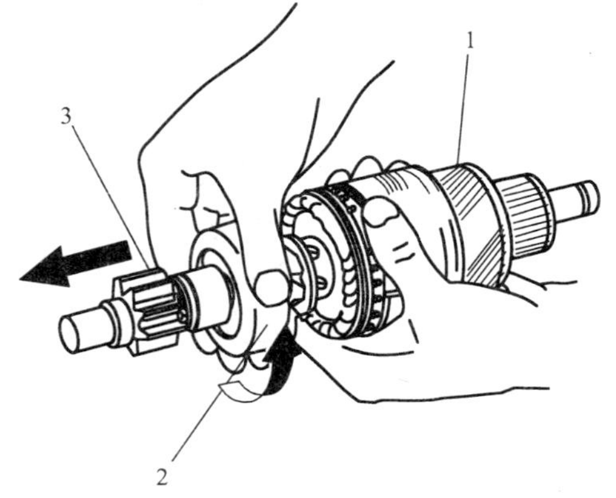

图 3-17 单向离合器总成的安装与检查

1—电枢 2—驱动齿轮 3—单向离合器

如图 3-18 所示，在确保驱动齿轮无损坏的情况下，握住外座圈，转动驱动齿轮，应能自由转动；反转时不应转动，否则就有故障，应更换单向离合器。

2）离合器磨损的检查：目测离合器齿轮及离合器内花键槽有无严重磨损，若磨损严重，应予以焊修或更换。

3）离合器最大转矩的测量：如图 3-19 所示，将单向离合器齿轮用布包好夹在台虎钳上，将扭力扳手的头插入啮合器的花键内，按其工作的方向扳转扭力扳手，应能承受制动试验时的最大转矩而不打滑。

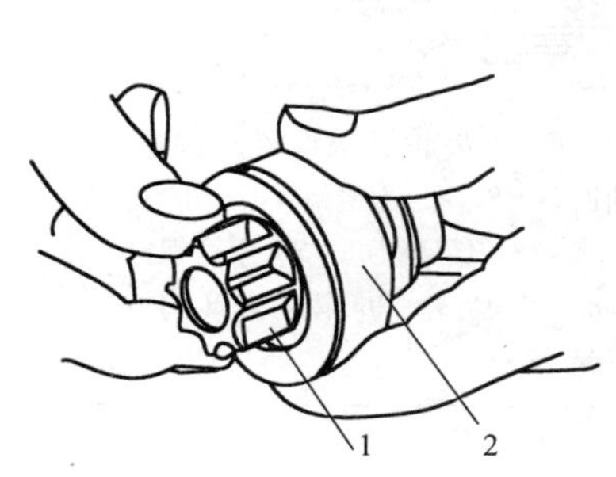

图 3-18 单向离合器的检查
1—驱动齿轮 2—单向离合器

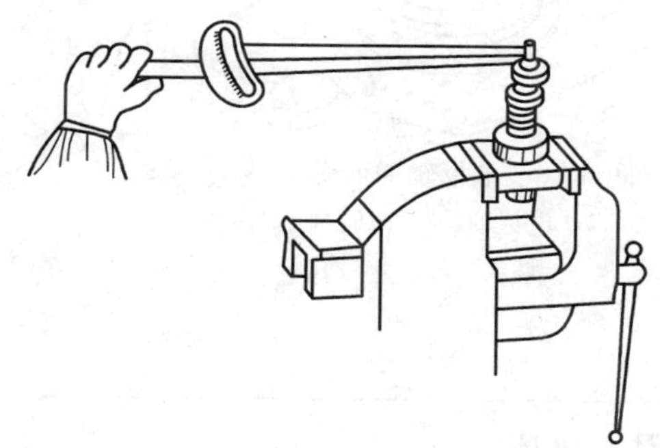

图 3-19 离合器最大转矩的测量

（5）电磁开关的检查

1）检查触点、接触盘：目测触点、接触盘，若有轻微烧损可用细砂布打磨，起动时此处电压降不得超过 0.2V。

2）开关的检查：将万用表置于电阻挡，用万用表的两个测试棒分别接触起动机接线柱（30）和接线柱（60），将活动铁心推到底使电磁开关接通，看开关是否导通，若导通，表明电磁开关正常。

3. 起动机装复与调整

（1）起动机装复 按分解的相反顺序装复。

1）将离合器和移动叉装入后端盖内。

2）装入中间轴承支撑板。

3）将电枢轴插入后端盖内。

4）装上电动机外壳和前端盖，并用长螺栓固定紧。

5）装上电刷和防尘罩。

6）装上起动机开关。

起动机装复后应转动灵活，各摩擦部位涂润滑油润滑，电枢轴的轴向间隙应符合要求。

（2）起动机的调整

1）电枢轴轴向间隙的调整：如图 3-20 所示，在电枢轴 1 的电刷端盖 2 外侧用调整垫片 3 调整电枢 1 的轴向间隙，其间隙应为 0.1～0.3mm，然后装上挡圈 4。

2）小齿轮极限位置的调整：如图 3-21 所示，将电磁开关的活动铁心推至使其开关刚好接通的位置，并保持稳定。测量驱动齿轮与止推垫圈端面之间的间隙值，一般其间隙值为 4～5mm，如不符合，可适当拧入或旋出拨叉与活动铁心的连接螺杆进行调整，直至合格为止。

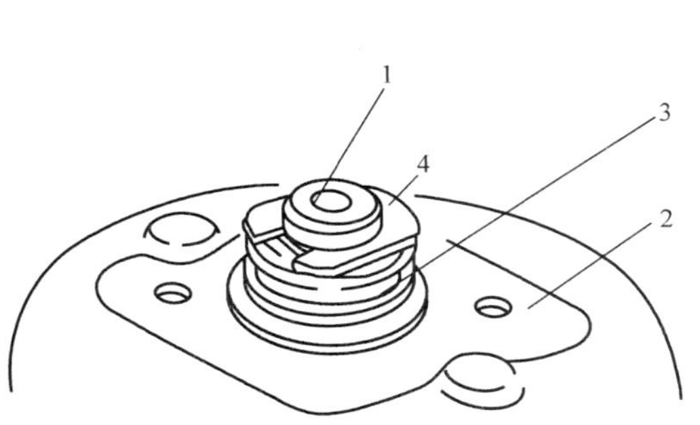

图 3-20　电枢轴向间隙调整

1—电枢轴　2—电刷端盖

3—调整垫片　4—挡圈

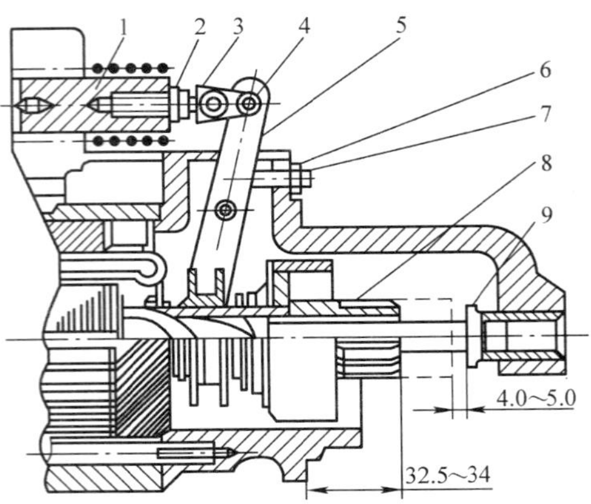

图 3-21　小齿轮极限位置的调整

1—活动铁心　2、4—连接销　3—调整螺母

5—拨叉　6—锁紧螺母　7—限位螺钉

8—驱动齿轮　9—限位螺母

注意事项

1. 从车上拆下起动机前应首先切断点火开关，拆下蓄电池搭铁线，以防操作时产生电火花损坏电子元件。
2. 若起动机与发动机之间装有薄金属垫片，在装配时应按原样装回。
3. 不同型号的起动机解体与组装顺序有所不同，应按厂家规定的操作顺序进行。
4. 部分组合件无故障时不必彻底解体。如电磁开关、定子铁心及绕组。
5. 组装时各螺栓应按规定力矩旋紧。应检查调整各部分的间隙。
6. 各润滑部位应使用厂家规定的润滑剂润滑。例如：奥迪 100 轿车用起动机的减速器与单向离合器均用 MoS_2 润滑脂润滑；挡圈与锁环应使用 MoS_2 润滑脂轻微润滑；更换新衬套时，应在压入之前将衬套在热润滑油中浸泡 5min。
7. 永磁式起动机对敲击、振动及外压力有很高的敏感性。不得将起动机外壳夹紧在台虎钳上，否则会损坏磁铁。当进行电气试验时线路不得接错，否则会损坏磁铁，而且不能修复。当进行维修时，须确保起动机清洁。

4. 起动机的试验

（1）电磁开关吸拉线圈功能吸拉试验　如图 3-22 所示，将蓄电池 1 的负极接起动机 2 的接线柱（60）3 上，蓄电池 1 的正极接起动机 2 的接线柱（50）4 上，小齿轮能伸出，表示吸拉线圈工作正常。

（2）保持线圈功能及电磁开关铁心复位的试验　如图 3-23 与图 3-24 所示，将蓄电池 1 的负极接起动机 2 的接线柱（50）4 上，蓄电池 1 的正极接起动机 2 的外壳上，小齿轮能保持伸出位置，当断开时小齿轮迅速回位，表示保持线圈及电磁开关铁心复位装置工作正常。

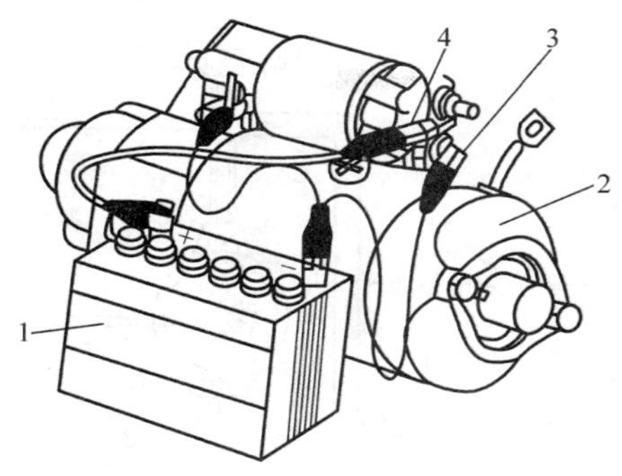

图 3-22　电磁开关吸拉线圈功能吸拉试验

1—蓄电池　2—起动机　3—接线柱（60）　4—接线柱（50）

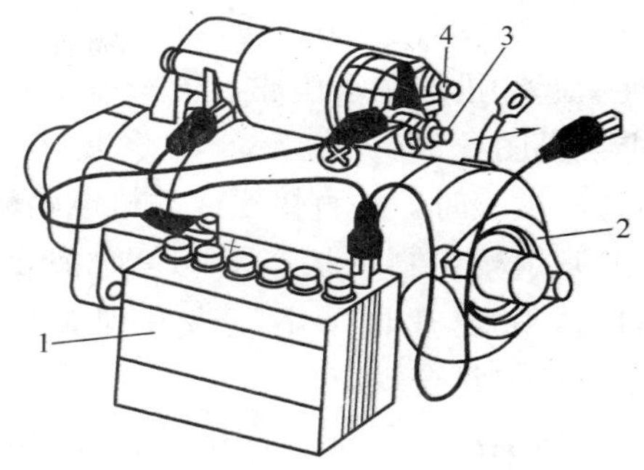

图 3-23　保持线圈功能试验

1—蓄电池　2—起动机　3—接线柱（60）　4—接线柱（50）

（3）空载试验　将起动机固定后，如图3-25所示，蓄电池4正极与起动机5接线柱（50）1之间接上电流表，蓄电池负极接起动机5外壳。接通起动机接线柱（50）1与（30）2，起动机应转动均匀，电刷无火花。测量空载电流，其值应小于55A。

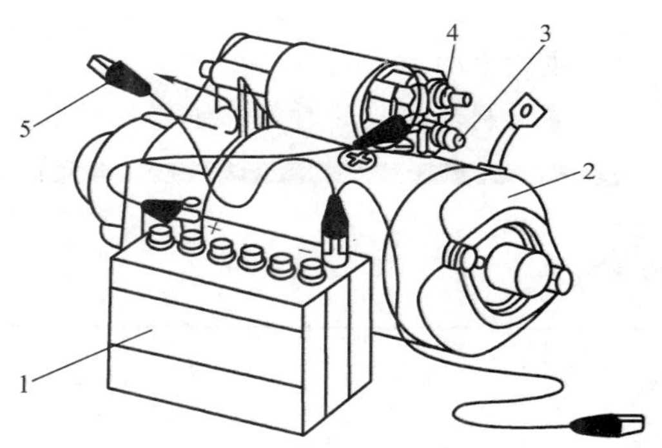

图 3-24　电磁开关铁心复位试验

1—蓄电池　2—起动机　3—接线柱（60）　4—接线柱（50）　5—蓄电池负极接线夹

每次试验时间，不得超过1min，以免起动机过热。若电流大于标准值，而转速低于标准值，表示起动机装配过紧，或电枢绕组、磁场绕组内有短路或其有搭铁故障。若电流和转速都小于标准值，则表示起动机线路中有接触不良的地方，如电刷弹簧压力不足，造成换向器与电刷接触不良等。

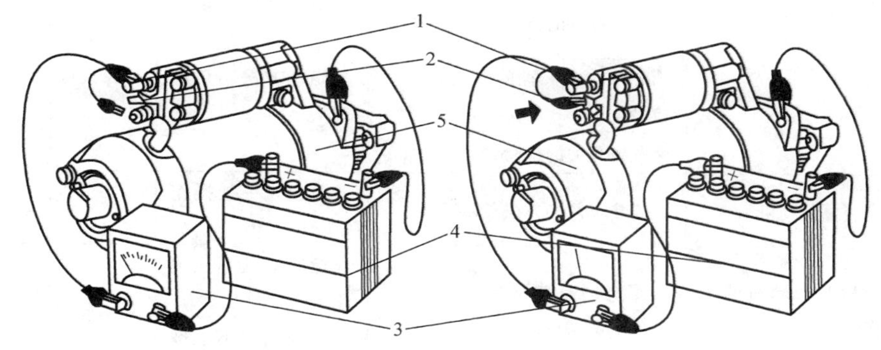

图 3-25　起动机空载试验

1—起动机接线柱（50）　2—接线柱（30）　3—电流表　4—蓄电池　5—起动机

（4）全制动试验　空载试验后，再进行全制动试验，以测量起动机在全制动时的电流和制动转矩，判断起动机主电路是否正常，并检查单向离合器是否打滑。

1）将起动机夹在试验台上，杠杆的一端夹紧起动机的驱动齿轮，另一端系在弹簧秤上，见图 3-26。

2）试验时，一直接通起动机电路。

3）观察在制动状态下，单向离合器是否打滑，并迅速记下电流表和弹簧秤的读数，其值应符合规定。

若转矩小于标准值而电流大于标准值，则表明磁场和电枢绕组中有短路或搭铁故障。若转矩和电流都小于标准值，表明线路接触不良。若驱动齿轮锁止，而电枢轴仍有缓慢转动，则说明单向离合器有打滑现象。

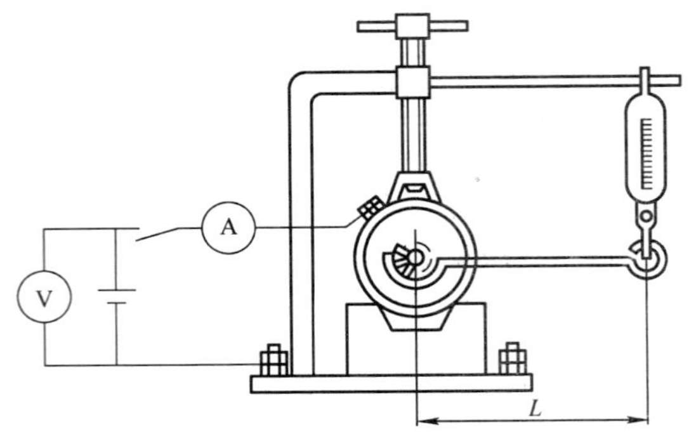

图 3-26 起动机的全制动试验

> **注意事项**
>
> 每次制动试验的时间，不得超过 5s，以免损坏起动机或蓄电池。

考核

序 号	作业项目	考核内容	配分	评分标准	评分记录	扣分	得分
1	解体起动机	解体操作	14	每出现一处操作错误扣 7 分			
2	检修起动机各主要零件（零件修复可口述）	转子总成的检修	36	检验方法不正确扣 3 分 检验结果不正确扣 3 分 修理方法不正确扣 3 分			
		定子绕组的检验					
		电刷总成的检修					
		单向离合器的检验					
		电磁开关的检验					
3	装复起动机	组装工艺和方法	14	每出现一处操作错误扣 7 分			
4	检验起动机的工作性能	用电器万能试验台检验起动机的工作性能	26	检验方法不正确扣 13 分			
				检验结果不正确扣 13 分			
5	安全文明生产	遵守安全操作规程，正确使用工量具，操作现场整洁	10	每项扣 2 分，扣完为止			

（续）

序　号	作 业 项 目	考 核 内 容	配分	评分标准	评分记录	扣分	得分
5	安全文明生产	安全用电，防火，无人身、设备事故		因违规操作发生重大人身和设备事故，此题按0分计			
6	分数合计		100				

项目3.2　起动线路的连接

学习目标

1）掌握解放CA 1091型汽车起动系统工作原理及汽车起动线路的连接。

2）掌握桑塔纳2000型轿车起动系统工作原理及起动线路的连接。

工具材料

1）解放CA1091型汽车电气试验台（或整车）。

2）桑塔纳2000轿车电气试验台（或整车）。

3）钳子、扳手、螺钉旋具、剥线钳。

4）万用表。

5）电线、接线端子。

相关知识

常见的起动系统控制电路有：开关直接控制、继电器控制和起动复合继电器控制三种。

1. 开关直接控制起动系统

开关直接控制是指起动机由点火开关或起动按钮直接控制。起动功率较小的汽车常用这种控制形式，其控制电路见图3-27。

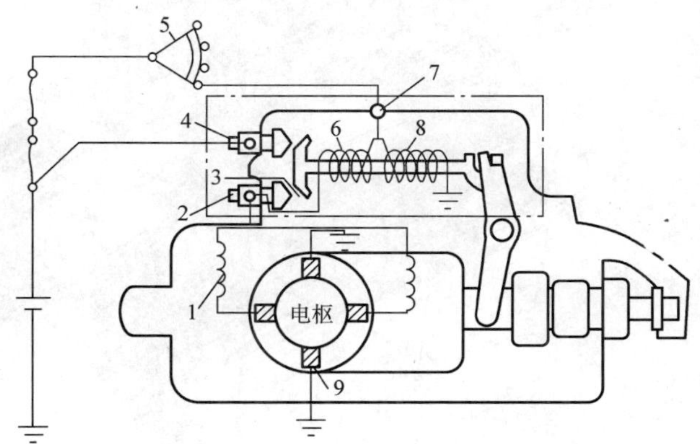

图3-27　起动机控制电路

1—励磁线圈　2—“C”端子　3—旁通接柱
4—“30”端子　5—点火开关
6—吸拉线圈　7—“50”端子
8—保持线圈　9—电刷

起动时，点火钥匙放在“ST”位，电流由蓄电池正极→“50”端子7→吸拉线圈6→导电片→“C”端子2→起动机励磁绕组→电枢→搭铁→蓄电池负极。起动机慢慢转动，同时电流由电磁开关“50”端子7经保持线圈8，回到蓄电池负极。吸拉线圈与保持线圈产生同方向的电磁力，在电磁力作用下，铁心压缩回位弹簧，向左移动，带动拨叉，使驱动齿轮与发动机飞轮啮合。电磁开关内的接触盘此时将“C”端子与“30”端子、旁通接柱相继接通，电流由蓄电池正极→“30”端子4→接触盘→“C”端2→起动机励磁绕组→电枢→搭铁→蓄电池负极。起动机主电路接通，起动机电枢产生电磁转矩，此时吸拉线圈6被短路，保持线圈8的电磁力使驱动齿轮与飞轮保持啮合，保证发动机起动着车。起动后，发动机飞轮转速超过起动机电枢时，单向离合器切断飞轮与驱动齿轮之间的动力传递，保护起动机。发动机起动后，松开点火钥匙，点火开关将自动转回一个角度，“50”端子断电，由于机械惯性，短时间内接触盘仍将“30”端子4与“C”端子2接通，蓄电池电流经接触盘→吸拉线圈6→保持线圈8→搭铁→蓄电池负极。吸拉线圈与保持线圈产生相反方向的电磁力，接触盘接触不牢，在回位弹簧的作用下，铁心迅速回位，接触盘与“C”、“30”端子分开，起动主电路被断开，起动完毕。

图3-27中旁通接柱接上点火线圈附加电阻接柱（起动开关接柱），由于起动机工作时电流很大，为保证点火系统有足够火花能量，电磁开关上的旁通接柱是在起动时将附加电阻短路的。目前，汽车较多采用电子点火，点火系统已不再设置附加电阻，在这种类型的汽车上，起动机电磁开关也没有旁通接线柱。

桑塔纳轿车采用QD125型起动机，见图3-28。起动电压为12V，功率为0.95kW，低转速时转矩大，使发动机易于起动。电磁开关与常规相同，在电磁开关50接线柱处的最低工作电压为8.0V。

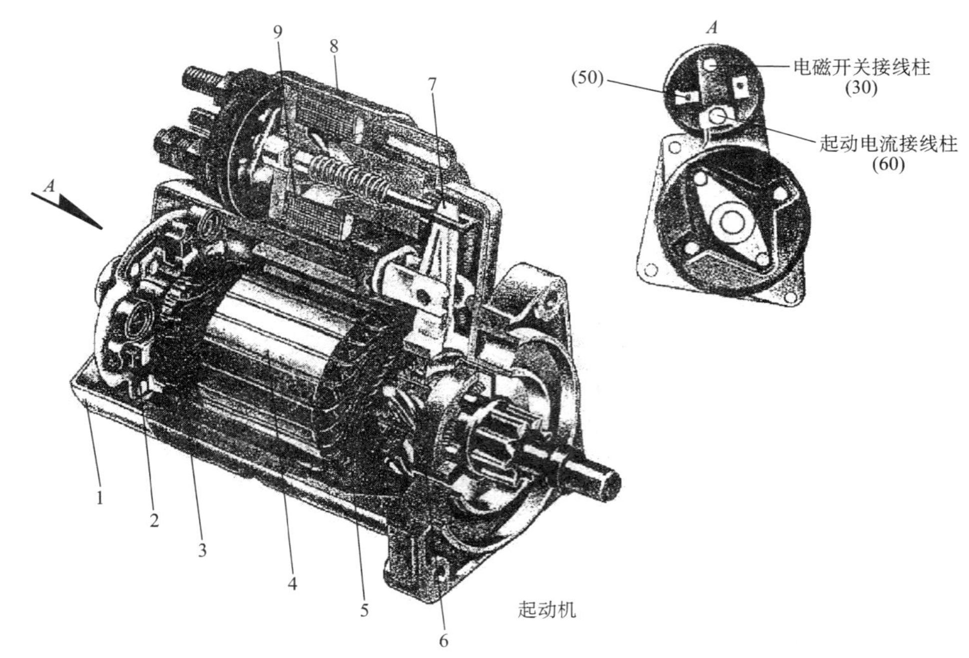

图3-28　桑塔纳轿车起动机

1—后端盖　2—电刷　3—换向器　4—电枢　5—前端盖　6—单向离合器　7—拨叉　8—电磁开关　9—定子

起动机系统的控制电路采用无起动继电器的起动电路，具有结构简单，工作可靠的特点。

2. 继电器控制起动系统

起动继电器控制是指用起动继电器触点控制起动机电磁开关的大电流，而用点火开关或起动按钮控制继电器线圈的小电流。起动继电器的作用就是以小电流控制大电流，保护点火开关，减少起动机电磁开关线路压降。

装有自动变速器的轿车，在自动变速器上装有空挡起动开关，空挡起动开关串联于起动继电器线圈搭铁端，只有自动变速器变速杆处于停车（P）挡和空（N）挡时才接通，其他挡位时均处于断开状态，有利于保护起动机和蓄电池。

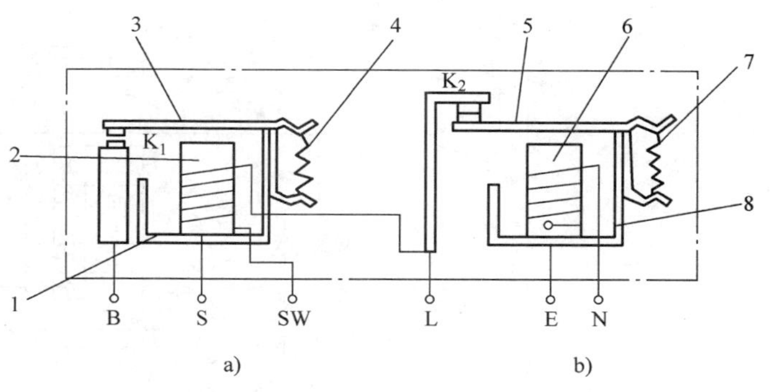

图 3-29　JD171 型组合继电器

a）起动继电器　b）保护继电器

1、8—磁轭　2、6—铁心　3、5—动铁　4、7—弹簧

为了在发动机起动后，使起动机自动停转并保证不再接通起动机电路，解放 CA1091 型及东风 EQ1092 型等汽车采用了具有安全驱动保护功能的起动复合继电器控制起动系统。起动复合继电器由起动继电器和保护继电器两部分组成，JD171 型组合继电器见图 3-29。起动继电器的触点是常开的，控制起动机电磁开关。保护继电器的触点是常闭的，控制充电指示灯和起动继电器线圈的搭铁。保护继电器磁化线圈一端搭铁，另一端接发电机的中性点，承受中性点电压。

操作步骤

1. 解放 CA 1091 型汽车起动电路分析

解放 CA 1091 型汽车起动电路，见图 3-30。

（1）起动　将点火开关旋至起动位置，电流流经蓄电池正极、起动机电源接柱、熔断器(14)、电流表、点火开关 SW 接线柱、经组合继电器接线柱 SW、继电器内线圈 L_1、常闭触点、组合继电器 E 接线柱搭铁到蓄电池负极。

线圈 L_1 产生电磁吸力，常开触点 K_1 闭合，将起动机电磁开关吸拉线圈和保护线圈的电路接通。电流流经蓄电池正极、起动机电源接线柱、组合继电器接线柱 B、常开触点 K_1、组合继电器接线柱 S。起动机起动，此后，分成并联的两条支路。一路流经保持线圈、搭铁、蓄电池负极。另一路流经吸拉线圈、起动机磁场绕组、电枢绕组、搭铁、蓄电池负极。

在吸拉线圈和保持线圈电磁吸力的共同作用下，起动机主电路接通，起动电流流经起动机磁场绕组、电枢绕组。起动机发出电磁转矩，驱动发动机曲轴运转。

（2）发动机起动后　若驾驶员没有及时松开点火开关，但由于此时交流发电机电压已升高，中性点电压作用在保护继电器线圈 L_2 上使 K_2 打开，切断了充电指示灯的电路，充电指示灯熄灭。同时又将 L_1 的电路切断，K_1 打开，起动机电磁开关释放，切断了蓄电池与起动机之间的电路，使起动机自动停止工作。

（3）发动机正常运转　在交流发电机中性点电压的作用下，K_2 一直处于打开状态，充

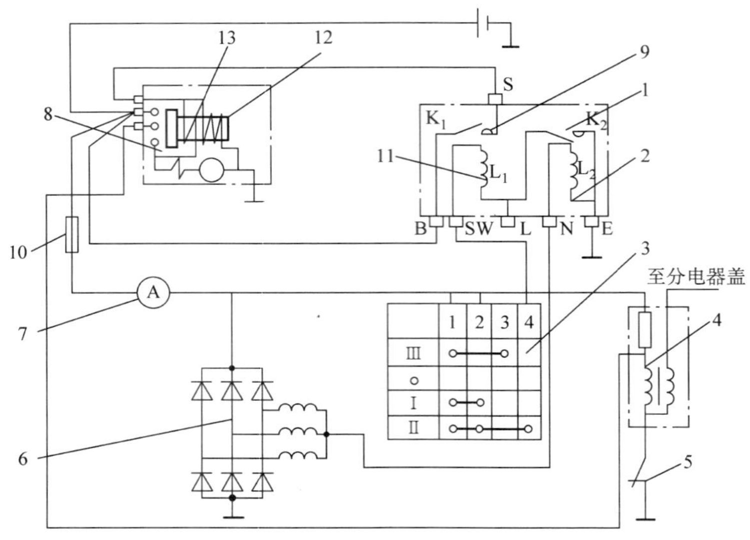

图 3-30 解放 CA 1091 型汽车起动系统电路图

1—保护继电器触点 2—保护继电器 3—点火开关 4—点火线圈 5—断电器 6—发电机 7—电流表 8—起动机 9—起动继电器触点 10—熔断器 11—起动继电器线圈 12—吸引线圈 13—保持线圈

电指示灯不亮，表示充电系统正常，如果驾驶员操作失误，将点火开关旋至起动位置，由于 L_1 中无电流 K_1 始终处于打开状态，所以起动机将不会工作。从而防止了起动机驱动齿轮被打坏的危险，起到了安全保护作用。但是，如果充电系统有故障导致发电机中性点电压过低，则起动复合继电器就起不到安全保护作用了。

2. 解放 CA 1091 型汽车起动电路的连接

1）连接导线从蓄电池“＋”极至起动机电源接线柱。

2）连接导线从起动机电源接线柱至熔断器（14）。

3）连接导线从熔断器（14）至电流表“＋”接线柱。

4）连接导线从电流表“－”接线柱至点火开关“1”接线柱。

5）连接导线从点火开关“4”接线柱至熔断器组合继电器“SW”端子。

6）连接导线从起动机电源接线柱到组合继电器“B”端子。

7）连接导线从起动机起动接线柱（50）到组合继电器“S”端子。

8）连接导线从发电机中性点“N”端子到组合继电器“N”端子。

9）连接导线从组合继电器“E”搭铁。

3. 桑塔纳 2000 型轿车起动电路分析

如图 3-31 所示，点火开关 30 接线柱接电源，由红/黑色导线从点火开关上 50 接线柱送至中央线路板 B8 结点，再通过中央线路板 C18 结点，引到起动机电磁开关 50 接线柱上。用黑色导线将蓄电池正极与起动机 30 接线柱连接起来。

点火开关拨到起动挡（Ⅱ挡），其 30 端子与 50 端子接通，使起动机的电磁开关通电，使起动机进入工作状态。电流路径为：蓄电池正极→红色导线→中央电路板单端子插座 P 端子→中央电路板内部电路→中央电路板单端子插座 P 端子→红色导线→点火开关“30”端子→点火开关起动挡→点火开关“50”端子→红/黑色导线 3→中央电路板 B8 结点→中央

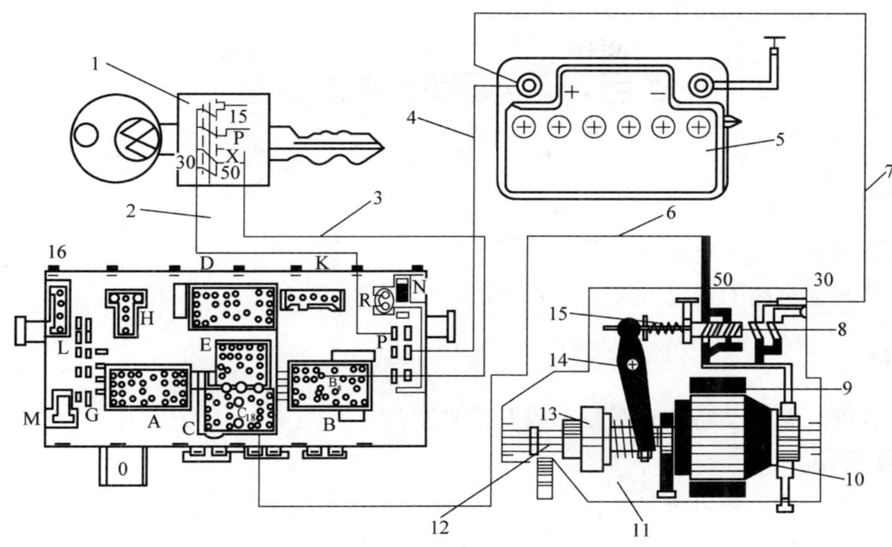

图 3-31　桑塔纳 2000 轿车起动系统接线图

1—点火开关　2、4—红色导线　3、6—红黑色导线　5—蓄电池　7—黑色导线
8—电磁开关　9—定子　10—电枢　11—起动机总成　12—驱动齿轮
13—滚柱式单向离合器　14—拨叉　15—回位弹簧　16—中央电路板

电路板内部电路→中央电路板 C18 结点→红/黑色导线 6→起动机“50”端子→进入电磁开关。

4. 桑塔纳 2000 型轿车起动电路的连接

1）连接中央接线盒上单独火线“P”接线柱与红色导线的蓄电池“＋”极。

2）连接蓄电池“＋”极线至起动机“30”接线柱。

3）连接发动机左侧中红黑导线到起动机“50”接线柱。

4）插上中央接线盒发动机左侧线束“C”插头。

5）连接仪表板线束中红黑线至点火开关“50”接线柱，连接中央接线盒“P”单个火线接线柱与红色导线至点火开关“30”接线柱（插上组合开关点火锁插头）。

6）插上中央接线盒仪表板线束“B”插头。

考核

序　号	考核内容	配　分	评分标准	考核记录	扣分	得分
1	正确分析 CA1091 型汽车的起动电路	20	每次不能正确分析扣 5 分			
2	正确连接 CA1091 型汽车的起动电路	20	不能连接每处扣 10 分 操作不熟练扣 5 分			
3	正确分析桑塔纳轿车的起动电路	20	不能正确分析每处扣 5 分			
4	正确连接桑塔纳轿车的起动电路	20	不能连接每处扣 10 分 操作不熟练扣 5 分			
5	操作规范，整洁有序，不超时	20	第一项扣 4 分，后两项各扣3 分			
	遵守安全操作规程，无事故		出现元器件损坏，此题为 0 分			
6	分数总计	100				

项目 3.3　起动系统的检修

学习目标

1）熟悉起动控制电路的工作原理

2）掌握起动电路的常见故障和排除方法

工具材料

1）解放牌汽车和桑塔纳轿车整车或发动机试验台架。

2）万用表。

3）扳手、钳子、螺钉旋具。

4）试灯、跨接线。

相关知识

起动系统常见故障有：起动机不工作，起动机运转无力，起动机空转，驱动齿轮与飞轮齿圈不能啮合等。

1. 起动机不工作

将点火钥匙转到起动挡时，起动机不工作的原因有：

1）蓄电池严重亏电。

2）蓄电池正、负极柱上的电缆接头松动或接触不良。

3）电动机开关触点严重烧蚀或两触点高度调整不当，而导致触点表面不在同一平面内，使触盘不能将两个触点接通。

4）换向器严重烧蚀而导致电刷与换向器接触不良。

5）电刷弹簧压力过小或电刷在电刷架中卡死。

6）电刷引线断路或绝缘电刷（即正电刷）搭铁。

7）磁场绕组或电枢绕组有断路、短路或搭铁故障。

8）电枢轴的铜衬套磨损过多，使电枢轴偏心而导致电枢铁心“扫膛”（即电枢铁心与磁极发生摩擦或碰撞）。

2. 起动机运转无力

接通起动开关，若起动机能运转，则说明控制电路工作正常，起动机运转无力，说明带负载能力降低，实际输出功率减小。其原因有以下几个方面：

1）蓄电池存电不足或有短路故障使其供电能力降低。

2）电动机主电路接触电阻增大，使起动机工作电流减小。接触电阻增大的原因包括：蓄电池搭铁电缆搭铁不实；蓄电池正、负极柱上的电缆端头固定不牢；电动机开关触点与触盘烧蚀；电刷与换向器接触不良；换向器烧蚀等。

3）磁场绕组或电枢绕组局部短路，使起动机输出功率降低。

4）发动机装配过紧或环境温度很低，而导致起动转矩阻力过大时，也可能出现起动机运转无力的现象。

3. 起动机空转

接通起动开关，起动机空转的原因是：

1）飞轮齿圈磨损过多或损坏。

2）单向离合器失效打滑。

3）电磁开关铁心行程太短，驱动齿轮与飞轮齿圈不能啮合，拨叉连接处脱开。

4. 驱动齿轮与飞轮齿圈不能啮合而发出撞击声

起动发动机时，起动机驱动齿轮与发动机飞轮齿圈发生打齿现象的原因有：

1）驱动齿轮轮齿或飞轮齿圈轮齿磨损过多或损坏。

2）驱动齿轮端面与端盖凸缘间的距离过小。当驱动齿轮与飞轮齿圈尚未啮合或刚刚啮合时，电动机主电路就已接通，由于驱动齿轮在高速旋转过程中与静止的飞轮齿圈撞击，因此会发出强烈的打齿声。

5. 起动机发出“打机枪”似的“哒、哒……”声

导致起动机产生“打机枪”现象的原因有：

1）电磁开关保持线圈断路或搭铁不良。

2）蓄电池严重亏电或内部短路。

操作步骤

1. 起动机不工作

各种车型汽车起动系统故障的诊断与排除方法基本相同，仅具体线路有所不同。

1）首先应检查蓄电池存电情况和导线连接情况，特别是蓄电池搭铁电缆和火线电缆的连接情况，然后再检查起动机和开关。

2）接通汽车前照灯或喇叭，若灯发亮或喇叭响，说明蓄电池存电较足，故障不在蓄电池；若灯不亮或喇叭不响，说明蓄电池或电源线路有故障，应检查蓄电池搭铁电缆和火线电缆的连接有无松动以及蓄电池存电是否充足。

3）若灯亮或喇叭响，说明故障发生在起动机、开关或控制电路。可用螺钉旋具将起动机端子“30”与“C”接通，使起动机空转。若起动机不转，则电动机有故障；若起动机空转正常，说明电磁开关或控制电路有故障。

4）诊断电动机故障时，可据螺钉旋具搭接端子“30”与“C”时产生火花的强弱来辨别。若搭接时无火花，说明磁场绕组、电枢绕组或电刷引线等有断路故障；若搭接时有强烈火花而起动机不转，说明起动机内部有短路或搭铁故障，须拆下起动机进一步检修。

5）诊断是电磁开关还是控制电路故障时，可用导线将蓄电池正极与电磁开关“50”端子接通（时间不超过3～5s），如接通时起动机不工作，说明电磁开关故障，应拆下检修或更换电磁开关；如接通时起动机转动，说明端子“50”至蓄电池正极之间线路或点火开关故障。

6）排除电磁开关端子“50”至蓄电池正极之间线路或点火开关故障时，可用12V/2W试灯逐段进行诊断排除。将试灯一个引线电极搭铁，另一个引线电极接点火开关“30”端子，如试灯不亮，说明蓄电池正极至点火开关间的线路断路；如试灯亮，说明该段线路良好，继续检查。

7）将试灯引线电极接点火开关“50”端子，点火钥匙转到起动位置，如试灯不亮，说明点火开关有故障，应予更换；如试灯亮，说明点火开关良好，故障发生在点火开关“50”端子至起动机“50”端子之间线路故障，逐段检查即可排除。

2. 起动机转动无力

1）检查蓄电池和连接线路是否正常，要特别注意检查蓄电池极柱。起动和搭铁电缆接头等处是否接触良好。

2）如蓄电池和线路良好，则表明起动机有故障，拆卸或更换起动机。

3. 起动机空转

起动机空转有两种情况：一种是起动机驱动齿轮不与飞轮齿圈啮合的空转，这是由于起动机的操纵机构或控制机构有故障造成的。另一种是起动机的驱动齿轮已与飞轮齿圈啮合，但由于单向离合器打滑而空转。诊断排除方法：

1）检查电磁控制式起动机的接触盘的行程，若行程过小，则会使起动机提前转动，不能与飞轮齿圈啮合，而出现打齿现象。

2）检查单向离合器是否打滑。

4. 起动机发出撞击响声

1）检查起动机固定螺钉有无松动或离合器外壳有无松动。

2）检查啮合的齿轮副是否磨损过量。

3）检查起动机控制开关主电路是否接通过早。

4）检查电磁开关保持线圈是否短路、断路或接触不良。

5. 起动机发出“打机枪”似的“哒、哒……”声故障排除

1）可先用万用表检测蓄电池电压，接通起动机时，其电压不得低于9.6V。如电压过低，说明严重亏电或内部短路，应予更换。

2）如蓄电池技术状况良好，接通起动开关时仍有“打机枪”似的“哒、哒……”声，则说明电磁开关保持线圈断路或搭铁不良，检修或更换电磁开关即可排除。

考核

序号	考核内容	配分	评分标准	考核记录	扣分	得分
1	正确使用工具、仪表、量具	10	每次工具使用不当扣3分			
			每次量具、仪表使用不当扣3分			
2	正确认识各部结构	30	操作不熟练扣10分			
			检测错误扣20分			
3	正确检测诊断故障	20	操作不熟练扣8分			
			操作错误扣12分			
4	正确排除故障	30	操作不熟练扣10分			
			操作错误扣20分			
5	操作规范，整洁有序，不超时	10	第一项扣4分，后两项各扣3分			
	遵守安全操作规程，无事故		出现元器件损坏，此题为0分			
6	分数总计	100				

模块四　汽车点火系统的检修

项目 4.1　汽车点火系统线路的连接

学习目标

1）掌握点火系统的工作原理。

2）掌握传统和电子点火系统的组成及作用。

3）掌握解放 CA1092 型汽车磁感应式电子点火电路及桑塔纳轿车霍尔式电子点火电路的组成与原理。

4）掌握解放 CA1092 型汽车磁感应式电子点火电路及桑塔纳轿车霍尔式电子点火电路。

工具材料

1）解放 CA1092 型汽车及桑塔纳轿车整车（或全车电路试验台）。

2）解放 CA1092 型汽车及桑塔纳轿车全车点火线路及相应部件。

3）万用表。

4）钳子、扳手、螺钉旋具、剥线钳。

相关知识

1. 点火系统的作用

点火系统的作用是将汽车电源供给的低压电转变为高压电，并按照发动机的做功顺序与点火时间的要求适时、准确地配送给各气缸的火花塞，在其间隙处产生电火花，点燃气缸内的可燃混合气。

2. 点火系统的分类

汽车点火系统，按其组成和产生高压电的方式不同可分为传统点火系统、电子点火系统和计算机控制点火系统三种类型。

（1）传统点火系统　传统点火系统是指初级电路的通断由断点器触点控制的点火系统。传统点火系统结构简单，成本低廉，但故障率高，高速性能差，已逐步淘汰。

（2）电子点火系统　电子点火系统是指初级电路的通断由晶体管控制的点火系统，也称“晶体管点火系统”或“半导体点火系统”。电子点火系统具有高速性能好，点火时间精确，结构简单，质量轻，体积小等优点。它已经逐渐取代传统点火系统。

（3）计算机控制点火系统　计算机控制点火系统是指计算机根据各种传感器输入的信号，经过数学运算和逻辑判断，控制初级电流通断的点火系统。计算机控制点火系统是最先进的点火系统，应用越来越广泛。

3. 传统点火系统的组成及工作原理

传统点火系统的组成见图 4-1。主要由电源、点火线圈、分电器、点火开关、火花塞、附加电阻、高低压导线等组成。

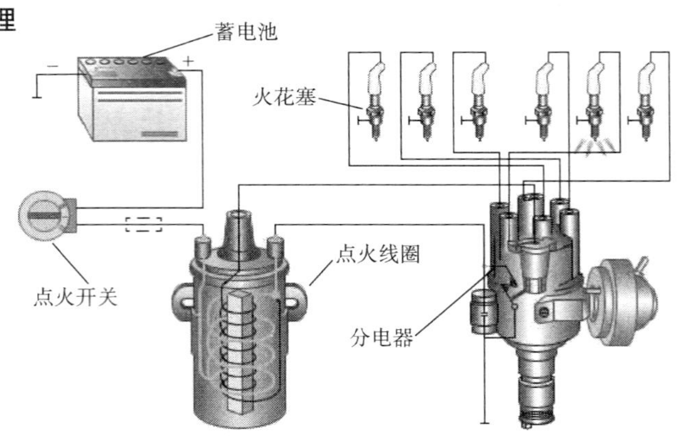

图 4-1 传统点火系统组成

在图 4-2 所示的传统点火系统中，电源供给的低压直流电，经断电器和点火线圈转变为高压电，再经分电器分送到各气缸火花塞，在火花塞的电极间产生电火花，点燃可燃混合气，使发动机工作。图 4-2 是传统点火系统的工作原理。电流通过初级绕组时，在点火线圈的铁心中形成磁场，积蓄了磁场能。当分电器凸轮将触点顶开时，初级电路被切断，初级电流迅速下降，铁心中的磁场也迅速消失，于是在点火线圈的次级绕组中感应出高压电动势。由于次级绕组的电压是初级绕组的 80～100 倍。所以其感应电动势可达 15000～20000V，分电器把高压电送给各气缸火花塞。

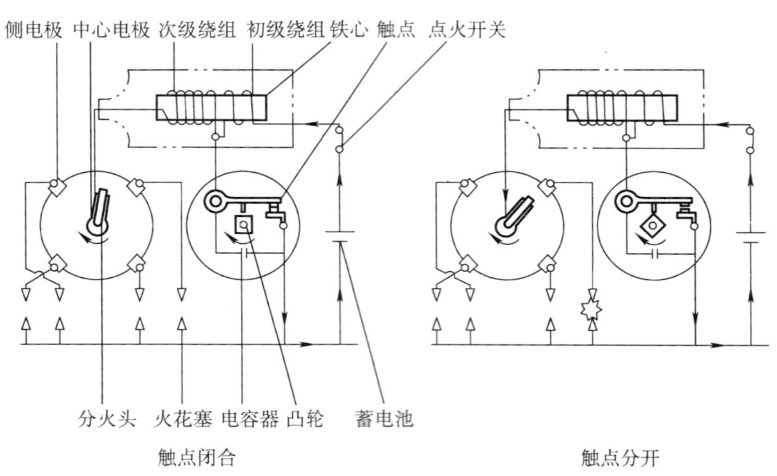

图 4-2 传统点火系统的工作原理

（1）点火线圈 点火线圈的作用是将电源提供的 12V 低压电转变成能击穿火花塞电极间隙的高压电。

（2）附加电阻 附加电阻的作用是减小低速时的初级电流，防止点火线圈过热，改善高速时点火特性。

（3）点火开关 点火开关的作用是控制点火系统低压电路的通断，控制发动机的起动和熄火。点火开关外形各异，但一般为圆柱形，一端有钥匙插孔。另一端是接线柱，一般分Ⅲ、0、Ⅰ、Ⅱ挡，0 挡为断开位置，Ⅰ挡是发动机正常工作位置，Ⅱ挡是起动位置，Ⅲ挡是辅助电器位置。

（4）分电器 分电器主要由断电器、配点器、点火提前机构和电容器组成。

1）断电器的作用是在发动机凸轮轴驱动下，准时接通和切断点火线圈初级电流，使点火线圈及时产生高压电。

2）分电器的作用是按点火顺序将高压电分送至各气缸火花塞。

3）点火提前机构的作用是实现对点火时间的调整。

4）电容器的作用是减小断电触点火花，提高点火线圈次级高压。

（5）火花塞　火花塞的作用是将高压电引入燃烧室产生火花。

4. 电子点火系统的组成与原理

（1）磁感应式电子点火系统　磁感应电子点火系统由电源、点火开关、点火模块、点火线圈，带磁感应信号传感器的分电器总成、高压导线、火花塞等组成，见图 4-3。

发动机运转时，发动机曲轴带动分电器轴转动，分电器里的磁感应传感器产生感应信号，此信号输出给点火模块。从而控制点火模块接通或断开点火线圈初级电路，使得次级感应出20000～25000V 的电动势。分电器在转动过程中准时将产生的高电压按点火顺序分配给工作气缸火花塞跳火。

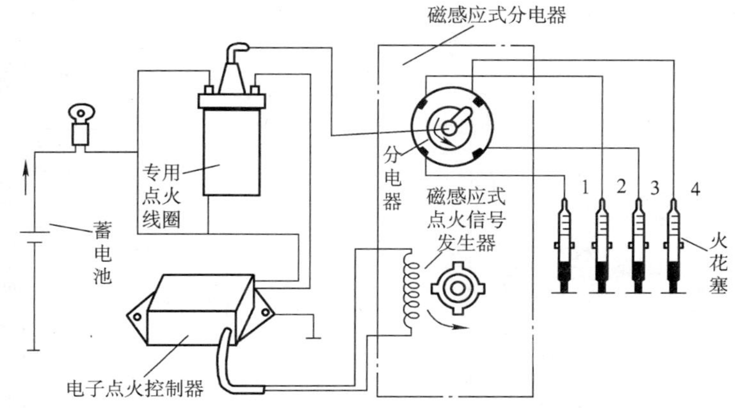

图 4-3　磁感应式电子点火系统组成

1）感应式点火信号传感器：解放 CA1092 型汽车分电器是磁感应式信号传感器。它主要由转子和定子两大部分组成，用来产生点火信号。

2）电子点火模块：无触点式电子点火模块实质上是一只点火脉冲信号放大器。在6TS2107 电子点火模块内有一个大功率晶体管，它的集电极和发射极接在点火线圈的初级电路中，控制着点火线圈初级电路的通断，而它的基极受磁感应信号传感器输送过来的信号控制。具有恒能控制、停车断电保护、低速推迟点火、过电压保护等功能。

（2）霍尔式电子点火系统

1）组成：霍尔式电子点火系统由电源、点火开关、电子点火模块、高能点火线圈、霍尔式分电器总成、高压线、火花塞等部件组成。

分电器轴转动时，信号传感器转子叶片交替穿过霍尔元件气隙。间断地产生霍尔信号，控制电子开关通断，使次级感应出大于 20000V 高电压。分电器将高压电按点火顺序准时地送给各工作气缸火花塞跳火。

2）霍尔式点火信号传感器：霍尔式点火信号传感器主要由转子和定子组成。转子是触发叶轮，由分电器轴带动，其叶片数与发动机气缸数相等，用来产生点火信号。

3）电子点火模块：电子点火模块的作用是接受霍尔信号，控制初级电路通断。霍尔式电子点火系统用的点火模块具有恒能点火（初级电流恒定 7.5A）、闭和角控制、初级电流上升率控制、停车断电保护、过电压保护等功能。

操作步骤

1. 解放 CA1092 型汽车磁感应式电子点火电路的分析

解放 CA1092 型汽车磁感应式电子点火电路，见图 4-4。

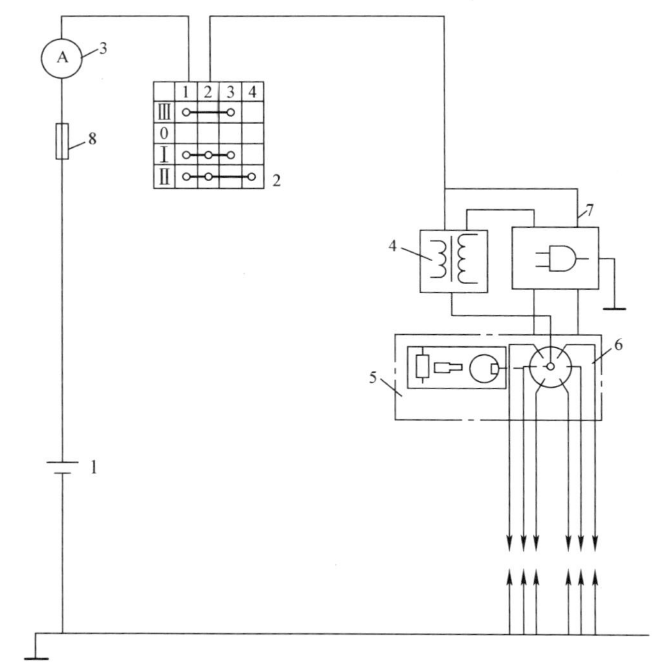

图 4-4 解放 CA1092 型汽车点火电路

1—蓄电池 2—点火开关 3—电流表 4—点火线圈 5—点火信号发生器 6—分电器 7—点火控制器 8—熔丝

发动机起动后，使点火开关自动由位置Ⅰ返回位置Ⅱ，使点火开关触点 1 与 4 闭合，此时蓄电池 1 电流从蓄电池“+”→熔断器 8→电流表 3→点火开关 2 触点 1→点火开关触点 2→点火线圈初级绕组 4 及点火控制器 7。发动机运转时，分电器 6 中的脉冲信号发生器 5 产生间断的脉冲信号，送给点火控制器 7 来控制点火线圈初级绕组的接通和断开。当点火线圈的初级绕组断开时，在它的次级绕组中产生感应高压电，击穿火花塞电极间隙，使之产生电火花，点燃混合气，使发动机工作。

2. 解放 CA1092 型汽车磁感应式电子点火电路的连接

1）连接导线从蓄电池“+”极至起动机电源接线柱。

2）连接导线从起动机电源接线柱至熔断器（14 号熔丝）。

3）连接导线从熔断器（14）至电流表“+”接线柱。

4）连接导线从电流表“−”接线柱至点火开关“1”接线柱。

5）连接导线从点火开关“2”接线柱至点火线圈“+”接线柱。

6）连接导线从点火线圈“+”接线柱至点火控制器“+”接线柱。

7）连接导线从点火线圈“−”接线柱至点火控制器“−”接线柱。

3. 桑塔纳轿车霍尔式电子点火电路的分析

桑塔纳轿车采用霍尔效应式无触点晶体管电子点火系统，见图 4-5。主要由蓄电池、点火开关、点火线圈、霍尔无触点式分电器、电子点火控制器、高低压导线及火花塞等组成。电流走向由蓄电池“+”接线柱（经电缆）→起动机的（30）接线柱（经红线）→中央接线板 P→另一 P 接线柱（经红线）→点火开关（30）接线柱→点火开关（15）接线柱（经黑线）→中央接线板 A8 接线柱→D23 接线柱（经黑线）→点火线圈“+”接线柱，然后分两路：一路进入点火线圈经初级线圈到“—”接线柱（经绿线）→点火控制器（1）接线柱→点火控制器内部→点火控制器（2）接线柱（经棕线）→发动机机体搭铁（经搭铁线）→蓄电池“—”接线柱。另一路向点火控制器供电，从点火线圈“+”接线柱（经黑线）→点火控制器（4）接线柱→点火控制器内部→点火控制器（2）接线柱（经棕线）→发动机机体搭铁（经搭铁线）→蓄电池“—”接线柱。另一方面第一路的导通和断开受霍尔传感器的信号控制，接线如下：点火控制器（5）接线柱→霍尔传感器“+”接线柱。点火控制器（3）接线柱→霍尔传感器“—”接线柱。点火控制器（6）接线柱→霍尔传感器“信号”接线柱。当霍尔元件产生霍尔电压时，霍尔传感器使该信号线搭铁（低电位），点火控制器检测到低电位信号时，便断开初级电流，从而在点火线圈中感应出高压电来。该信号在高电位和低电位之间来回变化，以使初级电流通—断—通—断，从而使点火线圈中的次级线圈感应出高电压。

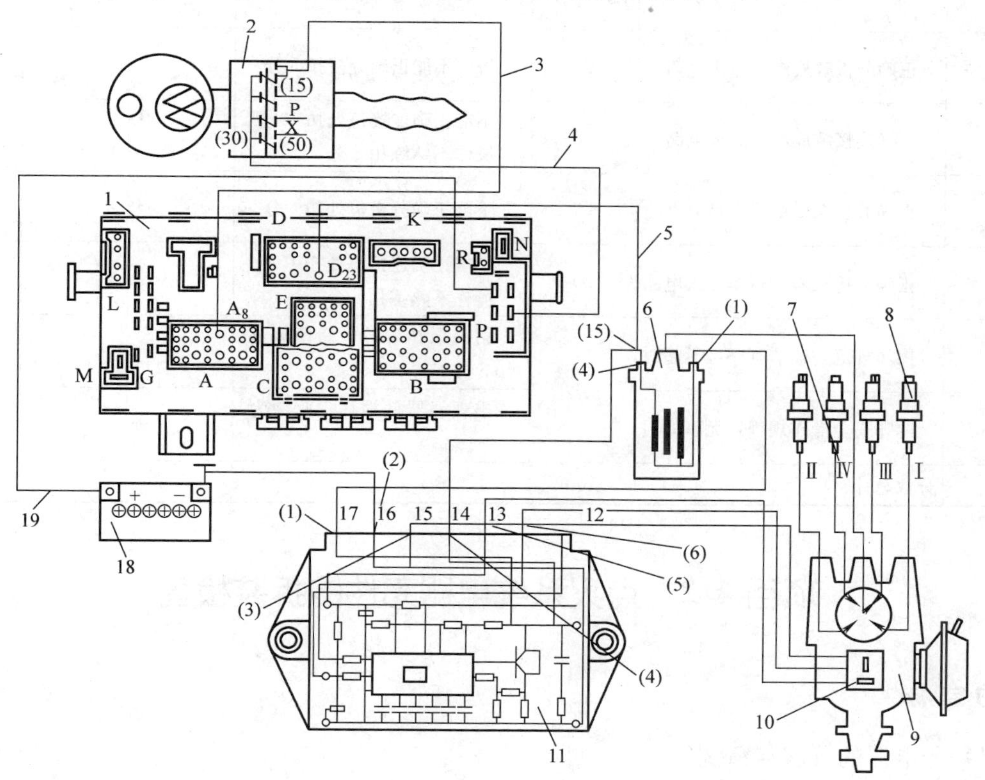

图 4-5　桑塔纳轿车霍尔式电子点火电路

1—中央接线盒　2—点火开关　3、5、14—黑色导线　4、19—红色导线　6—点火线圈　7—高压导线　8—火花塞　9—分电器　10—霍尔传感器　11—点火控制器　12—绿白色导线　13—红黑色导线　15—棕白色导线　16—棕色导线　17—绿色导线　18—蓄电池

次级电流走向：次级电流由点火线圈次级线圈→点火线圈“+”接线柱→D23 →A8→点火开关→P→蓄电池→搭铁→火花塞旁电极、中心电极→配电器（旁电极、分火头）→次级线圈。

4. 桑塔纳轿车霍尔式电子点火电路的连接

1）连接蓄电池“+”极与中央接线盒单独火线端子“P”。

2）插上发电机右侧线束中央接线盒插头“D”。

3）连接发电机右侧线束中黑色导线至点火线圈“+”接线柱。

4）连接点火模块端子“1”绿色导线至点火线圈“−”接线柱。

5）连接点火模块端子“4”黑色导线至点火线圈“+”接线柱。

6）插上点火模块插头。

7）插上分电器霍尔信号发生器插头。

8）插上中央高压线于点火线圈中央插孔和分电器中央插孔。

9）按点火顺序插上各气缸缸线。

考核

序号	考核内容	配分	评分标准	考核记录	扣分	得分
1	正确分析解放汽车点火电路	20	每次不能正确分析扣5分			
2	正确连接解放汽车点火电路	20	不能正确连接每处扣10分 操作不熟练扣5分			
3	正确分析桑塔纳轿车点火电路	20	不能正确分析每处扣5分			
4	正确连接桑塔纳轿车点火电路	20	不能正确连接每处扣10分 操作不熟练扣5分			
5	操作规范，整洁有序，不超时	20	第一项扣4分，后两项各扣3分			
	遵守安全操作规程，无事故		出现元器件损坏，此题为0分			
6	分数总计	100				

项目 4.2　点火系统电器元件的拆装检查

学习目标

1）分电器的分解与清洗。

2）分电器的检修。

3）分电器的装复、调整与试验。

4）掌握点火线圈的外部检验及初次级绕组短路、断路、搭铁的检验。

5）掌握点火线圈发火强度的检验。

相关知识

1. 点火线圈

点火线圈的作用是将电源提供的12V低压电转变成能击穿火花塞电极间隙的高压电。点火线圈是利用电磁感应原理制成的。点火线圈按其磁路结构形式的不同，一般分为开磁路式和闭磁路式两种。

点火线圈按冷却方式的不同分为沥青式和油浸式；按有无附加电阻分为带附加电阻和不带附加电阻型；按接线柱的多少分为两接线柱式和三接线柱式。图4-6所示为开磁路式点火线圈的内部结构。点火线圈主要由铁心、初级绕组、次级绕组、胶木盖、瓷座、接线柱和外壳等组成。

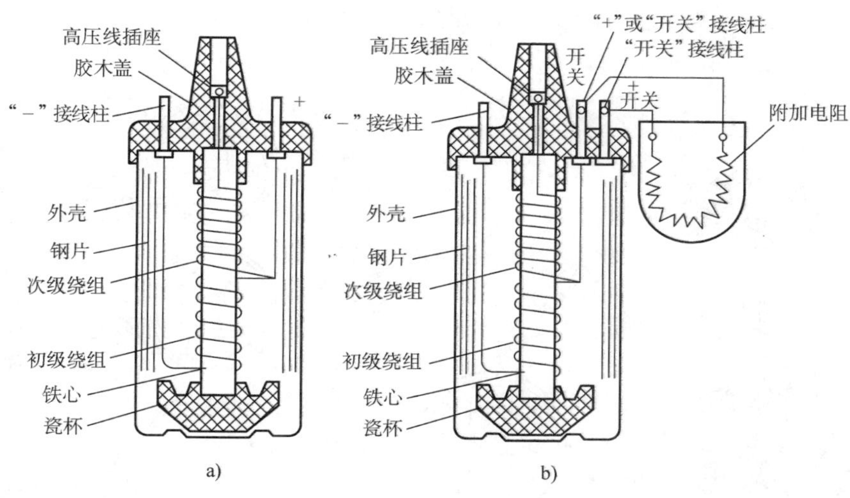

图4-6　点火线圈的内部结构

点火线圈的胶木盖上装有与点火开关、分电器连接的低压接线柱。两接线柱点火线圈的低压接线柱上分别标有"＋"、"－"标记。三接线柱点火线圈的低压接线柱上分别标有"开关"、"＋开关"标记，并在"开关"和"＋开关"接线柱上接有附加电阻。胶木盖的中央是高压线查座，周围较高，以防高压电在接线柱间放电。点火线圈的初级绕组两端分别接"＋"（或开关）和"－"接线柱，次级绕组的一端接初级绕组，另一端接高压插座。

2. 点火开关

点火开关的作用是控制点火系统低压电路的通断，控制发动机的起动和熄火。

3. 分电器

分电器由配电器、离心点火提前结构、真空点火提前机构等构件组成。

分电器由分火头，分电器盖组成。分电器盖由胶木粉在钢模中热压而成，装于分电器顶端，用两弹性夹卡固。分火头套装在分电器轴的顶端随轴一起旋转，分火头上有金属导电片。分电器盖的中间有高压线座孔，其内装有带弹簧的炭柱，压在分火头的导电片上。分电器盖的四周有与发动机气缸数相等的旁电极通至盖上的金属套座孔，以安插分缸高压线。分火头旋转时，导电片在距离旁电极0.2～0.8mm间隙处越过，当信号发生器产生点火信号时，高电压自导电片跳至与其相对的旁电极，再经分缸高压线送至火花塞。

（1）离心提前机构　离心提前机构是利用离心原理，根据发动机转速的变化而自动改变点火提前角的装置，见图 4-7。

当发动机转速升高时，离心块的离心力逐渐增大。离心块的离心力便克服弹簧拉力，使离心块向外甩开，离心块上的销钉便推动拨板带着凸轮轴沿原来旋转的方向相对轴转过一个角度。使凸轮提前顶开触点，点火便提前一个角度。转速越高离心力越大。点火提前角也就越大，反之，点火提前角越小。

（2）真空提前机构　真空提前机构是随发动机负荷的大小自动改变点火提前角的装置，它装在分电器外壳的外侧。真空提前机构主要由外壳、膜片、弹簧、拉杆和支架等部件组成。当发动机负荷小时，节气门下方的小孔处真空度较大，吸动膜片，膜片带动拉杆克服弹簧张力向右拱曲。同时，拉杆拉动活动底板带着断电器触点逆分电器轴旋转方向转动一定角度，使触点提前张开，点火提前角增大。当发动机负荷增大时，使点火提前角减小，见图 4-8。

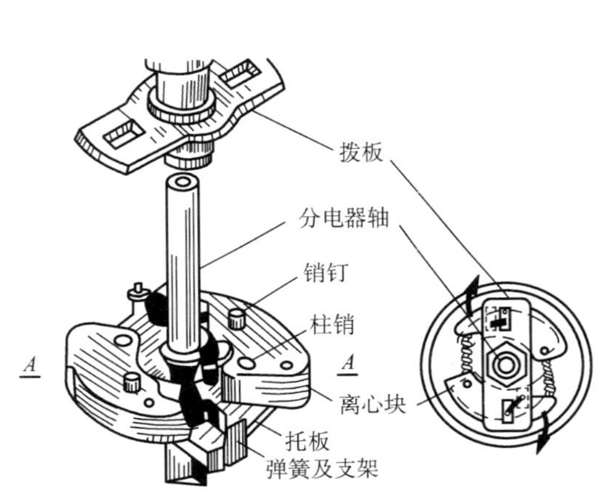

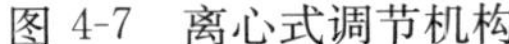
图 4-7　离心式调节机构

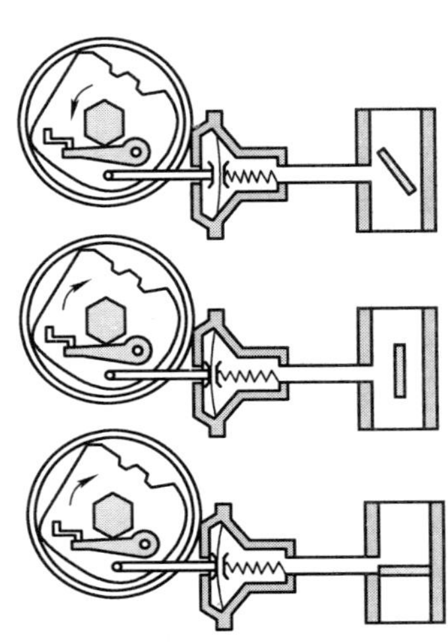

图 4-8　真空提前机构

4. 火花塞

火花塞的作用是将高压电引入燃烧室产生电火花。火花塞主要由中心电极、侧电极、绝缘瓷体、壳体、导电玻璃、导电金属杆、纯铜内垫圈和密封垫圈等组成，见图 4-9。

一般火花塞的电极间隙为 0.7～0.9mm，近年来为适应发动机排气净化的要求，利用稀混合气燃烧，火花塞间隙有增大的趋势，有的已增大到 1.0～1.2mm。

5. 磁感应式信号发生器

当分电器轴转动时，分电器的离心提前机构便带动信号转子旋转，磁路中的气隙发生周期性变化，磁路的磁阻和穿过信号线圈磁头的磁通量，随之发生周期性变化。根据电磁感应原理，传感线圈中就会感应产生交变电动势。

磁感应式信号发生器的突出优点是不需要外加电源，永久磁铁起着将机械能变换为电能的作用，其磁能不会损失。当发动机转速变化时，转子爪极转动的速度将发生变化，铁心中的磁通变化率也将随之发生变化。转速越高，磁通变化率就越大，传感线圈中的感应电动势也就越高。转速不同时，磁通和感应电动势的变化情况见图 4-10。

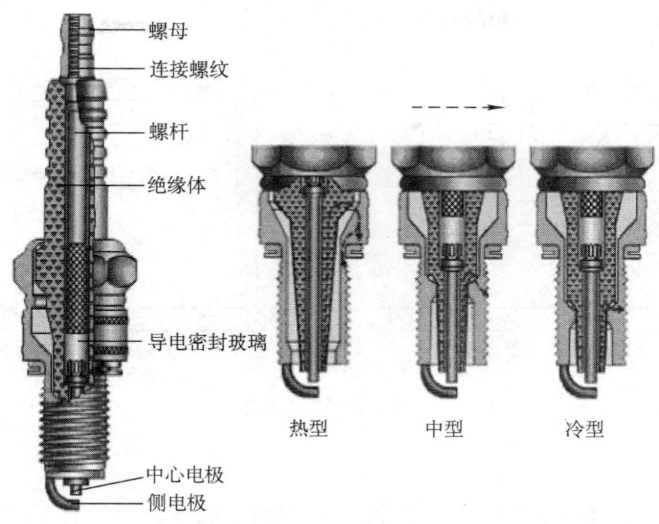

图 4-9　火花塞结构

由于转子爪极与磁头间的气隙，直接影响磁路的磁阻和传感线圈输出电压的高低，因此在使用中，转子爪极与磁头间的气隙不能随意变动。气隙如有变化，必须按规定进行调整，气隙应在 0.2～0.4mm 范围内。

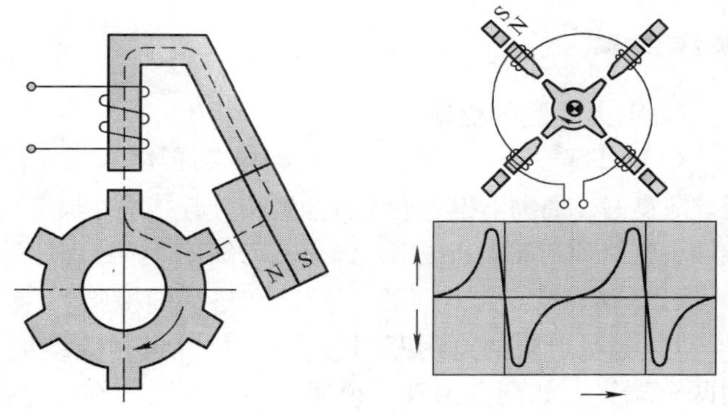

图 4-10　磁脉冲式传感器的原理与输出特性

6. 霍尔式点火信号传感器

霍尔式点火信号传感器主要由转子和定子组成。转子为触发叶轮，由分电器轴带动，其叶片数与发动机气缸数相等。

定子由永久磁铁、霍尔元件和导磁板等组成。带导磁板的永久磁铁与霍尔元件对置安装于分电器底版上，其间留有一定气隙。触发叶片的叶轮可在气隙中转动。

发动机运转时，触发叶轮随分电器轴转动。当叶片进入永久磁铁与霍尔元件之间的气隙时，磁场便被触发叶轮的叶片所短路，而不能通过并作用于霍尔元件上，因此，霍尔元件此时几乎不产生霍尔电压。当触发叶轮的叶片转离永久磁铁与霍尔元件之间的气隙时，永久磁铁的磁通便通过导磁板穿过气隙作用于霍尔元件上，于是通电的霍尔元件产生霍尔电压，见图 4-11。

发动机每完成一个工作循环，曲轴转两周，分电器轴及触发叶轮转一周，霍尔元件被交替地隔磁四次，因而随之产生四次霍尔电压。

由于霍尔元件产生的霍尔电压为毫伏级，因此霍尔点火信号发生器输出的信号电压是把微弱的霍尔电压经放大、脉冲整形、变换后成为矩形脉冲输出的电压。放大及转换信号由霍尔集成电路来完成。

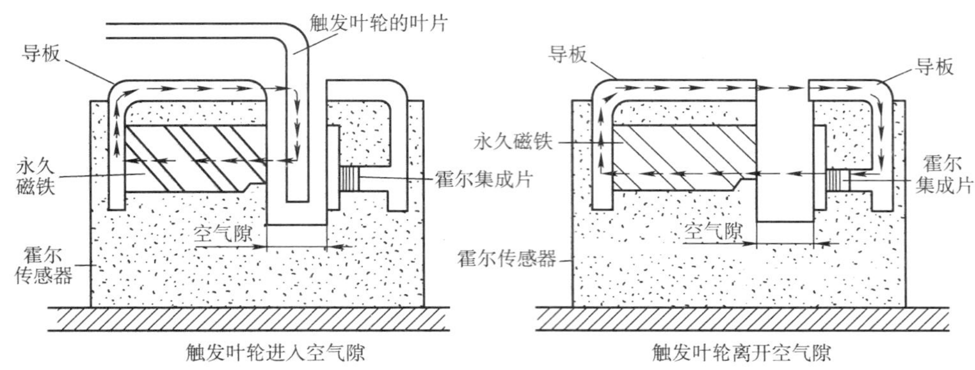

图 4-11 霍尔传感器工作原理图

7. 电子点火模块

霍尔电子系统中的点火电子组件，除接通和切断初级电路外，还具有限流控制、导通角控制、停车断电保护等功能。桑塔纳轿车就采用了霍尔式电子点火系统线路。根据霍尔信号发生器的方波信号，控制点火线圈的初级电路连接或切断实现点火。

操作步骤

1. 点火线圈的检查

（1）外部检验 绝缘盖表面，要求色泽均匀，表面光洁无气泡、杂质等缺陷，绝缘盖与壳体封装应良好，周围不得有沥青或油溢出。各接线柱焊接应牢固，高压插孔螺钉应密封可靠，高压线插头应能顺利插入和拔出。零件不可缺损，绝缘盖、外壳不得有裂纹，否则应予以更换。

（2）初、次级绕组断路、短路和搭铁的检验

1）测量电阻法：用万用表 R×1 挡测量初级绕组两个端头，用 R×1k 挡测量次级绕组的两个端头，如测量出现∞说明断路，如阻值在规定范围内，说明正常，如阻值过小说明短路。一般初级绕组在 1～2Ω 之间，一般次级绕组是几千欧。用万用表 R×10k 挡（以 MF500 型为例），一支测量棒测初级绕组一个端头，另一只测量棒测点火线圈外壳，电阻为∞为正常，图 4-12 和图 4-13所示为测量桑塔纳轿车点火线圈初级绕组电阻和次级绕组电阻。点火线圈电阻参数见表 4-1。

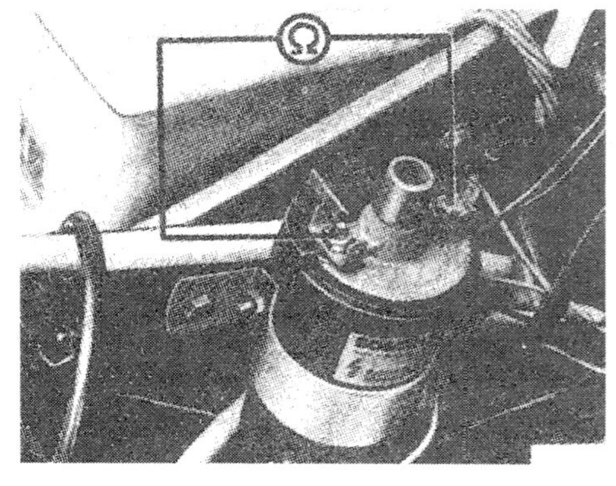

图 4-12 初级绕组电阻的测量

图 4-13 次级绕组电阻的测量

表 4-1　点火线圈电阻参数表

电阻参数＼车型	解放 CA1090	桑塔纳轿车有触点	桑塔纳轿车无触点	切诺基
初级绕组电阻/Ω	1.4～1.5	1.7～2.1	0.52～0.76	1.13～1.23
次级绕组电阻/kΩ	6	7～12	2.4～3.5	7.7～9.3

2）试灯检验法：用 220V 交流电试灯，接在初级绕组的两接线柱上，若灯不亮则是断路。当检查绕组是否有搭铁故障时，可将试灯的一端与初级绕组相连，一端接外壳，如灯亮，便表示有搭铁故障。短路故障用试灯不易查出。

因为次级绕组的一端接于高压插孔，另一端与初级绕组相连，所以检验中，当试灯的一个触针接高压插孔，另一触针接低压接线柱时，若试灯发出亮光，说明有短路故障。若试灯暗红，说明无短路故障。若试灯根本不发红，则应注意观察，当将触针从接线柱上移开时，看有无火花发生，如没有火花，说明绕组已断路。

因为次级绕组和初级绕组是相通的，若次级绕组有搭铁故障，在检查初级绕组时就已反映出来了，无需检查。

（3）发火强度的检验

1）电器试验台的检验：检查点火线圈产生的高电压时，可与分电器配合在试验台上进行试验。检验时将放电电极间隙调整到 7mm，先以低速运转，待点火线圈的温度升高到工作温度（60～70℃）时，再将分电器的转速调至规定值（一般四、六缸发动机的点火线圈为 1900r/min，八缸发动机用的点火线圈为 2500r/min），在 0.5 min 内，若能连续发出蓝色火花，表示点火线圈良好。

2）用对比跳火法检验：此方法在试验台上或车上均可进行，将被检验的点火线圈与好的点火线圈分别接上进行对比，看其火花强度是否一样。

点火线圈经过检验，如内部有短路、断路、搭铁等故障，或发火强度不符合要求时，一般均应更换为新品。

2. 桑塔纳霍尔式无触点分电器的检修。

（1）分电器总成的解体与清洗。

1）拆除分电器屏蔽罩及分电器盖。

2）取下分火头及防尘罩等。

3）拆除挡圈，将两把螺钉旋具通过触发器转子的两相对切槽插至挡圈，以分电器壳为支点，小心地向下压螺钉旋具，取下触发器转子。

4）拆下真空提前装置及霍尔元件。

5）冲出连接销，拆下分电器驱动齿轮，取出分电器轴及离心提前装置等。

6）解体后，用布或棉纱蘸适量清洗剂清洗擦拭各零件。

（2）分火头的检修

1）分火头应无任何裂纹、烧蚀及击穿（分火头顶部金属有一些焦状物是正常的）。

2）如图 4-14 所示用万用表电阻挡检查分火头中心电极与侧电极的电阻值，应在 1Ω 至±4Ω 之间，否则，应更换分火头。

3）将分火头倒放在机体上，用发动机高压电进行跳火试验；还可采用绝缘电阻表检测，阻值应为无穷大。

注意事项

若在高压线与分火头距离很近时，勉强能够看到有很细弱的火花，一般为正常情况。

4）分火头导电片电阻的检查：用万用表检查分火头顶部导电片的电阻，应符合规定。分火头检查不符合要求应更换。

（3）分电器盖的检修

1）外观检查：用一块干燥的棉布将分电器盖擦拭干净，查看分电器盖应无裂纹及烧蚀痕迹，内部各电极应无明显的磨损、腐蚀及烧蚀，否则应更换分电器盖。中心电极应无卡滞，若烧蚀磨损致使其长度较标准长度减小 2mm 以上时，也应更换新件，见图 4-15。

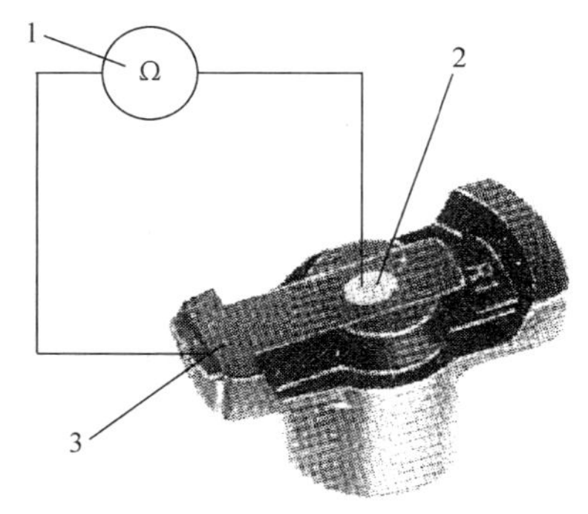

图 4-14 分火头电阻的检查

1—万用表 2—分火头中心电极

3—分火头侧电极

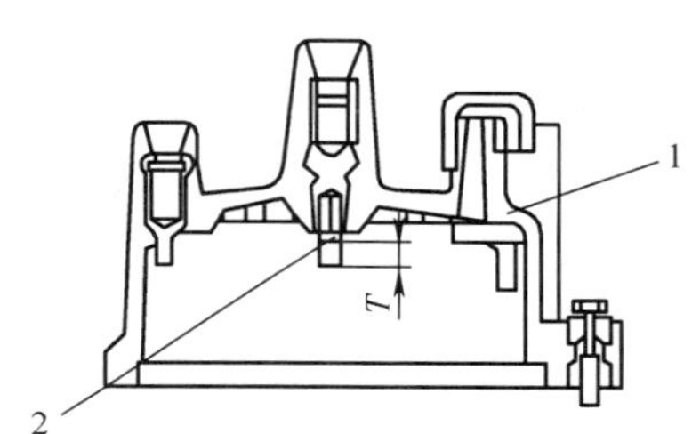

图 4-15 分电器中心电刷长度的检查

1—分电器盖 2—电刷

2）绝缘检查：将高压触针分别插在分电器盖上的两个相邻的旁插孔内或中央插孔与旁插孔内进行试火，若有火，说明绝缘损坏，应更换。也可用绝缘电阻表检测，阻值应为无穷大，见图 4-16。

（4）分电器轴、衬套及驱动齿轮的检修

1）检查分电器轴与衬套的配合间隙：如图 4-17 所示，将分电器壳体夹在台虎钳上，使百分表的测头垂直顶到分电器轴上部外圆面上，沿百分表测杆方向晃动分电器轴，检查轴与衬套的配合间隙，应与规定相符，否则更换衬套。

2）检查分电器轴的直线度误差：如图 4-18 所示，转动分电器轴，观察百分表指针的摆差，分电器轴的直线度误差应与规定相符，否则更换新件。

3）检查分电器驱动齿轮：轮齿磨损严重、齿面出现明显的疲劳剥落凹坑或出现裂损，也应更换。

（5）离心式点火调节装置的检修

1）检查离心调节装置的离心块：离心块在轴上应转动自如，无卡滞，销钉与轴孔配合间隙应与规定相符，检查后应加机油润滑。

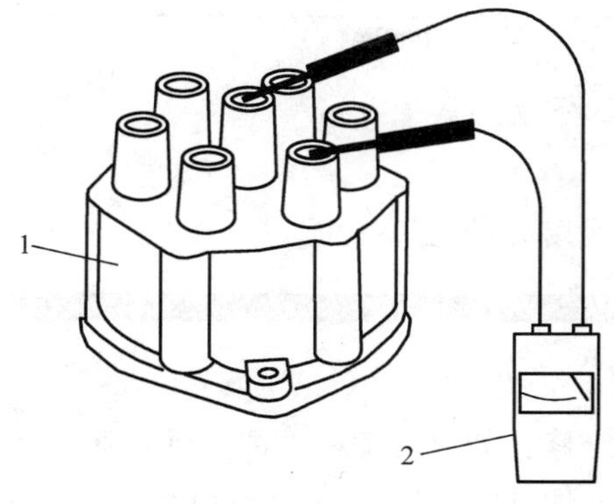

图 4-16　分电器盖的绝缘性检查
1—分电器盖　2—绝缘电阻表

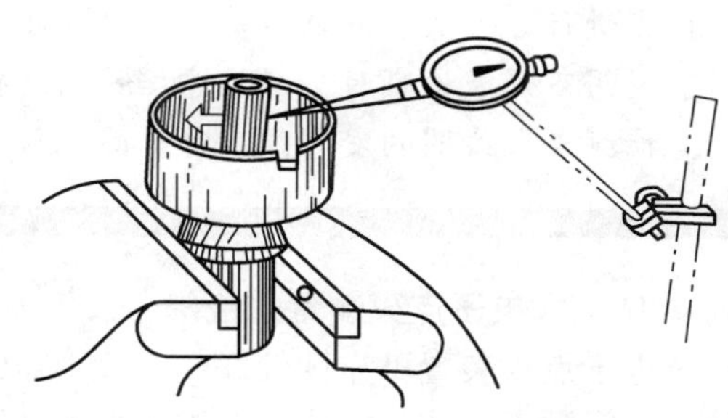

图 4-17　检查分电器轴与衬套配合间隙

2）检查离心调节装置的弹簧拉力：可用弹簧秤检查，拉长 4mm 时，弹力应在 4.5～10.5N 之间，也可采用简易实用的方法测试。先在分电器上组装好离心式点火调节装置，将分电器轴固定好，然后捏住触发器转子或转子轴，沿工作时的转动方向拧到极限位置时松手，若转子或转子轴能自动回位，表示弹簧能起作用，否则说明弹簧失效，应更换新件。

（6）真空式点火提前装置的检修　真空式点火提前装置主要检查其密封性。使用真空泵和真空表检查漏气量，见图 4-19。当真空度为 33.2kPa 时，在 1min 内，真空度降低不得大于 3.32kPa。在无仪器时，可用嘴吸吮检查，若漏气，应更换总成。

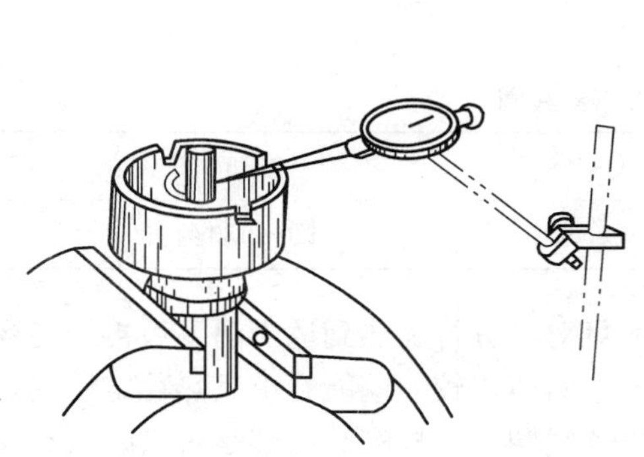

图 4-18　检查分电器轴的直线度

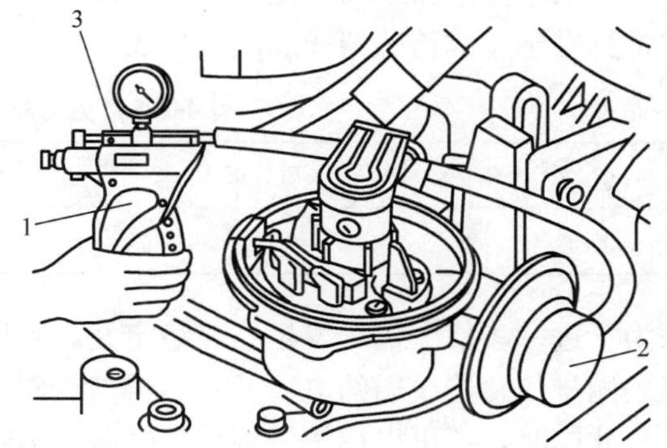

图 4-19　用真空检测仪检查真空提前装置的密封性
1—真空泵　2—真空提前装置　3—真空检测仪

（7）分电器的装复与调整

1）分电器的组装可按解体的相反顺序进行。

2）进行组装时，应保证各零件的清洁，并在各相对运动的摩擦表面上涂抹少量润滑脂进行润滑。

3）装复后，转动分电器轴时应灵活无卡滞；轴向推拉分电器轴时，应无明显的间隙感，否则可通过改变调整垫片的厚度进行调整。

注意事项

1. 在进行分火头和分电器盖的漏电检测时，一定要注意高压电。
2. 使用万用表检测时，应注意挡位的选择。
3. 检测点火线圈的发火强度时，防止被点火线圈的高电压击中。

3. 磁感应式电子点火装置的检修

汽车电子点火装置可靠性较好，一般不需经常维修。如果发动机不能发动，怀疑是电子点火装置有问题，可从分电器盖上拔出中央高压线，使其距离气缸体 5～7mm，然后接通起动机，观察其线端的跳火情况。若不跳火，说明电子点火装置有故障，此时应对传感器及点火控制开关放大器及点火线圈进行检查，必要时，应对它们进行修理调整。如有火跳出，可按传统点火系统方法检查分火头、盖、分缸线及火花塞。

（1）信号发生器的检测与调整

1）检查调整信号转子凸齿与铁心间的间隙，旁置线圈磁感应信号发生器的信号凸齿与传感器铁心之间的空气间隙一般为 0.2～0.4mm。用塑料塞尺进行测量，若间隙不符合要求，可松开螺钉进行调整，直到符合所规定的标准值为止。同心线圈磁感应式信号发生器的气隙一般不可调。

2）检测信号发生器线圈的电阻：拆下线束插接器，用万用表电阻挡对信号发生器线圈进行测量，阻值应符合标准值。若阻值为无穷大，表明线圈内部断路，若阻值比标准值小的多，说明信号发生器线圈有匝间短路。发现异常，应予排除或更换信号线圈。

常见磁感应式传感器线圈阻值见表 4-2。

表 4-2 常见磁感应式传感器线圈

车　　型	东风牌 EQ1092	解放牌 CA1092	丰田 20R
阻值/Ω	500～600	600～800	140～180 约 900

为了进一步检查信号发生器热稳定性，可用照明灯对其进行加热到适当温度后再用绝缘电阻表测量传感器线圈的电阻，然后再与线圈的标准电阻值比较，就能看出其热稳定性的好坏。与此同时，还可以用螺钉旋具轻轻敲击信号发生器线圈，以检查其内部是否松旷，有无间歇性故障。

（2）电子点火模块的检测

1）一般检查：一般检查包括对电子点火模块进行外观检查，用绝缘电阻表测量其输入端电阻，以及用电流表测量电路中的电流等。

① 外观检查：将电子点火模块从分电器（或点火线圈）上拆下后，松开连接线或插接器，仔细检查各引出端导线，看是否良好。

② 测量电子点火模块输入电阻：点火模块输入端是指接到传感器的两个端钮，其输入电阻因点火模块电路不同有所差异。检测时若发现此电阻值过大，应检查各插接件的焊点是否良好，屏蔽线有无断路。若发现此阻值过小，应仔细检查电路各个部分，查明有无搭铁、元件击穿造成短路。

③ 测量点火装置初级电流：在初级回路串联电流表（或观看车上电流表），缓慢转动曲轴，电流表应在 0 与 6～8A 间摆动。

2）用干电池检查：用 1.5V 干电池模拟磁感应式信号发生器点火信号，取中央高压线跳火或检查初级绕组负端电位，可判断点火模块好坏。如检查 CA1092 型汽车电子点火模块，可用干电池接于模块输入端红线，负极接白线。此时接通点火开关（时间不超过 5s），用万用表测量点火线圈接线柱与搭铁之间的电压值应为 1～2V，撤去干电池或将干电池立刻反接（时间不超过 5s），点火线圈负极接线柱电压应为 12V。在正反交换时，取中央线距缸体 3～5mm 跳火应有火花跳火。若上述试验符合要求，说明电子点火模块正常。

3）搭磁跳火法：当用螺钉旋具碰刮磁感应式定子与转子铁心时（将磁路短路），信号发生器应产生点火信号。此时接通点火开关，让中心高压线跳火，应跳出高压火花。有火说明点火装置低压回路、点火线圈及中心线正常，否则，应对上述部件进行检查。

4. 霍尔式电子点火系统装置的检修

（1）霍尔信号发生器的检查

1）测量霍尔电压法：拆下控制器接线盒上的橡胶套，将高阻抗电压表联接于控制器的 6、3 号接线柱上。接通点火开关，转动分电器转子，当叶片未进入气隙中时，电压表读数应小于 0.4V。当叶片进入气隙时电压表数应为 9V，否则，传感器失效。

2）模拟信号法：在点火线圈负极接线柱与搭铁间连接试灯。从分电器拔下插接器。接通点火开关，把插接器中心端（绿色线）作短促搭铁，同时取点火线圈中心线距缸体 3～5mm 进行跳火。若试灯暗亮变化，中心线跳火强烈，说明传感器失效；若试灯亮度不变，说明点火模块或点火模块信号线断路。

（2）点火模块的检查

1）测信号线电压判断：用万用表电压挡测点火模块 2、4 接线柱电压应为 12V，测 3、5 接线柱电压也应为 12V，否则说明点火模块已坏。测分电器信号线插接器两边插线头（红黑为正，棕白为负）也应为 12V，否则说明有断线。

2）测点火线圈初级电压判断：将万用表正极连接点火线圈正极接线柱，万用表负极接负极接线柱，拔出分电器信号插接器，接通点火开关，万用表读数应为 6V，并在 2s 左右的时间内降到零。否则说明点火模块已失效。

5. 火花塞的检查

1）如图 4-20 所示，检查火花塞电极，如烧损严重的应更换。用钢刷清理电极间的积炭。

2）如图 4-21 所示，检查火花塞电极的间隙，应在 0.7～0.9mm 之间。

6. 火花塞插头的检查

如图 4-22 所示，检查火花塞插头的电阻，电阻值应在 1±0.4Ω（有屏蔽）和 5±0.1kΩ（无屏蔽）之间。

7. 高压线的检查

如图 4-23 所示，用万用表电阻挡检查点火线圈与分电器之间高压线的电阻，应在 0～2.8kΩ 之间，分电器与火花塞之间的高压线组件的电阻，应在 0.6～0.7kΩ 之间。

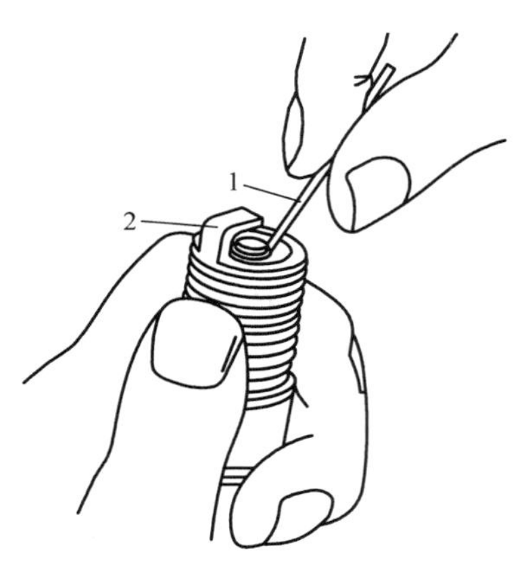

图 4-20 火花塞电极积炭的清理

1—钢丝 2—火花塞电极

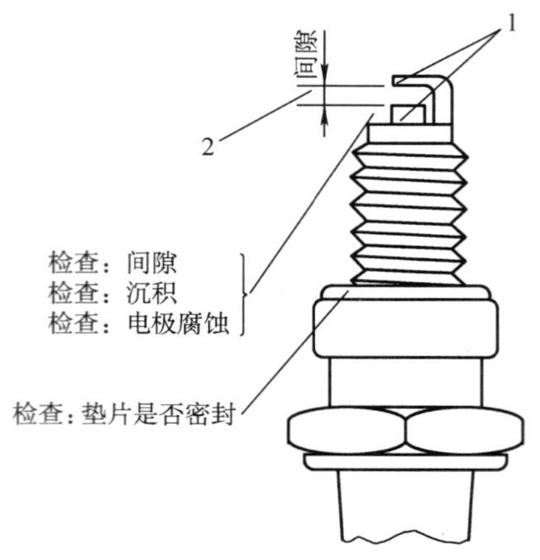

图 4-21 火花塞电极间隙

1—火花塞电极 2—间隙

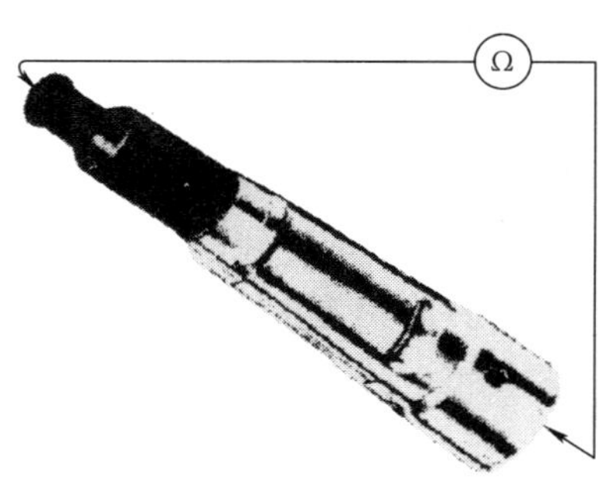

图 4-22 火花塞插头的电阻检查

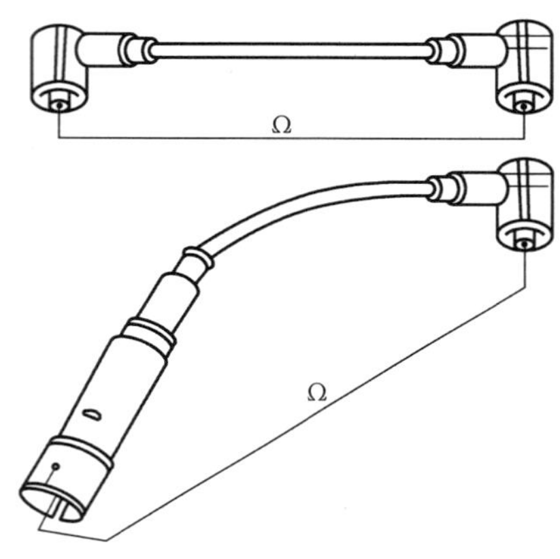

图 4-23 高压线的电阻检查

8. 抗干扰插头电阻的检查

如图 4-24 所示，检查抗干扰插头两端的电阻，电阻值应为 1kΩ±0.4kΩ。

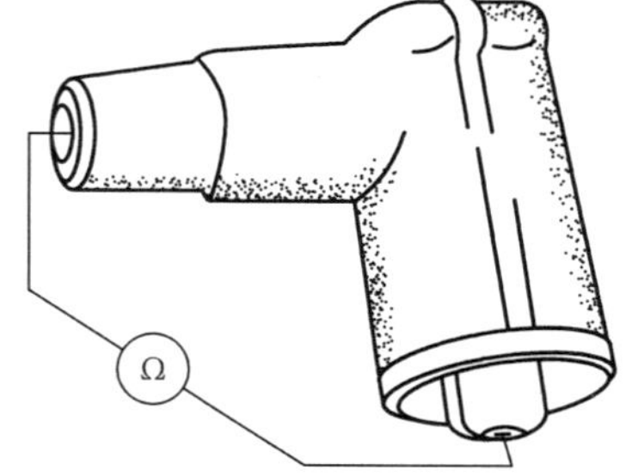

图 4-24 抗干扰插头电阻的检查

注意事项

1. 在进行分火头和分电器盖的漏电检测时，一定要注意高压电。
2. 使用万用表检测时，应注意挡位的选择。
3. 检测点火线圈的发火强度时，防止被点火线圈的高电压击中。

考核

<table>
<tr><th>序号</th><th>作业项目</th><th>考核内容</th><th>配分</th><th>评分标准</th><th>评分记录</th><th>扣分</th><th>得分</th></tr>
<tr><td rowspan="2">1</td><td rowspan="2">点火线圈的检验分电器等元件</td><td rowspan="2">1. 分电器的检测
2. 检验点火线圈的外表绕组短路、断路</td><td rowspan="2">30</td><td>检验方法不正确扣5分</td><td rowspan="2"></td><td rowspan="2"></td><td rowspan="2"></td></tr>
<tr><td>检验结果不正确扣5分</td></tr>
<tr><td rowspan="2">2</td><td rowspan="2">磁感应式电子点火电路的检修</td><td rowspan="2">信号发生器点火模块等的检修</td><td rowspan="2">30</td><td>检验方法不正确扣20分</td><td rowspan="2"></td><td rowspan="2"></td><td rowspan="2"></td></tr>
<tr><td>检验结果不正确扣20分</td></tr>
<tr><td rowspan="2">3</td><td rowspan="2">霍尔式电子点火电路的检修</td><td rowspan="2">信号发生器点火模块等的检修</td><td rowspan="2">30</td><td>检验方法不正确扣20分</td><td rowspan="2"></td><td rowspan="2"></td><td rowspan="2"></td></tr>
<tr><td>检验结果不正确扣20分</td></tr>
<tr><td rowspan="2">4</td><td rowspan="2">安全文明生产</td><td>遵守安全操作规程，正确使用工量具，操作现场整洁</td><td rowspan="2">10</td><td>每项扣2分，扣完为止</td><td></td><td></td><td rowspan="2"></td></tr>
<tr><td>安全用电，防火，无人身、设备事故</td><td>因违规操作发生重大人身和设备事故，此题按0分计</td><td></td><td></td></tr>
<tr><td>5</td><td>分数合计</td><td></td><td>100</td><td></td><td></td><td></td><td></td></tr>
</table>

项目 4.3　点火正时的检测与调整

学习目标

1）熟悉点火过迟、过早对发动机性能及技术状况的影响。

2）掌握检测点火正时的方法。

3）掌握点火正时的调整方法。

工具准备

1）492 型发动机试验台架。

2）常用工具一套。

3）正时灯。

4）汽油。

5）棉纱。

相关知识

1. 点火正时的概念

从点火开始到活塞到达上止点，曲轴转过的角度叫点火提前角。

2. 对点火过迟、过早对发动机性能及技术状况的影响

调整正确的点火时刻叫“点火正时”。点火正时对发动机的性能影响很大。最佳的点火提前角并非定值，它随转速、负荷及汽油辛烷值等因素的改变而变化。在传统点火系统和一般的电子点火系统中，点火提前角随转速的变化是通过分电器中的离心提前装置控制。而随负荷的变化是由真空提前装置调节的。在无分电器的计算机控制电子点火系统中，转速和负荷提前量是由计算机根据发动机转速传感器、节气门位置传感器、进气真空度、凸轮位置和冷却液温度等信号，从预先存储的数据中选取最佳的点火提前角，再向电子点火器发出指令控制点火线圈点火。

正时灯由电源（车上的蓄电池）、透镜、电容、电阻和闪光灯电位器等组成，见图 4-25。

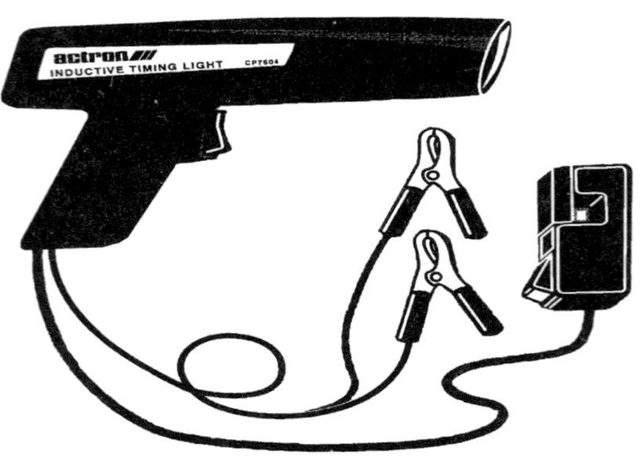

图 4-25 点火正时灯

该仪器由发动机火花塞的高压电极输入电脉冲信号，火花塞每跳火一次，闪光灯就亮一次，闪光频率与发动机转速成正比。

电位器可推迟频闪时间并可由周围刻度和电位器上标记确定点火提前角。

点火正时灯是一种频率闪光灯，可以按照给定的信号频率同步闪光。一般在发动机的旋转部件（齿轮或飞轮）上，刻有正时记号，在相邻的固定机壳上也有一个标记。当曲轴转到两个标记对齐时，第一缸活塞正好达到上止点位置。如果没有点火提前角，每次活塞到达上止点时点火，触发点亮的正时灯照射有标记处，可看到两个记号对齐。如果有点火提前角，正时灯点亮时第一缸活塞还未到上止点，即活动标记还未转到固定标记处，两个标记没有对齐，它们之间相对应的曲轴转角的角度差，就是点火提前角。

操作步骤

1. 点火正时的经验检查法

1）起动发动机并运转到正常工作状态。

2）猛踩加速踏板时，发动机若加速不良并有爆燃声，则为点火过早。

3）若发动机加速不良且声音发闷，甚至排气管有“突、突”声，则为点火过迟。

4）若点火时间过早，可将分电器壳顺着分火头旋转方向旋转调整。

5）若点火时间过晚，可将分电器壳逆着分火头旋转的方向旋转调整，结合路试反复调整直至加速正常。

无负荷加速试验不太准确，若要准确检查，应在底盘测功机上，加上一定负荷试验或进行路试。

路试时，应选择坚硬的平坦路面，将全车运转至正常热状态后，采用高挡位低速行驶，突然急加速，若发动机有轻微的爆燃声且随着车速的提高逐渐消失，则点火时刻正常；若爆燃强烈，且在高速下长时间不消失，则为点火时间过早；若无爆燃声但加速困难，甚至排气管有“突、突”声，则为点火时间过晚。

2. 用正时灯检测点火正时

1）查找并验证飞轮或曲轴前端传动带盘上 1 缸压缩终了上止点标记和点火提前角标记，擦拭使之清晰可见，如标记不清晰，最好用粉笔或油漆将标记描白，见图 4-26。

解放牌汽车

$\frac{\text{上止点}}{\text{1–6}}$ 与飞轮壳上刻线对准

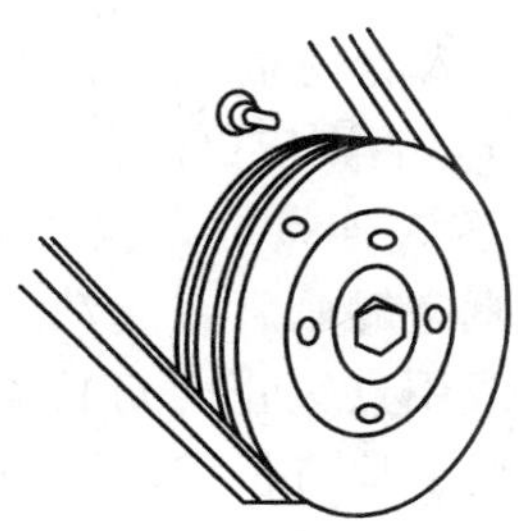

北京 BJ212

曲轴带盘一个孔与正时齿轮室盖上的指针对准

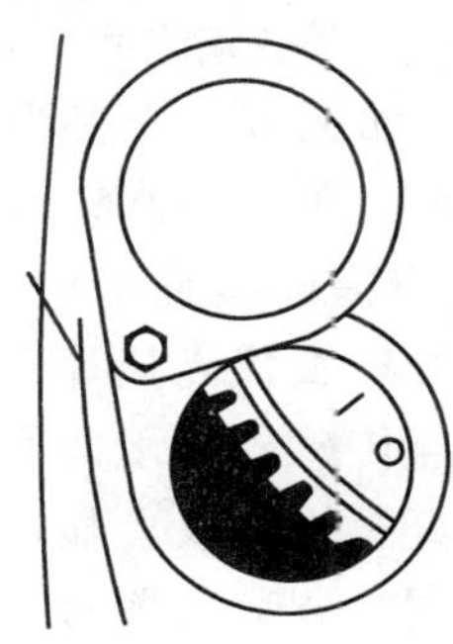

东风 EQ1090

飞轮上的钢球与检视孔上的刻线对准，同时曲轴带轮上缺口对准正时齿轮室盖的凸起标记

图 4-26　发动机正时记号

2）运转发动机至正常工作温度。

3）将正时灯的两个电源夹，红色的夹在蓄电池的正极，黑色的夹在负极。

4）将正时灯的外卡式传感器卡在 1 缸的高压线上。同时将正时灯上的电位器旋纽旋到 0。

5）在发动机怠速稳定运转的情况下，将正时灯打开并对准飞轮或曲轴上的标记。

6）调整正时灯上电位器使两标记对齐。此时，正时灯上指示的读数即为发动机怠速时的点火提前角。

由于在怠速时，离心提前角和真空提前装置基本未起作用，此时测量的点火提前角为初始提前角。

7）拆去真空管路，使真空调节装置不起作用，此时测量某一转速下的点火提前角与初始点火提前角之差，即为该转速下的离心提前角。然后调节发动机（热车）转速至 900r/min。此时，数字显示器所显示的点火提前角数值为基准值（6°±1°）。随后，再慢慢提高发动机转速至下一个要检查的转速值（2300r/min，4800r/min），读出检查仪上所指示的调节值。此值与基准值之差为该转速下的点火提前角离心调节值（14°～18°，22°～26°）。

8）接上真空管路，再测量同一转速下的点火提前角与离心提前角的差，即为该转速下的真空提前角。

3. 就车试验

在使用中，也可用点火正时仪就车检查点火提前装置的性能。

(1) 离心点火提前装置的试验

1) 用上止点传感器检查：按操作说明书的要求接好点火正时和转速检查仪。

2) 用点火正时灯检查：用点火正时灯检查的步骤与用上止点传感器检查基本相同，所不同的是，它是以槽口对准正时标记来显示调节值。

(2) 真空点火提前装置的试验

1) 真空点火提前装置密封性的检验：将真空检查仪 V. A. G1368 接于化油器吸入管与点火提前装置真空室之间，打开检查仪，起动并使发动机怠速运转，使检查仪上指示出一定的真空度（如无真空，表明化油器吸入管内抽气装置阻塞，应予以排除）。开着检查仪，1min 内真空度的下降值应不超过 10%，否则应更换真空调节装置。

2) 真空提前装置工作性能的检验：连接好点火正时检查仪和转速检查仪及真空检查仪，打开检查仪，拔掉延迟点火真空罐软管，起动发动机将其转速调至约 900r/min。记录上止点传感器显示的基准值（或用点火正时灯检查其基准值），然后逐渐提高发动机转速，直至检查仪上显示出作为调节检查值的较高真空度（6～12，20kPa）。开着检查仪，使真空调节装置真空室内一直保持该真空度，再将发动机转速降至约 900r/min，记录此时的调节值。该调节值与基准值之差（排除离心调节装置的对点火提前角的影响），即为所测真空度下真空调节装置的调节角度（5°～7°）。不符合要求时，应更换真空提前装置。

考核

序　号	考核内容	配　分	评分标准	考核记录	扣分	得分
1	正确使用工具、仪表、量具	10	每次工具使用不当扣 3 分			
			每次量具、仪表使用不当扣 3 分			
2	正确观察测量点火提前角	30	不能正确识读分析每处扣 5 分			
3	正确连接使用仪器	30	操作不熟练扣 8 分			
			操作错误扣 12 分			
4	正确分析、排除故障	20	操作不熟练扣 10 分			
			操作错误扣 20 分			
5	操作规范，整洁有序，不超时	10	第一项扣 4 分，后两项各扣 3 分			
	遵守安全操作规程，无事故		出现元器件损坏，此题为 0 分			
6	分数总计	100				

项目 4.4　点火信号的波形检查

学习目标

1）掌握点火波形的识读方法。

2）掌握示波器或发动机综合性能分析仪的使用。

3）能够根据波形判断故障。

工具材料

1）检测用整车。

2）EA2000 型发动机综合性能分析仪。

3）常用工具。

相关知识

次级点火波形的分析

发动机的点火线圈是由两部分的线圈组成：低压部分的初级线圈和高压部分的次级线圈。当初级线圈的电流被截断时，初级线圈会产生 200～300V 的电压，而在次级线圈上将产生高达 15～20kV 的电压，所以，两者的波形有所不同。

（1）标准次级点火波形：图 4-27 为单缸标准次级点火波形。图 4-27 中，标准波形上的各点意义如下。

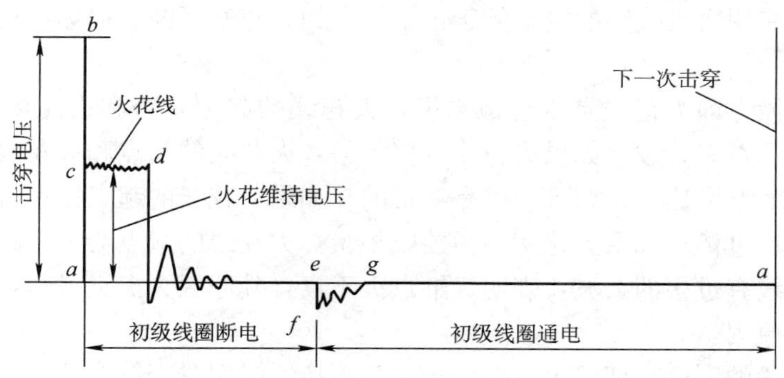

图 4-27　次级点火电压标准波形

1）*a* 点：断电器的触点断开或电子点火器晶体管没导通，点火线圈初级突然断电，使次级电压急剧上升。

2）*ab* 段：*ab* 段为火花塞的击穿电压，在断电器打开的瞬间，由于初级电流下降至零，磁通也迅速减小，于是次级线圈产生的高压急剧上升，当次级电压还没有达到最大值时，就将火花塞的间隙击穿。所以 *ab* 也称为点火线。

3）*bc* 段：当火花塞的间隙被击穿时，两电极之间要出现火花放电，同时次级电压骤然下降，*bc* 为此时的放电电压。

4）cd段：火花塞电极间隙被击穿后，通过电极间隙的电流迅速增加，致使两极间隙中的可燃气体粒子发生电离，引起火花放电。cd的高度表示火花放电的电压，cd的宽度表示火花放电的持续时间。cd被称为火花线。

5）de段：当保持火花塞持续放电的能量消耗完毕，电火花消失，点火线圈和电容器中的残余能量在线路中维持一段衰减振荡，这段振荡也叫第一次振荡。

6）ef点：断电器触点闭合或电子点火器晶体管导通，是点火线圈初级突然闭合，初级电流开始增加，引起次级电压突然增大。值得注意的是：在a点，初级电流是急剧减小的，而在e点电流是逐渐增加的，所以这两点感应次级电压的方向相反，而且大小也不相同。

7）fa段：触点闭合后，因初级电流接通而引起回路电压出现衰减振荡，称为第二次振荡。第二次振荡逐渐变化到零，当至a点时，触点又打开，次级电路又产生点火电压。

整个波形中，从a点至e点，对应于初级电流不导通、次级线圈放电阶段，对于传统点火系统为断电器触点张开阶段，即触点打开段；从e点至a点对应于初级电流导通，线圈储能阶段，也是传统点火系统的触点闭合时间，即触点闭合段。触点的打开段加上闭合段等于一个完整的点火循环。

（2）分析次级点火波形的要点

1）观察efa段，即点火线圈在开始充电时，波形的下降是否与标准波形一致，如果一致，表明闭合角正常，点火正时准确；如果不一致，表明闭合角出现问题，即电容器，点火线圈和断电器触点出现故障。

2）观察ab段，即点火线。主要看点火线的高度是否符合该车的技术参数，点火线的中后段是否有杂波。一般汽车在怠速时，次级点火电压为10～15kV。如果点火电压过高，表明在次级线路中存在着高电阻，如火花塞、高压线开路或损坏，火花塞的电极间隙过大。如果点火电压过低表明次级线路的电阻低于正常值，如火花塞污蚀或损坏，火花塞、高压线漏电等。

3）观察cd段，即火花线是否近似水平，火花线的起点是否和火花放电电压一致且稳定，以及火花线是否有杂波。如果火花线近似水平，火花线的起点和火花放电电压一致且稳定，表明各气缸的空燃比一致，火花塞是正常的。如果火花线的起点比正常火花放电电压低一些，说明混合比过稀；如果火化塞有污蚀或积炭，火花线的起点会上下跳动且火花线明显倾斜。如果火花线有过多的杂波，表明气缸点火不良，其原因为点火过早，喷油器损坏，火花塞污蚀或其他原因。

4）观察cd段的宽度，即看火花线的火花放电持续时间是否符合该车的技术参数。火花放电持续时间表明气缸内混合气的浓与稀。火花放电持续时间过长（通常超过2ms）表示混合气过浓；相反，火花放电持续时间过短（通常少于0.75ms）表示混合气过稀。

5）观察efa段的低频振荡，点火线圈振荡波最少为两个，最好多于三个，这表明点火线圈和电容器的工作正常。

将不同气缸次级点火电压波形按照一定的排列方式排在一起，通过观察、比较和分析，了解发动机点火系统的技术状况，帮助检查人员发现并判断其故障所在。点火示波器采集到发动机点火信号后，可以多缸平列波、并列波、重叠波、单缸波形等形式显示点火波形。

① 多缸平列波：从左到右按点火顺序将所有各气缸点火波形首尾相连的排列形式称为多缸平列波。图4-28所示为六缸发动机的标准点火次级电压平列波。从多缸平列波，可观

察到各气缸次级击穿电压是否均衡，火花电压是否有差异等。

② 多缸并列波：从下至上按点火顺序，将所有气缸点火波形之首对齐并分别放置的排列形式称为并列波。图 4-29 所示为六缸发动机的标准点火次级电压并列波。这一波形既能观察到点火系统所有各气缸的整个波形，也可看到各气缸的波形。可比较各气缸的闭合角和火花持续时间。

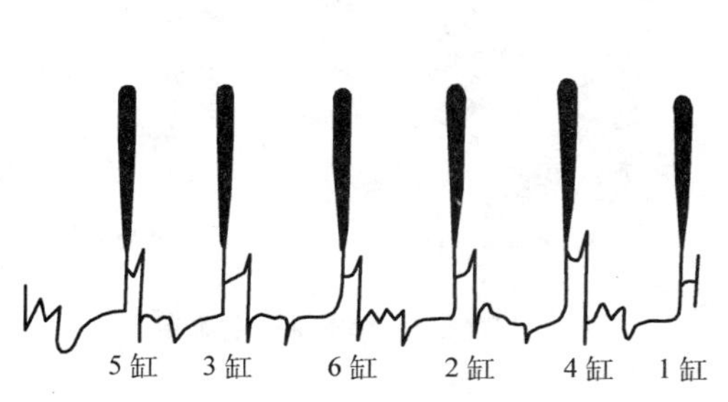

图 4-28 多缸平列波

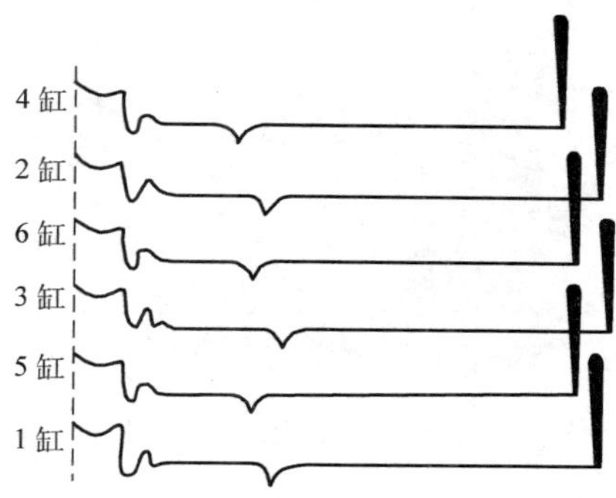

图 4-29 多缸并列波

在点火系统技术状况良好的情况下，各气缸闭合角应占点火间隔的百分比为：

4 缸发动机为 45%～50%；

6 缸发动机为 63%～70%；

8 缸发动机为 64%～71%。

③ 多缸重叠波：将所有各气缸的点火波形之首对齐并重叠在一起的排列形式，称为重叠波。该波形由于将各气缸点火波形叠加，因而可评价各气缸工作的一致性。各气缸工作一致的重叠波就像一个单缸波形，只要其中一个气缸工作不佳，其波形就会偏离重叠波。重叠波可观察到各气缸波形间的重叠角及各气缸对应触点闭合时刻的分散程度（图 4-30 中的 f 点）。要求闭合段波形的变化范围（图 4-30 中 d 部分）不应超过波段长度的 5%，否则，说明分电器凸轮角不规则或分电器轴松旷。

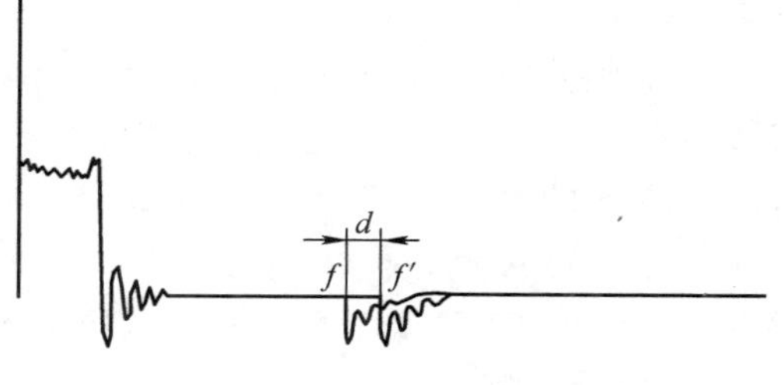

图 4-30 多缸重叠波

操作步骤

1. 测试前的准备

1）使用前应认真阅读仪器的使用说明书。

2）在将信号提取系统连接到被测车辆前，应开启仪器电源预热 20min。

3）按说明书的要求连接好测试线和传感器。注意在连接仪器与发动机之间的测试线时，发动机必须停止运转，点火开关应置于 OFF 位置。

4）开启仪器电源和显示器开关，主机进入系统自检画面，系统将对各适配器逐个自检，连接正确显示为绿色，未安装则显示红色。

5）自检后，系统进入用户数据录入界面，如图 4-31 所示。需要在这里输入被测试汽车的型号、类型、行程数、气缸数、点火次序、点火方式、同步方式、额定功率等有关数据。

6）点击“确认”按钮，系统将进入测试项目主菜单，见图 4-32。

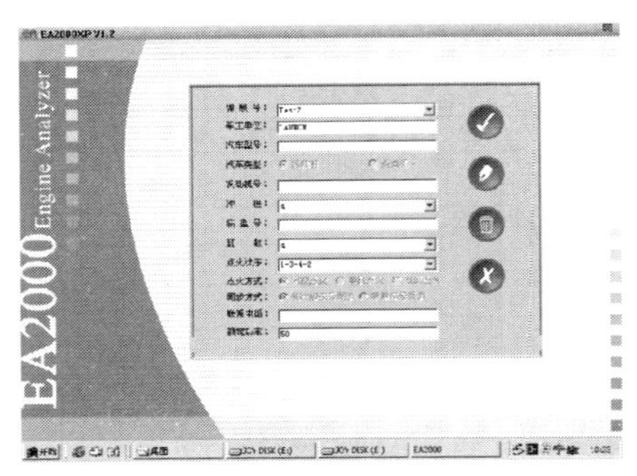

图 4-31 汽车用户数据录入界面

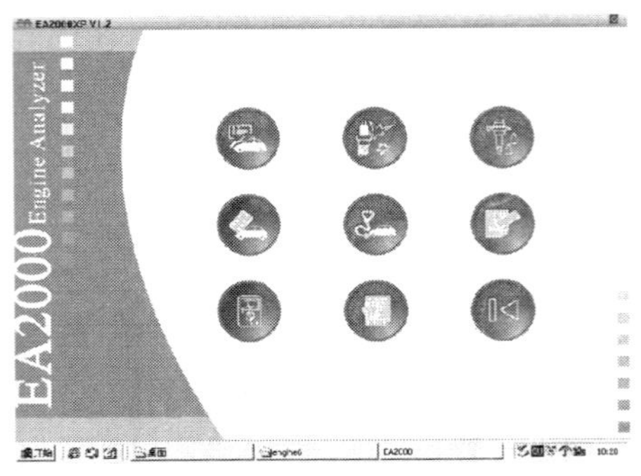

图 4-32 系统测试项目主菜单

2. 汽油发动机点火系统的检测

（1）检测初级点火信号波形

1）测试前的连接

① 常规点火系统的检测：首先将蓄电池电压拾取器的红、黑夹分别夹在蓄电池的正、负极上，将初级信号提取器（1280401）的红、黑色探头分别连接到点火线圈的正、负极，再将 1 缸信号拾取器夹在 1 缸高压线上，见图 4-33。

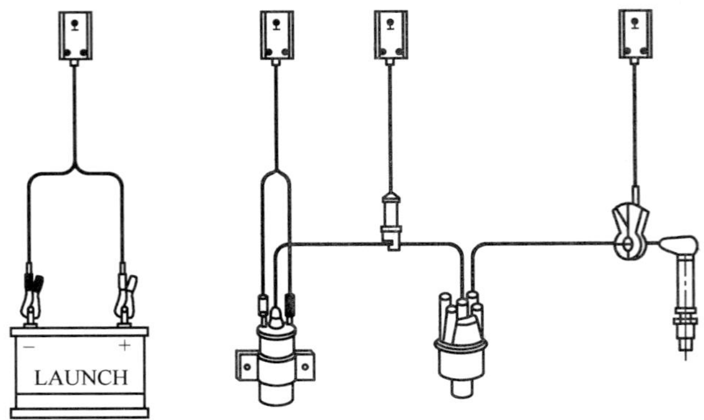

图 4-33 常规初级点火波形测试接线示意图

② 直接点火系统（包括单缸和双缸独立点火系统）：首先将蓄电池电压拾取器的红、黑夹分别夹在蓄电池的正、负极上，再将初级信号提取器（1280401-1DIS）的各探针依次接入各气缸的波形输出端。

2）检测步骤

① 如图 4-34 所示，在“汽油发动机检测菜单”下用鼠标点击“初级信号”图标，即进入初级信号检测界面，然后起动发动机即可检测到初级点火波形，见图 4-35。

② 用鼠标左键点击“选择缸号”图标，在系统弹出的小窗口中可选择显示每一气缸或所有气缸的初级波形。

③ 用鼠标左键点击“显示调整”图标，系统即弹出显示调整窗口，可根据需要点击相应图标进行 X 轴单位调整（在毫秒和角度之间切换）和将波形进行横、纵向平移和缩放。

④ 用鼠标左键点击“保存数据”图标，系统将当前特征值保存到数据库里。

⑤ 用鼠标左键点击“保存波形”图标，系统可将当前界面波形保存于指定目录上。

⑥ 用鼠标左键点击“图形打印”图标，可对界面有效区域进行图形打印。

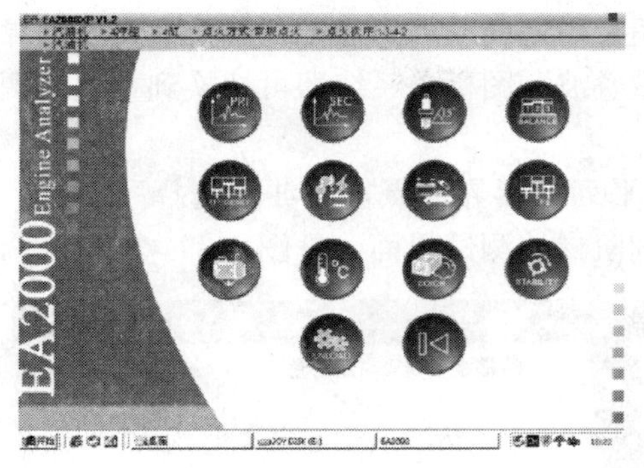

图 4-34　汽油机检测菜单

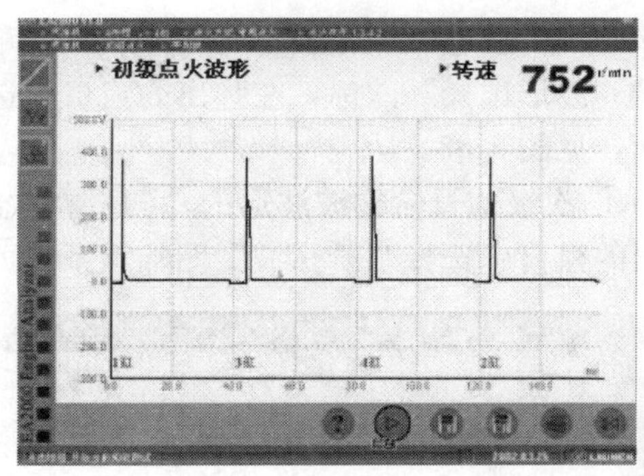

图 4-35　初级点火信号波形

⑦ 用鼠标左键点击“帮助”图标，将进入帮助系统，可以查看相关正确与故障波形供参考。用鼠标左键点击“返回”图标可返回上级“汽油发动机测试”菜单。

（2）检测次级点火信号波形

1）测试前的连接

① 常规点火系统的连接：首先将蓄电池电压拾取器的红、黑夹分别夹在蓄电池的正、负极上，将红色次级信号夹夹在中心高压线上，1 缸信号钳夹在 1 缸高压线上。

② 其他点火系统的接线方法按照说明书的要求连接。需要说明的是，用户必须正确输入被测车辆的气缸数、点火次序和正在触发的缸号，正确夹持所有次级信号夹或次级信号感应片，否则可能会造成波形不能正常显示。

2）波形检测

① 次级平列波波形的检测

在“汽油发动机检测”菜单下用鼠标左键点击“次级信号”图标，即进入次级信号测试界面（默认为平列波），然后起动发动机即可测到次级平列波，见图 4-36。

② 次级并列波波形的检测：通过次级并列波可清晰地看到每个气缸的点火全貌。也可根据所测波形的形状与标准波形的对比，可进行故障分析、判断，以确定故障的原因与部位，见图 4-37。

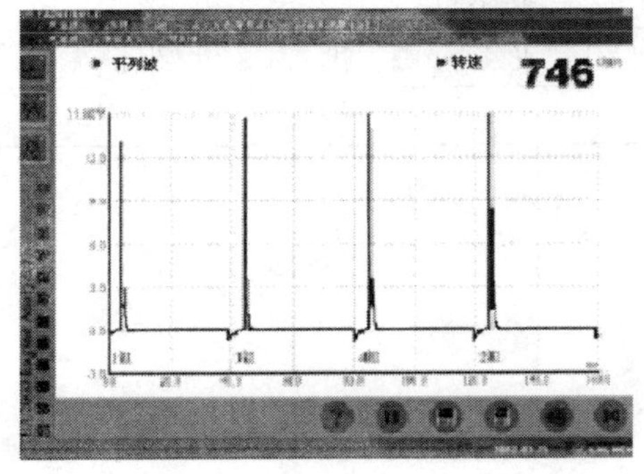

图 4-36　次级信号平列波波形

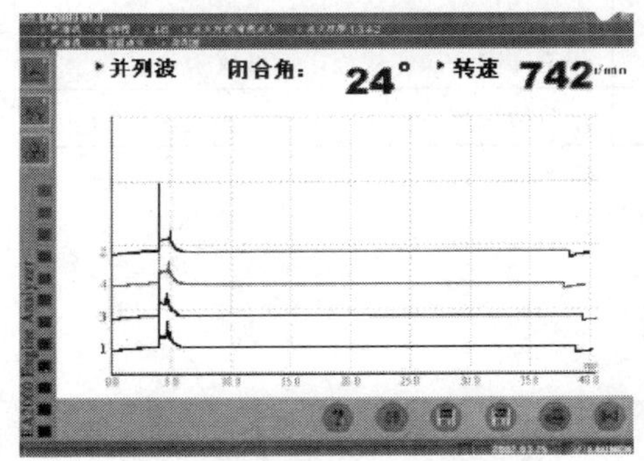

图 4-37　次级信号并列波波形

③ 次级重叠波波形的检测：次级重叠波将各气缸的点火波形起始点对齐，全部重叠在一个水平位置上，称为重叠波。如果触点式点火系统的分电器凸轮磨损不均匀或凸轮轴严重

磨损，将会造成波形重叠不良，一般重叠角不能超过周期的 5%。在次级点火平列波形界面点击“波形选择”图标，在弹出的窗口中选择“重叠波”图标，系统即可切换到重叠波测试界面，见图 4-38。

④ 次级信号阶梯波波形的检测：在次级点火平列波形界面点击“波形选择”图标，在弹出的窗口中选择“阶梯波”图标，系统即切换到阶梯波测试界面，见图 4-39。

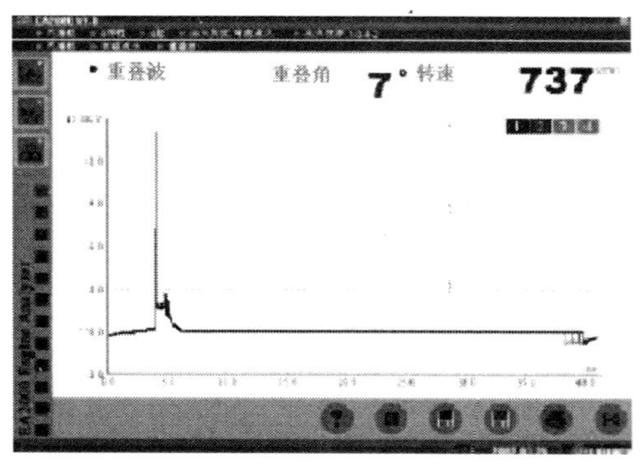

图 4-38　次级信号重叠波波形

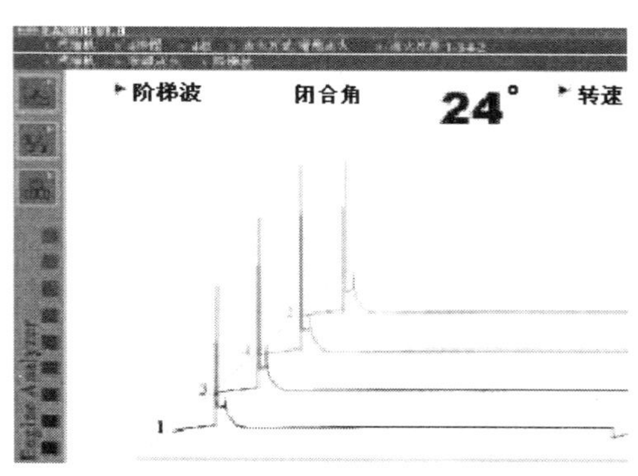

图 4-39　次级信号阶梯波波形

考核

序号	考核内容	配分	评分标准	考核记录	扣分	得分
1	正确使用工具、仪表、量具	10	每次工具使用不当扣 3 分			
			每次量具、仪表使用不当扣 3 分			
2	正确识读分析波形	30	不能正确识读分析每处扣 5 分			
3	正确连接使用仪器	30	操作不熟练扣 8 分			
			操作错误扣 12 分			
4	正确分析、排除故障	20	操作不熟练扣 10 分			
			操作错误扣 20 分			
5	操作规范，整洁有序，不超时	10	第一项扣 4 分，后两项各扣 3 分			
	遵守安全操作规程，无事故		出现元器件损坏，此题为 0 分			
6	分数总计	100				

模块五　汽车灯光、信号、仪表的检修

项目 5.1　汽车照明灯具的更换与调整

学习目标

1）掌握汽车照明系统的基本构成。

2）能正确检测各种灯泡，并能进行更换。

3）正确进行前照灯的检测与调整。

工具材料

1）实训用整车。

2）前照灯检测仪。

3）开口扳手、梅花扳手。

4）一字槽、十字槽螺钉旋具。

相关知识

轿车照明及信号系统包括前照灯、雾灯、停车灯、前示宽灯和后示宽灯、报警灯和转向灯、制动灯和倒车灯、牌照灯、顶灯和行李箱照明灯、仪表板照明灯等。图 5-1 所示为汽车常见外部灯具。

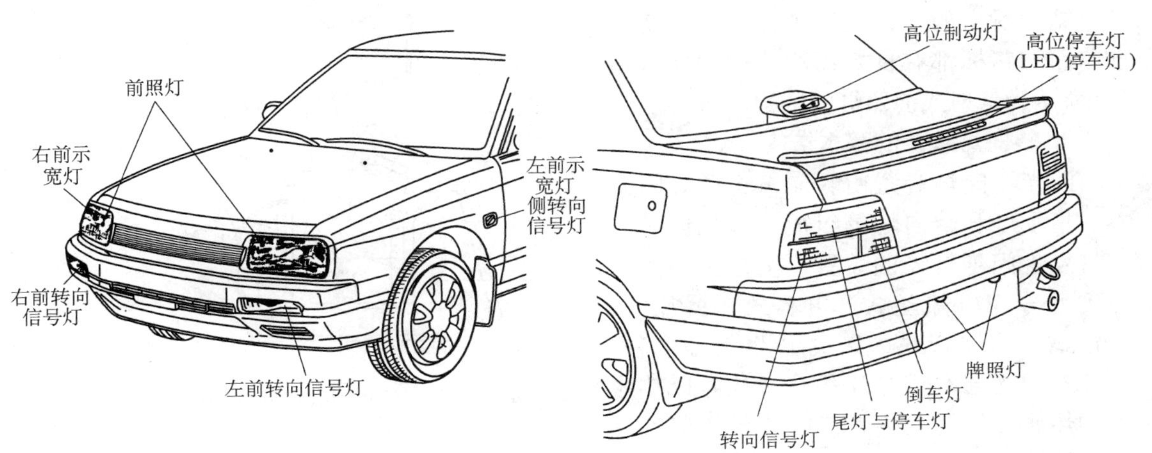

图 5-1　汽车常见外部灯具

1. 前照灯的结构

前照灯由三部分组成：光源（灯泡或发光体）、反射镜和配光镜。按结合方式，分为封闭式、半封闭式，见图 5-2。

一般大多数车辆设有两个前照灯，左右各一个，内装双丝灯泡，一根为远光灯丝，其功率较大，位于反射镜的焦点上。另一根为近光灯丝，其功率较小，位于其反射镜焦点的上方或前方。

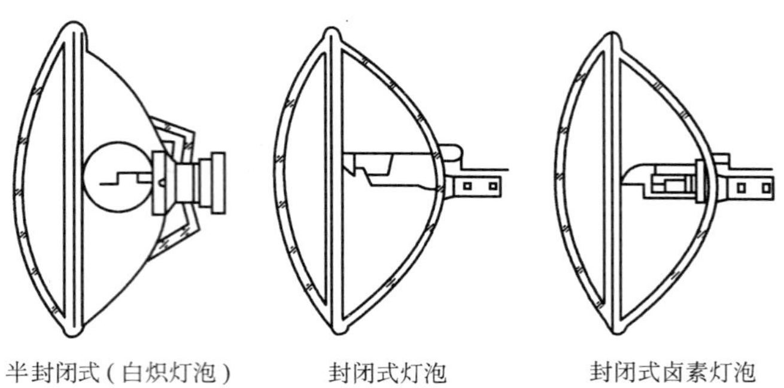

图 5-2 前照灯的组成

而有很多现代轿车装有四个前照灯，左右各两个，外侧的两个前照灯为双丝灯泡，内侧的两个前照灯为单丝远光灯泡，在需要远光时，四个前照灯同时发亮而加强照明。

桑塔纳 2000 型轿车前照灯为远、近光双丝灯泡，双丝灯泡既可使用卤素灯泡（12V 60W/55W），也可使用白炽灯泡（12V 5W/40W）。

2. 前照灯的基本工作性能

由于汽车前照灯的照明效果直接影响着夜间交通安全，所以世界各国交通管理部门多以法律形式规定了汽车前照灯的照明标准。

实际前照灯灯泡的光度并不大，如果没有反射镜，驾驶员只能辨清车前 6m 处有无障碍物。有了反射镜，则可将灯泡的光线聚合并导向前方，使前照灯照距可达 150m 或更远。而前照灯中的配光镜则是将反射镜反射出的平行光束进行折射，使车前路面和路标都有良好而均匀的照明。图 5-3 所示为透射式前照灯的结构。

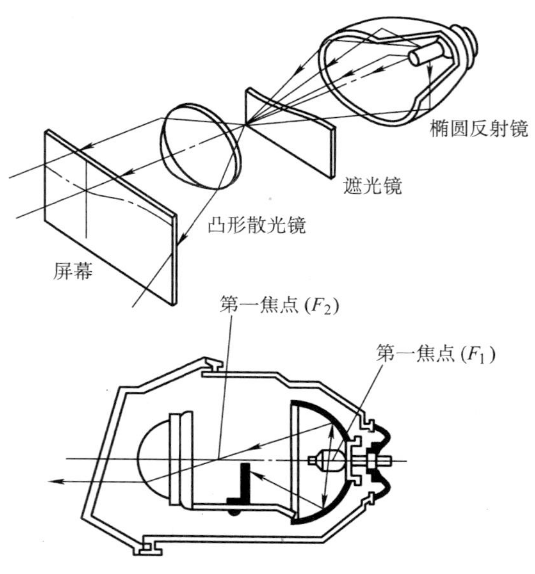

图 5-3 透射式前照灯的结构

3. 转向灯装置的基本结构

闪光转向灯装置由转向灯开关、闪光器、指示灯和转向灯等组成。闪光器是转向灯发生闪烁灯光的装置，按结构和工作原理可分为电热丝式、电容式、翼片式、水银式、晶体管式、集成电路式等多种。翼片式闪光器利用电流的热效应，以热胀条的热胀冷缩为动力，使叶片产生突变动作，接通和断开触点，控制转向灯电流的通断使转向信号灯闪烁。晶体管式闪光器则是通过晶体管的开关电路来控制转向灯的电流通断来达到闪光的目的。如东风载货汽车使用翼片式闪光器，桑塔纳轿车则使用有触点集成电路式闪光器，其结构线路见图 5-4。

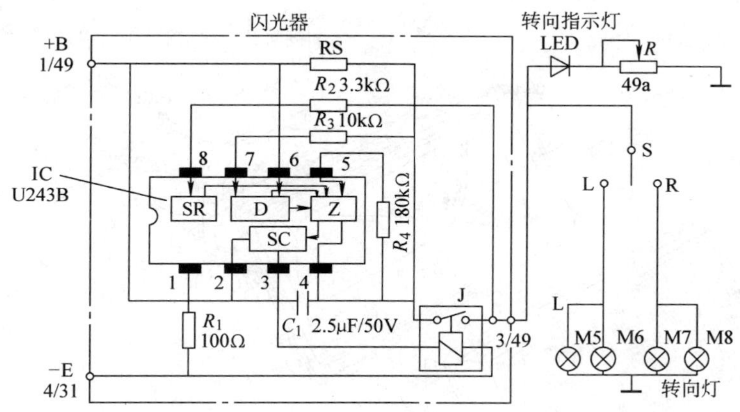

图 5-4　桑塔纳轿车集成电路闪光器

SR—输入检测器　D—电压检测器　Z—振荡器　SC—输出极　RS—取样电阻

J—继电器　M5、M6—左转向灯　M7、M8—右转向灯

操作步骤

1. 前照灯与雾灯的拆卸与灯泡的更换

桑塔纳 2000 型轿车前照灯和雾灯结构，见图 5-5。前照灯为远、近光双丝灯泡，双丝灯泡既可使用卤素灯泡（12V 60W/55W），也可使用白炽灯泡（12V 5W/40W）。雾灯设有前雾灯和后雾灯，前雾灯左右各一个，规格为 12V/55W，后雾灯只有一个，安装在左后方，规格为 12V/21W。前照灯拆卸见图 5-6。

1）切断电源。

2）拧下前照灯灯罩下端的螺栓。

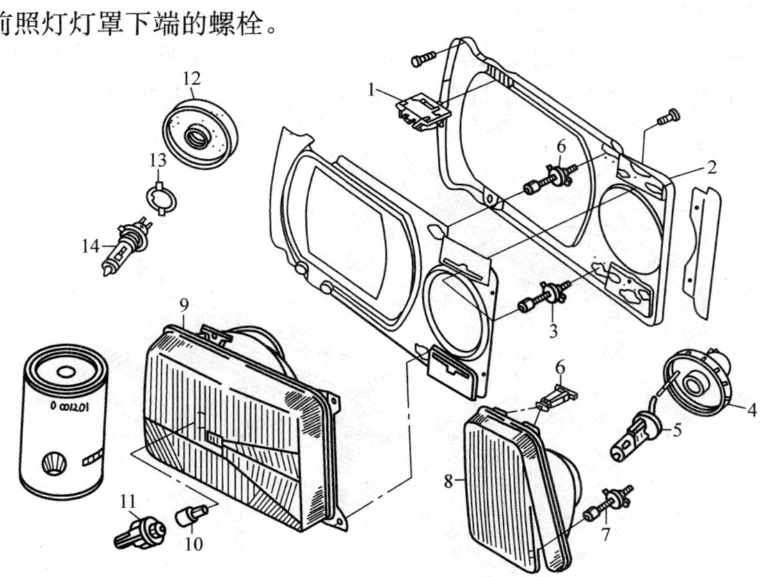

图 5-5　前照灯与雾灯的结构

1—光束水平方向调整螺钉　2—灯架　3—光束垂直方向调整螺钉　4—雾灯座　5—雾灯灯泡　6—连接器　7—雾灯调整螺钉　8—雾灯罩　9—前照灯灯座　10—示宽灯灯泡　11—示宽灯灯座　12—护盖　13—夹紧弹簧　14—前照灯灯泡

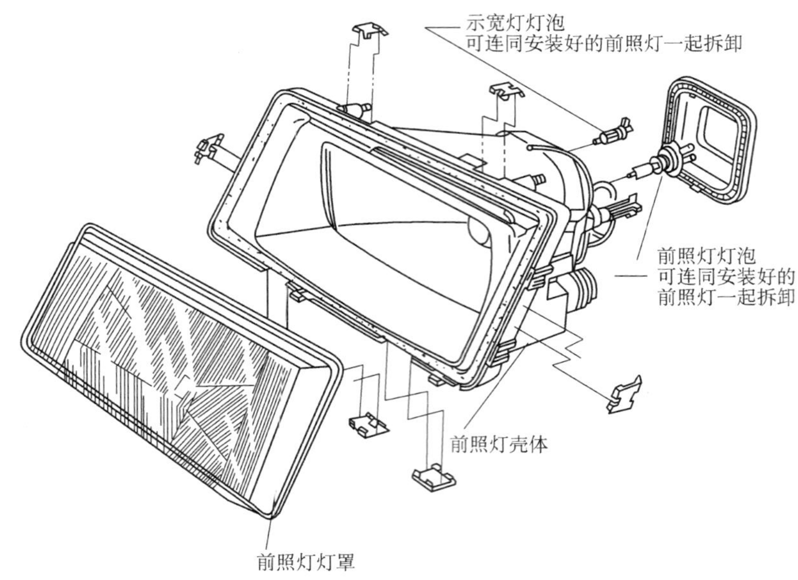

图 5-6 前照灯的拆卸

3）从侧面拉出饰条。

4）拧下前照灯上端的调整螺栓。

5）将前照灯和雾灯连同灯架一起卸下。

6）更换灯泡。

7）按相反的顺序装回前照灯和雾灯。

2. 组合后灯的拆卸与灯泡的更换

桑塔纳轿车后示宽灯与转向灯、制动灯等组装在一起，统称为组合后灯，其结构见图5-7。后示宽灯规格为 12V/5W，倒车灯和制动灯分左右两只，其规格为 12V/21W。

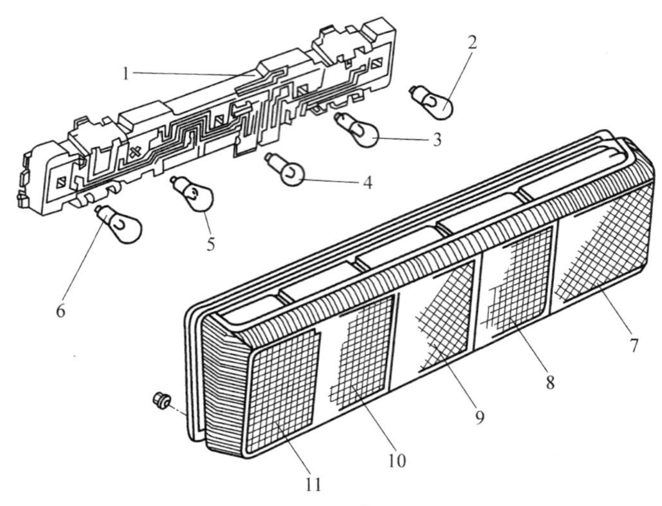

图 5-7 组合后灯

1—灯泡座架 2—倒车灯 3—后雾灯 4—后示宽灯 5—制动灯 6—转向灯 7—倒车灯灯罩 8—后雾灯灯罩 9—尾灯灯罩 10—制动灯灯罩 11—转向灯灯罩

1）首先要把后行李箱打开。

2）然后用扳手把后组合灯的固定螺母松开。

3）拆下灯和灯座。

4）把坏灯泡从灯座上拆下来，换上新灯泡。

5）然后以拆卸时的相反顺序把所有零件装回到原来的位置上。

3. 前照灯灯光的调整

前照灯的检测方法有前照灯检测仪法、屏幕检测法。使用前照灯检测仪检测，因其型号不同，检测发光强度和光轴偏斜量的方法也不完全相同，因此仅仅列出通用的使用方法和步骤。

（1）检测前的准备

1）检测仪的准备

① 在前照灯检测仪不受光的情况下，检查光度计和光轴偏斜量指示计是否对准机械零点。若指针失准，则可用零点调整螺钉调整。

② 检查聚光透镜和反射镜的镜面上有无污物，若有，则可用柔软的布或镜头纸等擦拭干净。

③ 检查水准器的技术状况，若水准器无气泡，则应进行修理；若气泡不在红线框内时，则可用水准器调节器或垫片进行调整。

④ 检查导轨是否沾有泥土等杂物，若有，则应扫除干净。

2）车辆准备

① 清除前照灯上的污垢。

② 轮胎气压应符合汽车制造厂的规定。

③ 汽车蓄电池应处于充足电状态。

（2）前照灯的检测

1）将被检汽车尽可能地与前照灯检测仪的轨道保持垂直方向驶近，检测仪与检测仪受光器之间达到规定的检测距离（3m、1m、0.5m 或 0.3m）。

2）用车辆摆正找准器使检测仪与被检汽车对正。

3）开亮前照灯，用前照灯照准器使检测仪与被检前照灯对正。

4）检测光束照射位置（光轴偏斜量）和发光强度。

① 对于聚光式前照灯检测仪，将“光度·光轴”转换开关旋至光轴一侧，转动上下和左右光轴刻度盘，使上下偏斜指示计和左右偏斜指示计的指示为零。此时，上下光轴刻度盘和左右光轴刻度盘的指示值，即为光轴偏斜量，见图 5-8。将“光度·光轴”转换开关旋至光度一侧，光度计的指示值即为发光强度。

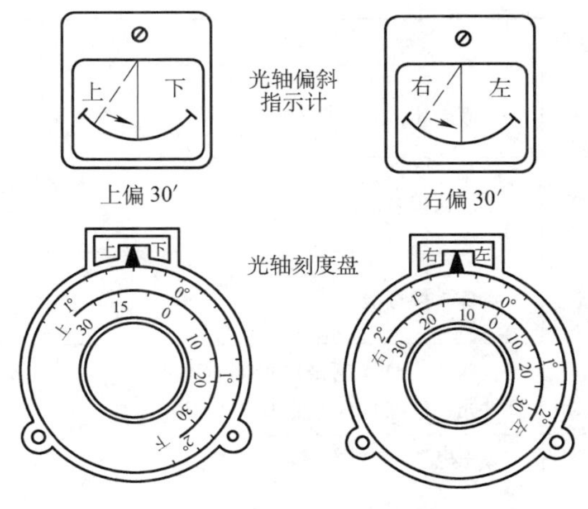

图 5-8　使用聚光式前照灯检测仪检测光轴偏斜量

② 对于屏幕式前照灯检测仪，要使固定屏幕上左右光轴刻度尺的零点与活动屏幕上

的基准指针对正。左右和上下移动受光器，使光度计的指示值达到最大。此时，根据受光器上的基准指针所指活动屏幕上的上下刻度值和活动屏幕上的基准指针，所指固定屏幕上的左右刻度值，即可得出光轴偏斜量。根据此时光度计上的指示值，即可得出发光强度。

③ 对于投影式前照灯检测仪，要使光轴偏斜指示计的指示值为零，根据投影屏上前照灯影像中心所示的刻度值，即可读出光轴的偏斜量。如果这种检测仪设有光轴刻度盘，则要转动光轴刻度盘，使投影屏上的坐标原点与前照灯影像中心重合，读取此时光轴刻度盘上的指示值，即为光轴偏斜量。根据此时光度计上的指示值，即可得出发光强度。

④ 对于自动追踪光轴式前照灯检测仪，只要按下控制盒上的测量开关，受光器立即追踪前照灯光轴，根据光轴偏斜指示计和光度计上的指示值，即可获得光轴偏斜量和发光强度。

5）用同样方法分别检测两只前照灯的近光和远光光束照射位置和发光强度。

6）检测结束，前照灯检测仪沿轨道退回护栏内，汽车驶出。

（3）前照灯的调整　如前照灯光束照射位置不正确，应按厂家规定的方法予以调整，使之符合技术要求。普通车型，一般调整方法是用螺钉旋具转动前照灯上下、左右的调整螺钉进行调整，见图 5-9。

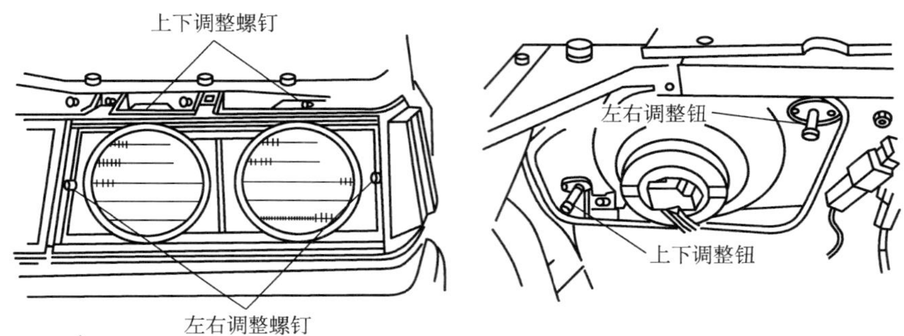

图 5-9　前照灯的调整

考核

序号	考核内容	配分	评分标准	考核记录	扣分	得分
1	正确使用工具、仪表、量具	10	每次工具使用不当扣 3 分			
			每次量具、仪表使用不当扣3 分			
2	正确认识各部结构	30	操作不熟练扣 10 分			
			检测错误扣 20 分			
3	熟练更换灯泡	20	操作不熟练扣 8 分			
			操作错误扣 12 分			
4	正确使用灯光测试仪检测前照灯灯光，熟练调整前照灯	30	操作不熟练扣 10 分			
			操作错误扣 20 分			
5	操作规范，整洁有序，不超时	10	第一项扣 4 分，后两项各扣 3 分			
	遵守安全操作规程，无事故		出现元器件损坏，此题为 0 分			
6	分数总计	100				

项目 5.2　汽车灯光电路的检修

学习目标

1）熟悉汽车灯光电路。

2）掌握常用汽车电路的检测方法。

工具材料

1）实训用解放牌 CA1092 型汽车整车。

2）实训用桑塔纳 2000 型轿车整车。

3）万用表。

4）钳子、扳手、螺钉旋具。

相关知识

1. 汽车灯光电路仪表的布置

一般前照灯电路有灯光开关、前照灯继电器、变光开关、前照灯、远光指示灯、熔丝等组成。工作中，由灯光开关控制其开闭。当打开灯光开关，灯光继电器线圈通电，吸合继电器内常开触点，前照灯电路接通，由电源进入变光开关，由变光开关控制其进入远光电路或近光电路，前照灯点亮。当接通远光电路时，还会接通仪表板上的远光指示灯电路，使其点亮。灯光开关可接在火线上，也可串在搭铁线上，见图 5-10。

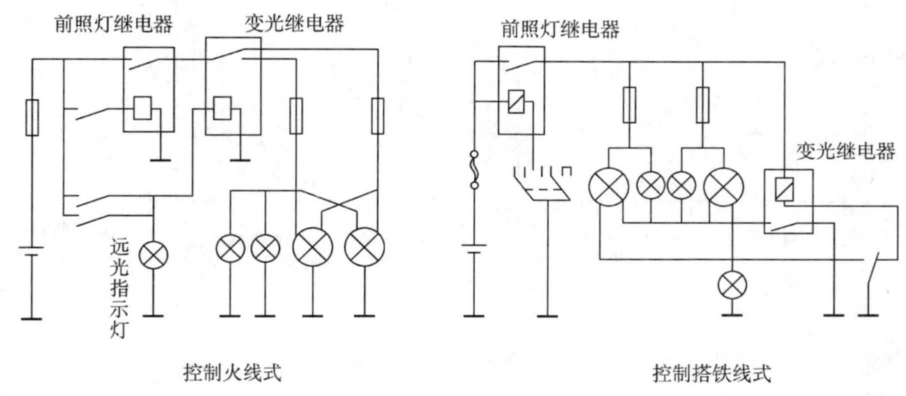

图 5-10　前照灯电路的控制电路

一般雾灯由车灯开关和雾灯开关控制。按下雾灯开关，雾灯继电器磁化线圈有电流通过，其常开触点闭合；蓄电池电流经雾灯继电器常开触点至雾灯接地，雾灯点亮，见图 5-11。

2. 桑塔纳 2000 型轿车照明电路

桑塔纳轿车照明电路，见图 5-12。前照灯由点火开关和车灯开关共同控制，当点火开关置于 1 挡，车灯开关置 2 挡时，电流由电源正极→点火开关第三掷（从左起）1 挡→车灯

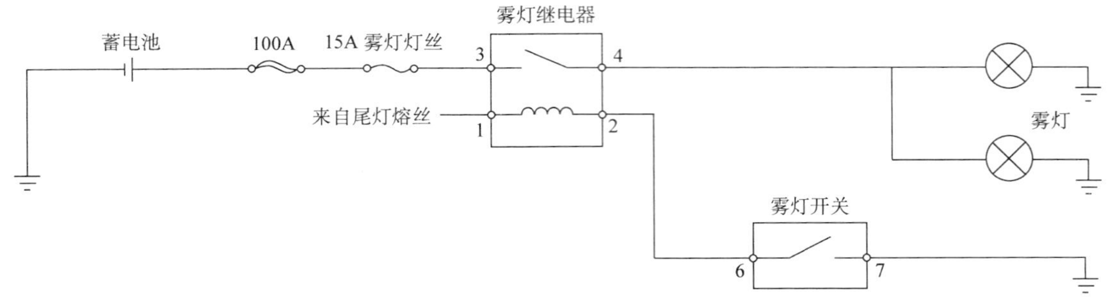

图 5-11 雾灯电路的控制电路

开关第一掷 2 挡→变光开关→熔丝→前照灯→搭铁。前照灯亮，通过变光开关控制远光、近光变换。此外，远光灯还由超车开关直接点动控制，在汽车超车时当作超车信号灯用。

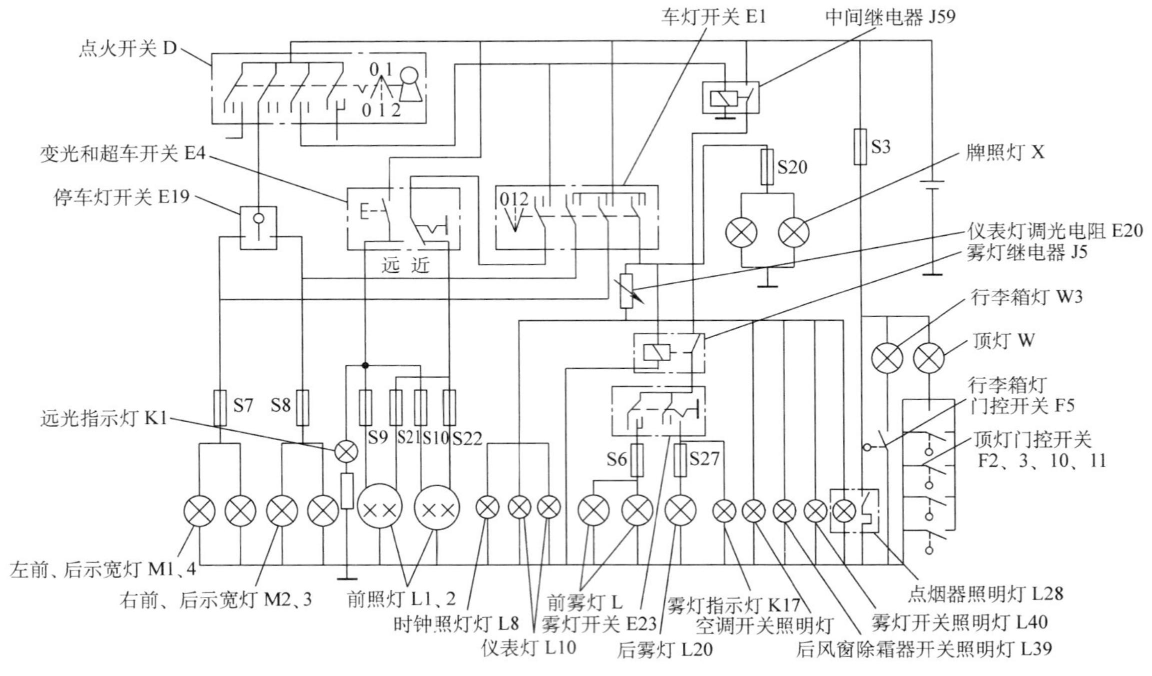

图 5-12 桑塔纳轿车照明电路

雾灯由点火开关、雾灯继电器、车灯开关控制，雾灯继电器线圈由车灯开关控制，雾灯继电器触点由中间继电器控制，中间继电器由点火开关控制。若要使用雾灯，点火开关必须置于 1 挡使中间继电器接通，为雾灯继电器触点供电。车灯开关必须置于 1 挡或 2 挡使雾灯继电器接通，这时，雾灯开关就可以控制雾灯了。雾灯开关置于 1 挡接通前雾灯的电路，2 挡同时接通前雾灯、后雾灯和雾灯指示灯的电路。

牌照灯由车灯开关直接控制，不受点火开关控制，在车灯开关置于 1 挡或 2 挡时亮。仪表板、时钟、点烟器、雾灯开关、后风窗除霜器开关、空调开关等的照明灯均由车灯开关直接控制。当车灯开关在 1 挡或 2 挡时，上述照明灯均被接通，其亮度可通过仪表灯调光电阻进行调节。

顶灯由顶灯开关和门控开关共同控制，当顶灯开关接通时（手动），顶灯亮。当顶灯开关断开时，顶灯由 4 个门控开关控制，只要有一个门关闭不严，这个门控开关就接通，顶灯就亮。

操作步骤

1. 解放牌 CA1092 型汽车灯光电路的分析

解放 CA1092 型汽车灯光电路如图 5-13 所示。当打开灯光开关至 2 挡，此时电流从端子 1 进入灯光开关，1 和 2 接通，电流由端子 2 流出，进入灯光继电器，经灯光继电器线圈搭铁。由于线圈充电，使常开触点闭合，电流由电源经灯光继电器常开触点进入变光开关，当变光开关接通近光，则经近光熔丝接通左右前照灯双丝灯泡。若变光开关接通远光，则经远光熔丝接通左右远光灯，左右前照灯双丝灯泡和远光指示灯。

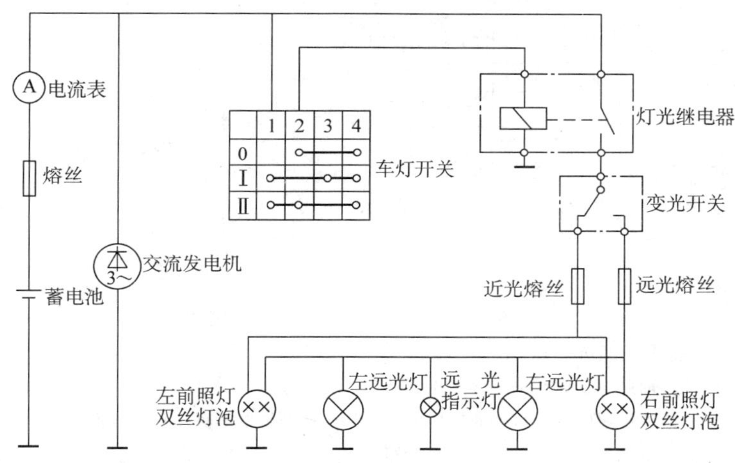

图 5-13　解放 CA1092 汽车灯光电路

2. 桑塔纳轿车灯光电路的分析

（1）前照灯电路　桑塔纳轿车灯光电路见图 5-14。

当打开前照灯时，点火开关（D）10 接通接线柱 X，或从中央电器装置 23 插座 B13 用黑黄线 52 进入灯光开关（E1）13 的接线柱 30，E1 的 X 与（56）相通后，用白黑线 33 再通向前照灯变光开关（E4）9 的接线柱（56）。当变远光时，接通接线柱（56a），用白线 34 与中央电器装置 23 的插座 B22 相接，一路经过内部线路和熔断器 S9 并且由 C16 出来用白线 35 接通左前照灯远光（L2）3；另一路经过熔断器 S10 由 C17 出来，用白黑线 36 接通右前照灯远光（L4）4。

当接通近光时，由前照灯变光开关（E4）9 接通接线柱（56b），用黄色线 37 与中央电器装置插座 A21 接通，一路经过熔断器 S22 从 C5 出来用黄黑线 38 接通右前照灯近光(L1）2；另一路经过熔断器 S21 从 C6 出来，用黄线 39 接通左前照灯近光（L2）1。

使用前示宽灯时，灯光开关（E1）13 的接线柱（30）接通接线柱（58L）、（58R）、（58），其中接线柱（58L）用灰黑线 40 与中央电器 23 插座 B27 相接，经过内部线路、熔断器 S7，

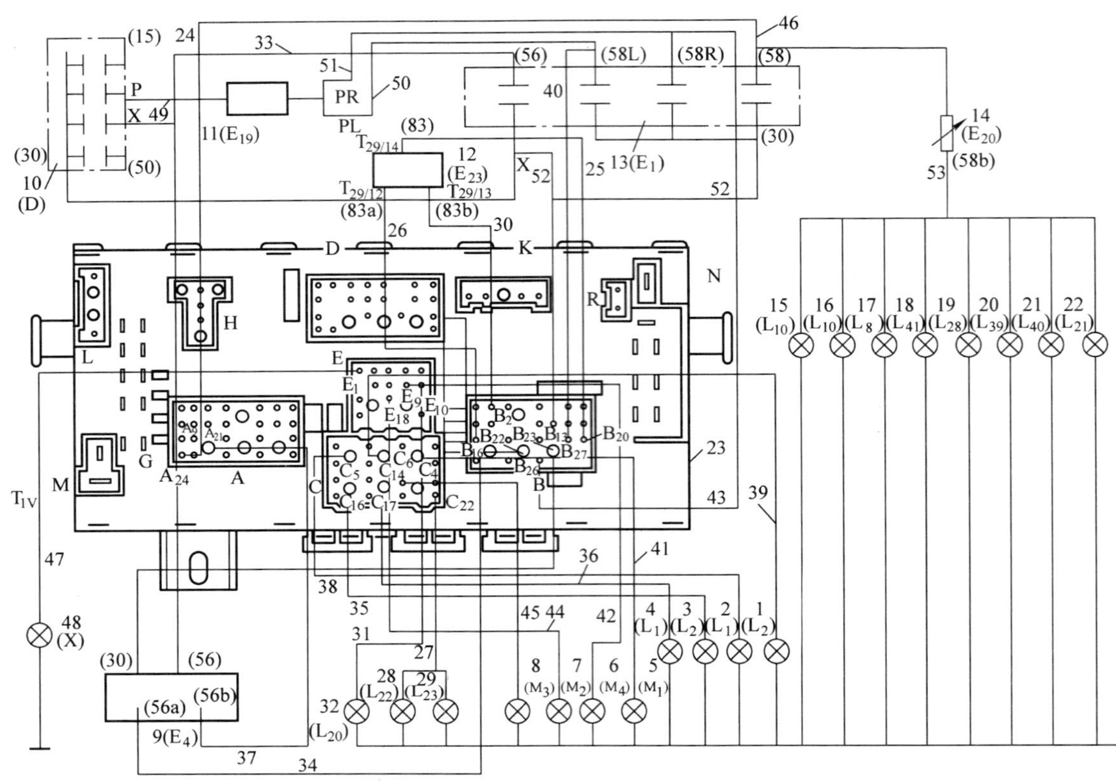

图 5-14　桑塔纳轿车灯光线路

1—左前照灯近光　2—右前照灯近光　3—左前照灯远光　4—右前照灯远光　5—左示宽灯　6—右示宽灯　7—左后示宽灯　8—右后示宽灯　9—前照灯变光开关　10—点火开关　11—停车开关　12—雾灯开关　13—灯光开关　14—仪表板照度调节器　15、16—仪表板照明灯　17—时钟照明灯　18—烟灰缸照明灯　19—点烟器照明灯　20—除霜器照明灯　21—雾灯开关照明灯　22—空调板照明灯　23—中央电器装置　24—灰绿线　25—灰黄线　26—黄白线　27—黄白线　28—右前雾灯　29—左前雾灯　30、31—灰白线　32—后雾灯　33—黑白线　34、35—白线　36—黑白线　37—黄色线　38—黄黑线　39—黄线　40、41、42—灰黑线　43、44、45—灰红线　46、47—灰绿线　48—牌照灯　49—灰色线　50—灰黑线　51—灰红线　52—黑黄线　53—蓝灰线

一路从C4出来，用灰黑线41接通左前示宽灯（M1）5；另一路从E9出来，用灰黑线42接通左后示宽灯（M4）6。

灯光开关（E1）13的接线柱（58R）用灰红线43与中央电器装置23的插座B26，经过内部线路、熔断器S8，一路从E18出来，用灰红线44接通右后示宽灯（M2）7。

另一路从C14出来用灰红线45接通右前示宽灯（M3）8。

灯光开关（E1）13的接线柱（58），一路用仪表板照度调节器（E20）14接通仪表板上各照明灯（15、16、17、18、19、20、21、22），另一种用灰绿线46与中央电器装置23的插座A24相接，经过内部线路、熔断器S20，从E1出来，用灰绿线47经过插接件T1V接通牌照灯（X）48。

当点火开关（D）10接通停车挡时，电源从接线柱（P）用灰色线49与停车灯开关（E19）11接通，其接线柱（PL）用灰黑线50与灯光开关（E1）13的接线柱（58L）相通；另一接线柱（PR）用灰红线51与灯光开关（E1）13的接线柱（58R）相通。

（2）雾灯电路 当打开雾灯时，灯光开关（E1）13 需打开至前示宽灯接通挡位，由接线柱（58）用灰绿线 24 接通在中央电器装置 23 的插座 A24，由内部线路接通雾灯继电器 J5，电源从火线 X 经中央接线装置 23 上的插座 B20，用灰黄线 25 经仪表板插座 T29/14 与雾灯开关（E23）12 的接线柱（83）相接。当雾灯开关（E23）12 的接线柱（83a）接通，经仪表板插座 T29/12 用黄白线 26 与中央电器装置 23 的插座 B16 相接（电路号码 86）。经内部线路通过熔断器 S6，从 C_{22} 出来用黄白线 27 使右前雾灯（L_{22}）28、左前雾灯（L23）29 接通。

当雾灯开关（E23）12 的接线柱（83b）接通，用灰白线 30 经仪表板插座 T29/13 与中央电器装置 23 的插座 B2 相接，经内部线路通过熔断器 S29 从 E10 出来，用灰白线 31 与后雾灯（L20）32 相通。

3. 桑塔纳轿车前照灯电路的检修

1）当灯光开关（E1）13 处于 3 位，拨动组合开关（E4）9，远光灯 3、4 和近光灯 1、2 都不工作。首先排除熔断器及前照灯双丝灯泡的故障，如果均正常，应检查灯光开关（E1）13（56）接线柱，白黑色导线 33 上是否有电压。如果 56 接线柱上没电压，应检查灯光开关（E1）13 上黑黄色线 52 与 X 接线柱上是否有电压。如果也没有电压，应检查点火开关（D）10 及其连接导线。如果灯光开关（E1）13 上黑黄色导线 52 与 X 接柱上有电压，而前照灯变光开关（E4）9 的（56）接柱上无电压，则应检查灯光开关（E1）13。如果变光开关（E4）9（56）接线柱处有电压，则故障一般在变光开关（E）9 上，应拆下变光开关检查、修理或更换。

2）近、远光灯工作正常，但在变光时，仪表板上的指示灯不工作。应检查仪表板处 26 孔蓝色插件上蓝灰色导线 53 处是否有电压。如果没有电压，应检查灰绿线 46 及（30）火线是否有电压。如果蓝灰色导线处有电压，则故障在仪表板印制电路或指示灯本身。指示灯为发光二极管，检查方法同前述。

3）当灯光开关（E1）13 处于 3 位时，拨动变光开关（E4）9，近光或远光中左方灯亮、右方灯不亮，或左方灯不亮、右方亮。首先应检查不亮的前照灯一边的灯座接线处是否有电压（左前照灯远光 3 为白色导线 35，左前照灯近光 1 为黄色导线 39，右前照灯远光 4 为黑白色导线 36，右前照灯近光 2 为黄色导线 38），且棕色的导线接地是否良好，灯丝是否完好等。如果上述均正常，则应检查对应的熔断器和连接导线。

考核

序号	考核内容	配分	评分标准	考核记录	扣分	得分
1	正确使用工具、仪表、量具	10	每次工具使用不当扣 3 分			
			每次量具、仪表使用不当扣 3 分			
2	正确连接前照灯电路	20	不能正确回答每处扣 5 分			
3	正确分析前照灯电路	30	操作不熟练扣 8 分			
			操作错误扣 12 分			

（续）

序号	考核内容	配分	评分标准	考核记录	扣分	得分
4	正确检查诊断前照灯电路的故障	30				
5	操作规范，整洁有序，不超时	10	第一项扣4分，后两项各扣3分			
	遵守安全操作规程，无事故		出现元器件损坏，此题为0分			
6	分数总计	100				

项目 5.3　汽车仪表的检修

学习目标

1）掌握汽车仪表基本结构与工作原理。

2）掌握常用汽车仪表的检测方法。

工具材料

1）解放牌 CA1092 型汽车组合仪表及传感器。

2）桑塔纳轿车组合仪表及传感器。

3）万用表。

4）钳子、扳手、螺钉旋具。

相关知识

1. 电流表

电流表主要用来指示蓄电池充、放电电流值，同时监视电源系统的工作情况。电流表后盖有两个接线柱分别标有“＋”和“－”，在负极搭铁汽车上，电流表的“－”线柱接蓄电池的“＋”极，电流表的“＋”线柱接发电机的“＋”极。当发电机向蓄电池充电时，示值为“＋”；蓄电池向用电设备放电时，示值为“－”。一般汽车上使用电磁式电流表，其结构和工作原理见图 5-15。

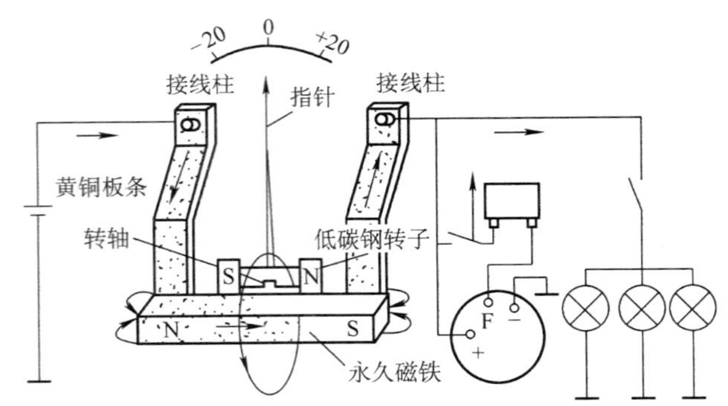

图 5-15　电磁式电流表

2. 机油压力表

机油压力表用来显示发动机主油道机油压力的大小，从而监视润滑系统的工作情况。常用的机油压力表有电热式、电磁式和动磁式三种。其中应用最为广泛的是电热式机油压力表，结构和工作原理见图 5-16。

3. 冷却液温度表

冷却液温度表用来显示发动机冷却液的工作温度。常用的有电热式和电磁式两种。其中电热式冷却液温度表与电热式机油压力表结构工作原理相似。

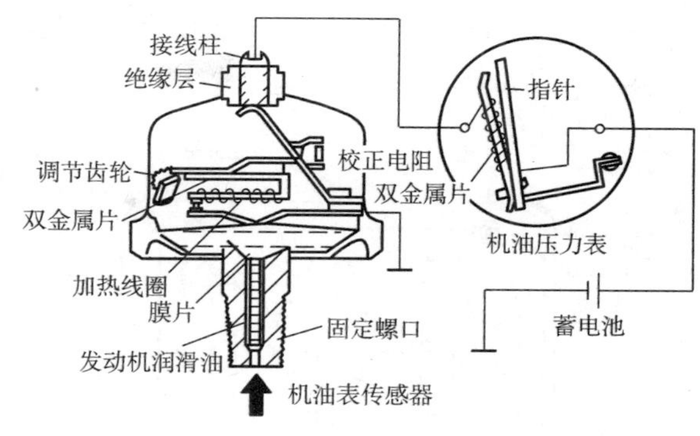

图 5-16　电热式机油压力表

4. 燃油表

燃油表用来显示燃油箱内燃油的多少。常用的有电热式、电磁式、电子式三种。

5. 车速里程表

车速里程表用来显示汽车行驶速度和行驶里程。常用的有磁感应式和动圈式车速里程表两种，它们都由车速表和里程表两部分组成，其原理都是利用永久磁铁磁场和新产生的磁场相互作用来带动指针偏转显示车速。

6. 发动机转速表

发动机转速表用来显示发动机运转速度，常用的是电子式转速表。

7. 数字组合仪表

数字式组合仪表由各种传感器、计算机、显示器三大部分组成。一般都具有自诊断功能，若仪表发生故障，则其故障码会存放在组合仪表的 RAM 存储器里，用专用仪器解码后，可以读出故障内容。仪表有车速里程表、发动机转速表、机油压力表、电压表、冷却液温度表、燃油表等。组合仪表不可分解，只有普通灯泡的指示灯可以单独更换。在保修期内应该整体更换组合仪表。

操作步骤

1. 认识仪表板总成

（1）解放牌 CA1091 型汽车组合式仪表板总成　解放牌 CA1091 型汽车组合式仪表板见图 5-17。

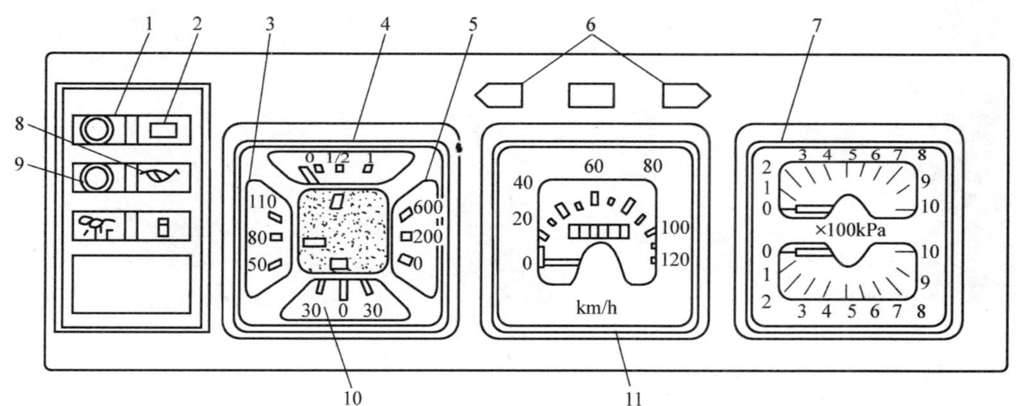

图 5-17　解放 CA1091 型汽车组合式仪表板总成

1—驻车制动警报灯　2—电源警报灯　3—冷却液温度表　4—燃油表　5—机油压力表　6—转向指示灯　7—气压表　8—油压警报灯　9—气压警报灯　10—电流表　11—车速里程表

解放牌 CA1091 型汽车组合式仪表板的后部接线插头各端子所接线路，见图 5-18。

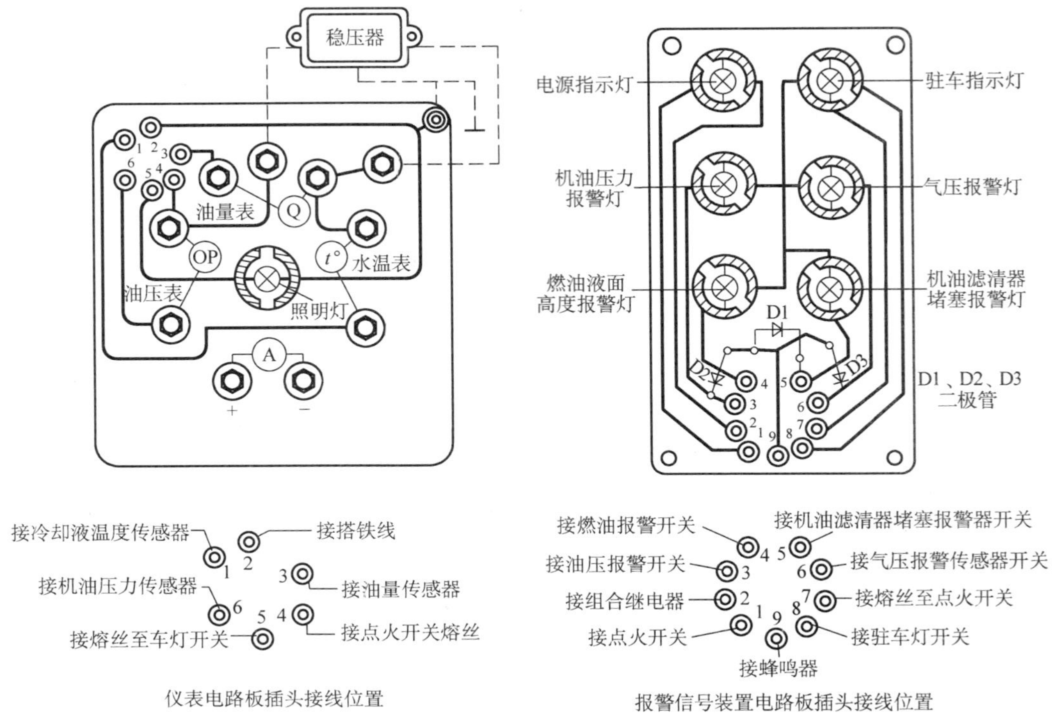

图 5-18　解放牌 CA1091 汽车组合式仪表板后部接线端子所接线路

（2）桑塔纳 3000 型轿车仪表盘：桑塔纳 3000 型轿车仪表盘见图 5-19。

图 5-19　桑塔纳 3000 型轿车仪表盘

1—转速表　2—电子时钟　3—时钟调节旋钮　4—冷却液温度表
5—燃油存量表　6—短里程显示器复位按钮　7—车速表
8—里程显示器（带维修保养间隔）

2. 电流表的检测

将被检测的电流表连接在如图 5-20 所示的电路中，调整可变电阻器的大小。观察两个表的读数是否一样，电流表相对标准，电流表的指示刻度值在正常温度下（20±5℃）允许误差为：10～20A 时，误差不大于±20%；30A 时，误差不大于±15%。

若电流表的误差值超标，应修理或更换。

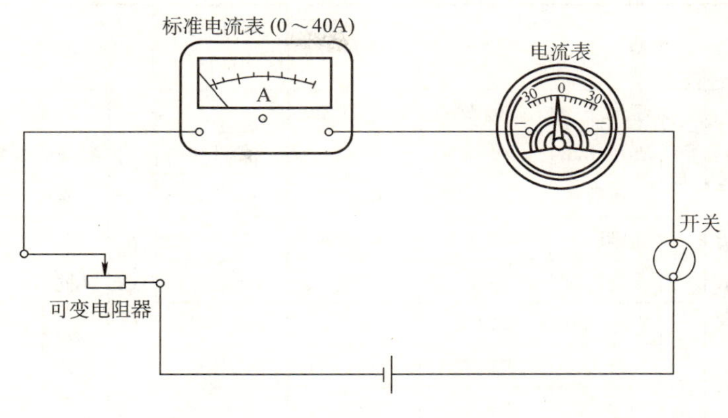

图 5-20　电流表的检查电路

3. 油压表的检测

（1）检测标准油压，指示表与传感器的电阻值　用万用表检测指示表和传感器的电阻值，并作好记录，查看所测电阻值是否符合指示表的规定。

（2）传感器的检测与调整　检测方法如图 5-21 所示，接通开关摇转手柄来改变油压，当标准油压指示表的压力与标准油压表的压力对应相同，则证明被试传感器工作正常，否则应予以调整或更换。

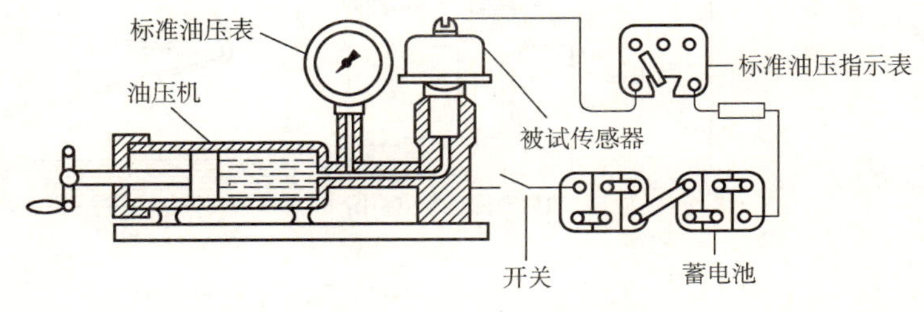

图 5-21　传感器的检测

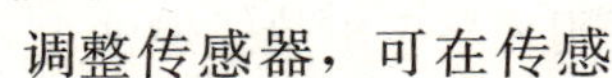

调整传感器，可在传感器之间串入电流表。若油压为 0 时，传感器输出电流过大或过小，应烫开被试传感器的调整孔，拔动调整齿扇进行调整。若油压过高时，输出电流较规定值偏低应更换传感器的校正电阻（一般在 30～360Ω 范围内调整），如任何压力下，输出电流均超过规定值，且调整齿扇无效时，应更换传感器。

4. 燃油表的检测

（1）电磁式燃油表的检测　用万用表分别测量指示表线圈和传感器电阻值，均应符合表 5-1 的规定，否则应维修或更换总成。

检测方法：先将被测指示表与标准传感器按图 5-22 所示接线。将标准传感器的浮子杆与垂直轴线分别成 31°和 89°时，标准油压指示表必须对应指在“0”和“1”的位置上，其误差不得超过±10%，否则应予以调整。若标准油压指示表不能指到“0”时，可上下移动左铁心的位置进行调整；若不能指到“1”时，可上下移动右铁心的位置进行调整，或更换新的。

传感器的检测：检测传感器时指示表应是标准的，方法同上。如果传感器超过误差值，可改变滑动接触片的位置进行调整，或更换新传感器。

表 5-1　电磁式燃油表检测与调整参考数据

车型			BJ2023	JN1150	NJ1060 NJ1061
指示表		型号	304 型	304H 型	
	左线圈	直径/mm	ϕ0.123	ϕ0.081	ϕ0.132
		匝数	1830±20	1150±20	1575
		电阻/Ω	45±1.5	276～280	46～49
		绕向	右旋	左旋	
	右线圈	直径/mm	ϕ0.132	ϕ0.081	ϕ0.132
		匝数	1950±20	1100～1150	1710
		电阻/Ω	50±1.5	260±20	50～54
		绕向	左旋	左旋	

车型			BJ2023	JN1150	NJ1060 NJ1061
传感器	型号		305A 型	305N 型	
	电阻材料		镍铬线	镍铬线	
	直径/mm		ϕ0.122	ϕ0.07	ϕ0.2
	电阻值/Ω		60±3	860～880	57
	不同油量情况下浮子杆的转角	0	31°	30°	36°
		1/2	63°		70°
		1	89°	90°	98°

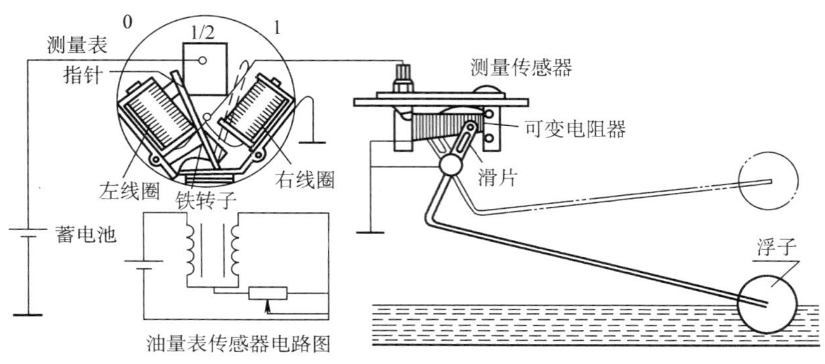

图 5-22　电磁式燃油表

（2）电热式燃油表的检测　图 5-23 为电热式燃油表，用万用表核定电热式燃油表在 0、1/2、1 三点的读数及传感器的内阻值，是否符合规定。若不符合规定，可检修或更换传感器。若测量电阻值为无穷大，则说明电热线圈断路。线圈损坏时可重新绕制或更换。

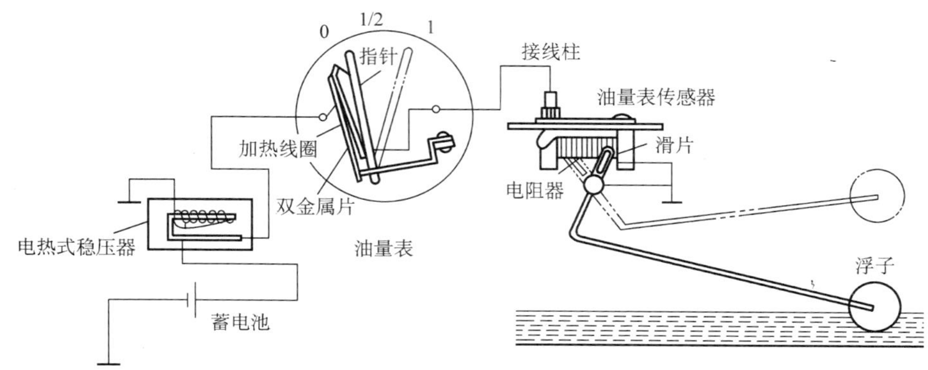

图 5-23　电热式燃油表

注意事项

1. 应将燃油表的上接线柱与电源线相连接，下接线柱与传感器相连接。
2. 对个别产品有制造厂说明书规定时，按厂要求接线。
3. 传感器的电阻末端必须搭铁。
4. 安装传感器时，与燃油箱搭铁必须良好。
5. 连接后灯束时，应先折下传感器的连接线，后灯束连接好后，再装上传感器。

5. 冷却液温度表的检测

（1）检测指示表与传感器的电阻值：用万用表测量指示表与传感器的电阻值，是否符合表 5-2 的规定。若电阻值小于规定值，则表明内部有短路；若电阻值很大，则表明内部有断路或接触不良。

表 5-2　常见冷却液温度表与传感器电阻值

名　　称	加热线圈		电阻/Ω
	材料	直径/mm	
指示表	双线包康铜线	ϕ0.12～0.07	35.5＋1
传感器	双线包康铜线	ϕ0.12±0.01	7～8.5

（2）冷却液温度指示表的检测与调整：将被测试指示表串接在如图 5-24 所示的电路中。接通开关，调节可变电阻，当电流表（mA）电流表指示电流为 80mA、160mA、240mA 时，指示表应相应指在 100℃、80℃、40℃的位置上。其误差应符合表 5-3 的规定。若指在与规定电流不符，应予以调整。若指针在“100℃”时不准，可拨动左调整齿扇进行调整。若指针在“40℃”时不准，可拨动右齿扇进行调整，使其与标准值相符，各中间点可不必校验。

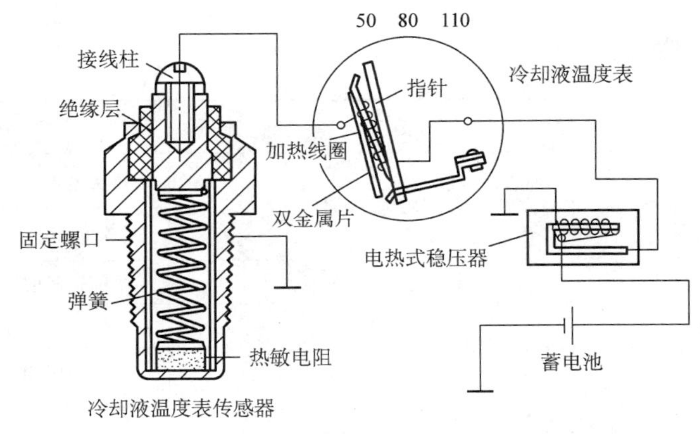

图 5-24　电热式冷却液温度表和热敏电阻冷却液温度传感器

表 5-3　冷却液温度表的允许误差数据表

测量范围/℃	检测温度值/℃	允许误差/℃
40～120	100	±4
	80	±5
	40	±10

（3）传感器的检测与调整　将传感器 2 和冷却液温度表 3 装在正在加热的水槽中，并与标准的冷却液温度表 6 连接，见图 5-25。

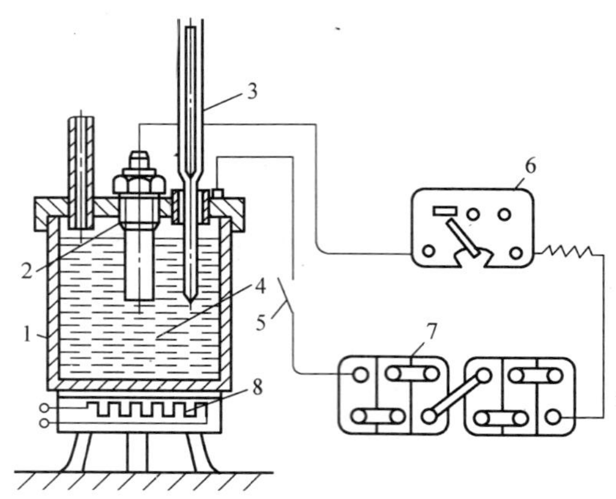

图 5-25　冷却液温度指示表的检测
1—加热槽　2—被测传感器　3—水银温度计　4—热水　5—开关
6—标准冷却液温度指示表　7—蓄电池　8—加热电炉

将水加热到 40～100℃两个温度表的指示值一致或在允许的误差范围内，则表明传感器工作正常，否则应更换。

考核

序号	考核内容	配分	评分标准	考核记录	扣分	得分
1	正确使用工具、仪表、量具	10	每次工具使用不当扣 3 分			
			每次量具、仪表使用不当扣 3 分			
2	正确认识各种仪表功能结构	30	不能正确回答每处扣 5 分			
3	正确检测各种仪表	50	操作不熟练扣 8 分			
			操作错误扣 12 分			
4	操作规范，整洁有序，不超时	10	第一项扣 4 分，后两项各扣 3 分			
	遵守安全操作规程，无事故		出现元器件损坏，此题为 0 分			
5	分数总计	100				

项目 5.4　汽车仪表线路的检修

学习目标

1）掌握仪表线路的连接。
2）掌握电流走向的分析。
3）掌握仪表线路的检测方法和步骤。

工具材料

1）工作性能良好的发动机实验台架一台或汽车一辆（解放 CA1092、桑塔纳 2000）。

2）常用工具一套。

3）万用表一个，导线、试灯若干。

相关知识

1. 汽车仪表基本线路

（1）解放牌 CA1092 型汽车仪表线路基本电路：解放 CA1092 型汽车仪表线路如图 5-26 所示，打开点火开关。

1）电流一路进入机油压力表 OP→机油压力传感器→搭铁。

2）另一路经稳压器→燃油表→搭铁。

3）经稳压器→冷却液温度表→搭铁。

（2）桑塔纳轿车仪表基本电路：桑塔纳轿车仪表电路如图 5-27 所示。所有仪表由点火开关控制，点火开关接通后，仪表及传感器进入正常工作状态。其基本工作过程为：点火开关置于 1 挡时，电流由蓄电池正极→点火开关→编号为“15”线→分为如下电路。

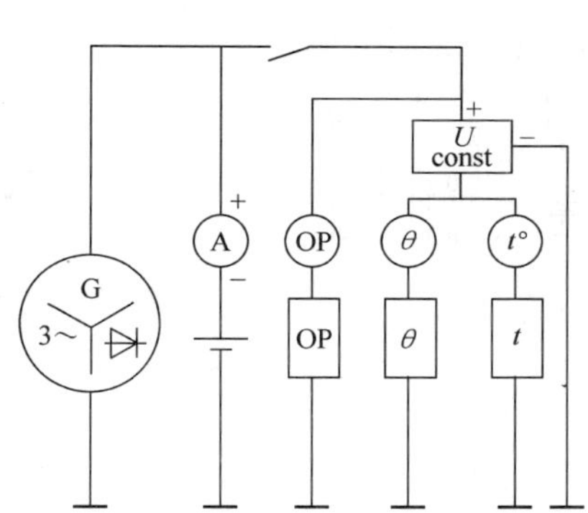

图 5-26　解放 CA1092 型汽车仪表线路

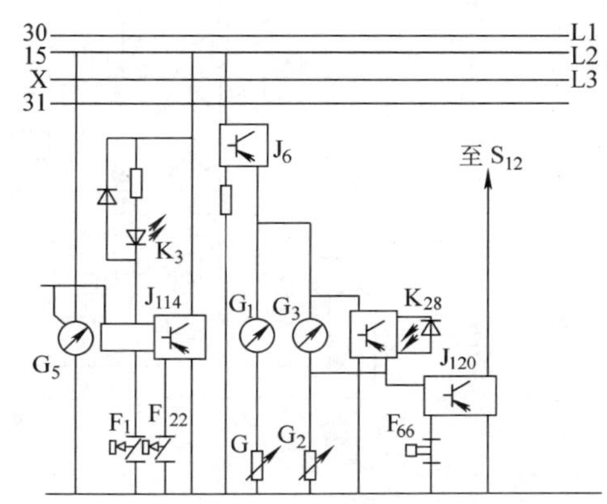

图 5-27　桑塔纳轿车仪表电路

J_6—稳压器　G_1—燃油表　G—浮筒燃油传感器　G_2—冷却液温度传感器　G_3—冷却液温度表　K_{28}—水位报警灯　J_{120}—液位控制器　F_{66}—液位不足开关　G_5—转速表

1）稳压器 J_6→燃油表 G_1→浮筒燃油传感器 G→搭铁。

2）稳压器 J_6→冷却液温度表 G_3→冷却液温度传感器 G_2→搭铁。

3）稳压器 J_6→液位报警灯 K_{28}→冷却液温度传感器 G_2→搭铁。同时，至液位控制器 J_{120}→液位不足开关 F_{66}→搭铁。

4）“15”线→转速表 G_5→搭铁。同时，转速信号来自于点火线圈。

2. 组合仪表故障检修的一般方法

1）当组合仪表出现故障时，应根据故障现象和其电路原理分析故障大致的原因，然后以“由外向内”的步骤检查和排除故障。先检查组合仪表板以外的传感器、开关、熔丝、线路及插接器等的可能故障部位，待这些可能故障原因排除后若仪表还不能恢复正常，再拆检仪表板内部的仪表、印制电路板、灯泡等。

2）如果出现多个指示灯或警告灯不亮，则首先应检查与之有关的熔丝和电源线路，若正常，再检查仪表板的搭铁。

3）燃油表、机油压力表、冷却液温度表等仪表同时不工作时，也应首先检查其熔丝和电源线路，然后再检查仪表板的搭铁情况。

4）车速里程表不工作时，应先检查软轴有无松脱和断裂，然后检查车速传感器。

5）各仪表及传感器可用替换法检验其是否良好，即用一个好的传感器替换，看该仪表显示是否恢复正常。

操作步骤

1. 解放牌CA1092型汽车仪表电路分析

解放牌CA1092型汽车仪表电路见图5-28所示。

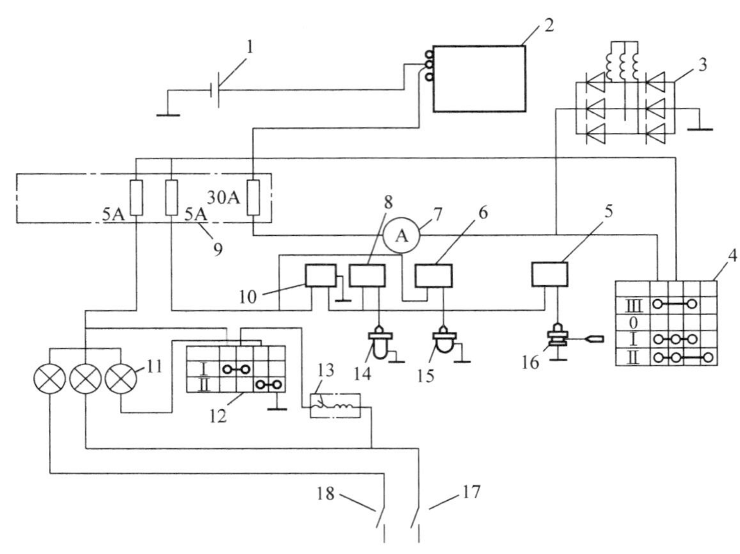

图5-28 CA1092仪表电路

1—蓄电池 2—起动机 3—交流发电机 4—点火开关 5—燃油表 6—油压表 7—电流表 8—冷却液温度表 9—熔断器盒 10—仪表用稳压器 11—驻车制动指示灯 12—停车开关 13—警报蜂鸣器 14—冷却液温度传感器 15—油压传感器 16—燃油传感器 17—气压报警开关 18—油压警报开关

当打开点火开关至1挡，电流从蓄电池1“+”接线柱（经电缆）→起动机的“30”接线柱（经红线）→熔断器盒9→30A总熔断器→电流表→点火开关4电源接线柱→点火开关4点火接线柱→熔断器9→5A熔断器→

1）油压表→油压警报开关→搭铁。

2）仪表用稳压器10→燃油表5→燃油传感器16→搭铁。

3）仪表用稳压器→冷却液温度表8→冷却液温度传感器14→搭铁。

2. 桑塔纳轿车仪表电路的分析

桑塔纳轿车发动机的仪表线路包括转速表、燃油表、冷却液温度表、冷却液温度液位指示灯、机油压力指示灯等线路，线路的连接见图5-29、图5-30、图5-31。

（1）仪表供电线路　如图 5-29 所示，仪表供电线路是由蓄电池“＋”接线柱（经电缆）→起动机的“30”接线柱（经红线）→中央接线板 P 接线柱→另一 P 接线柱（经红线）→点火开关“30”接线柱→点火开关“15”接线柱（经黑线）→仪表板 26 红蓝色接插件。进入仪表印制线路板内部向各仪表供电（其中燃油表、冷却液温度表及温度液位指示灯电源由稳压器输出端 A 供给，⊥端接地，稳压在 9.5～10.5V）。各仪表的负极汇总一条负极线，从仪表板 26 孔接插件接出→发动机机体搭铁（经搭铁线）→蓄电池“－”接线柱。

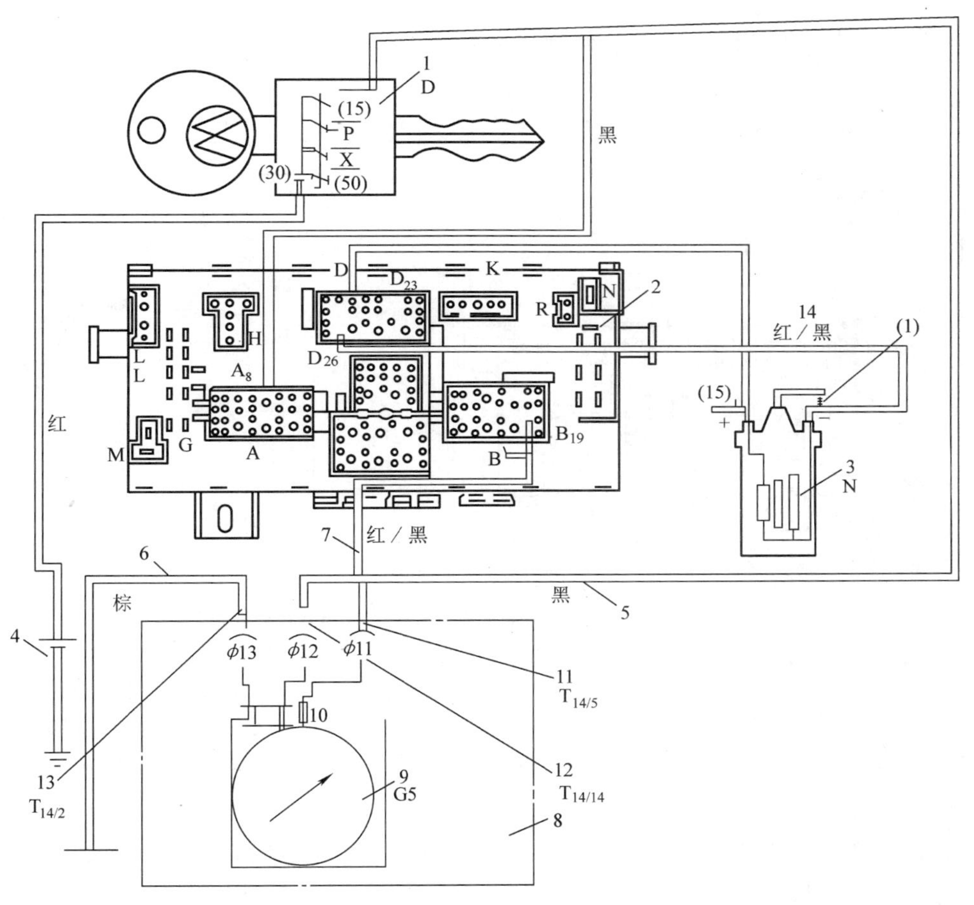

图 5-29　桑塔纳轿车转速表电路

1—点火开关　2—中央接线盒　3—点火线圈　4—蓄电池　5—黑色线　6—棕色线　7—红黑色线　8—仪表线路　9—转速表　10—黑色三眼插座　11—14 孔白色插座　12—14 孔黑色插座　13—14 孔棕色插座

（2）转速表线路：转速表是取自点火线圈中初级电流中断时产生的脉冲信号，在点火线圈中转换成电压脉冲，经转速表中的数字集成线路计算后，显示发动机的转速。

如图 5-29 所示，转速表线路是由蓄电池“＋”接线柱（经电缆）→起动机的“30”接线柱（经红线）→中央接线板 P→另一 P 接线柱（经红线）→点火开关“30”接线柱→点火开关“15”接线柱（经黑线）→中央接线板 A_8 接线柱→D_{23} 接线柱（经黑线）→点火线圈“＋”接线柱→点火线圈“－”接线柱。分两路，一路去向点火控制器，一路从点火线圈“－”接线柱（经红/黑线）→中央接线板 D_{26} 接线柱→中央接线板 B_{19} 接线柱（经红/黑线）

→14 孔白色接插件，进入仪表印制线路板内部，接向转速表，向转速表提供信号。同时还接向油压检查控制器提供转速信号。

（3）燃油表线路　如图 5-30 所示，燃油表传感器上有一根棕色导线接地，变阻信号经紫/黑色导线进入中央接线板 E5 接点。通过其内部与 B3 点接通，经紫/黑色导线到仪表板 26 孔蓝色接插件，进入仪表印制线路板内部，接向燃油表。燃油表采用电热式，燃油传感器阻值为 50～560Ω（满载～空载）。

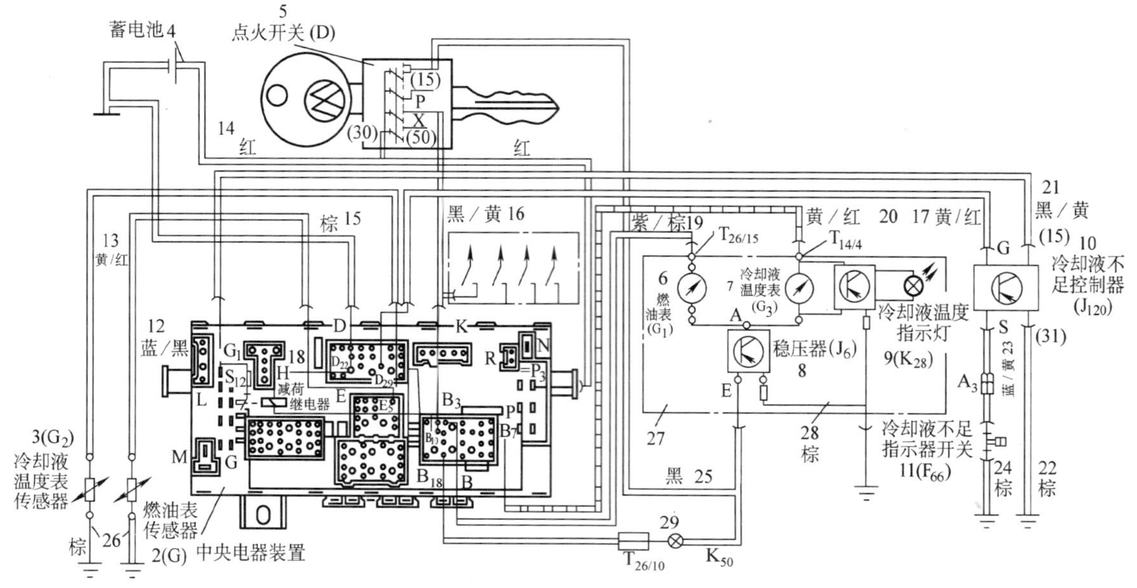

图 5-30　桑塔纳轿车燃油表、冷却液液面温度控制装置线路

1—中央接线盒　2—燃油表传感器（G）　3—冷却液温度传感器（G_2）　4—蓄电池　5—点火开关（D）　6—燃油表（G_1）　7—冷却液温度表（G_3）　8—稳压器（J_6）　9—冷却液温度指示灯（K_{28}）　10—冷却液不足指示器控制器（J_{120}）　11—冷却液不足指示器开关（F_{66}）　12—蓝黑线　13—黄红线　14—红色线　15、22、24、26、28—棕色线　16—黑黄色线　17、20—黄红线　18—中间继电器　19—紫棕色线　21—黑红色线　23—蓝黄色线　25—黑色线　27—仪表线路板

（4）冷却液温度表线路　如图 5-30 所示，冷却液温度传感器外壳直接接地，上有一黄/红色导线进入中央接线板 D_{29}接点，通过内部与 B_7 接点连通。与 B_7 接点相接的黄/红线通过仪表板处 26 孔蓝色接插件送入仪表板印制线路与冷却液温度表连接。冷却液不足指示控制器“15”接脚接受点火开关控制的电源，从位于中央接线板 8 号位的减荷继电器上获得，经中央接线板的接点由黑/黄色导线与控制器的“15”接脚相连。而控制器“S”接线柱经中央接线装置 A_3 再经蓝/黄色导线串接冷却液不足指示器开关后接地，控制器“31”接线柱由棕色导线接地。

冷却液温度表属电热式，冷却液温度传感器为负温度系数热敏电阻，其温度达 115℃，阻值 62Ω，此时冷却液温度表指示满刻度。同时冷却液温度液位指示灯（位于表上）闪光报警，冷车时，阻值 500Ω 左右。正常情况是打开点火开关后，冷却液温度液位指示灯应闪烁 5s 左右（约 10 次），然后自动熄灭；如遇冷却液温度高于 115℃，灯应亮。冷却液液位过低，由冷却液不足指示器开关、冷却液不足指示器控制器传递信号，使冷却液温度液位指示灯闪烁报警。

（5）机油压力指示线路　如图 5-31 所示，机油压力指示线路由低压油压开关、高压油压开关、油压检查控制器、机油压力指示灯等组成。低压开关位于发动机缸盖后端，为常闭型开关，其压力为 30kPa。当发动机低速运转时，油压低于 30kPa 时。低压开关触点闭合，油压警示灯闪烁（打开点火开关灯亮，起动后数秒内熄灭为正常）；当油压高于 30kPa 时，开关打开。高压开关位于机油滤清器支架上，为常开型开关，其压力为 180kPa。当油压高于 180kPa 时，开关闭合，当油压低于 180kPa 时，且转速超过 2150r/min 时，高压开关触点打开，机油警示灯闪烁且警报蜂鸣器报警。油压检查控制器安装在车速里程表框架上，红色的机油压力指示灯位于仪表盘上。其接线情况如下：

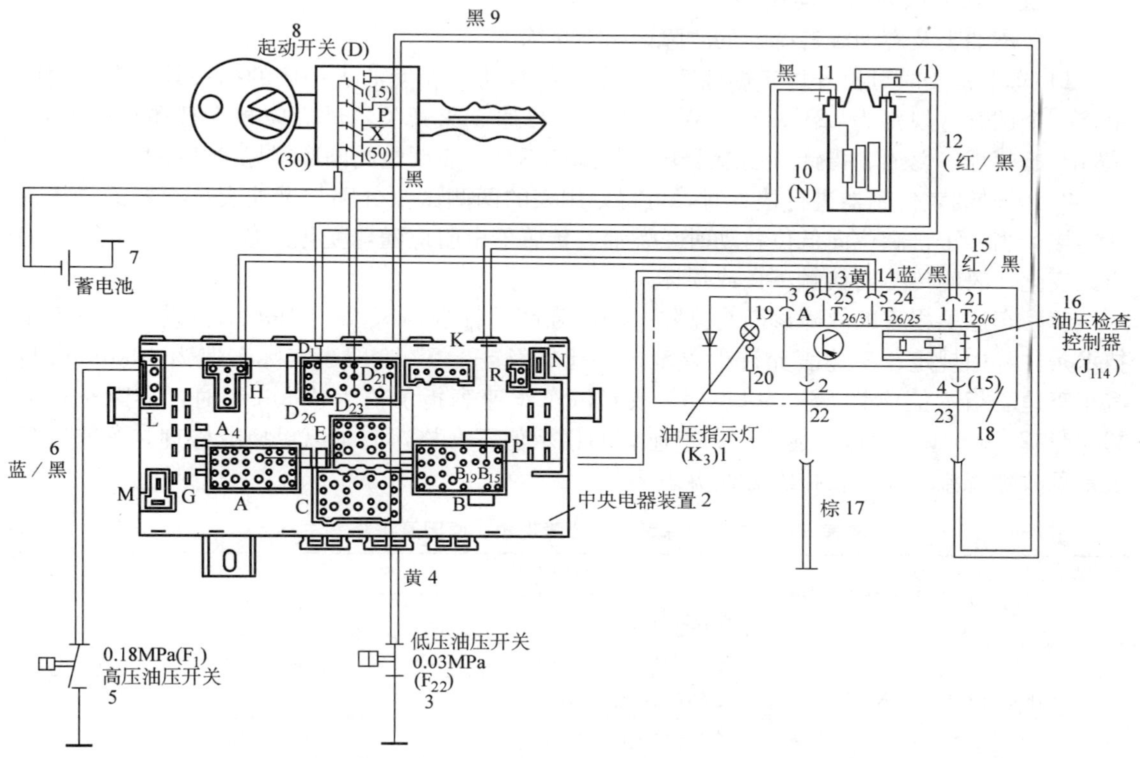

图 5-31　桑塔纳轿车机油压力指示线路

1—油压指示灯　2—中央接线盒　3—低压油压开关　4、9、13—黄色线　5—高压油压开关　6、14—蓝黑线　7—蓄电池　8—点火开关　10—点火线圈　11—黑色线　12—红黑线　15—黑红线　16—油压检查控制器　17—棕色线　18—仪表线路板　19、20—接机油压力指示灯　21、22、23、24、25—油压检查器连接片

1）油压检查控制器连接插座接线："1" 接转速信号，"2" 接电源 "－"，"3" 接机油压力指示灯，"4" 接电源 "＋"；"5" 接 180kPa 油压开关，"6" 接 30kPa 油压开关，"7～8" 为机油压力指示灯接点。

2）低压开关外壳直接接地，开关上黄色导线进入中央接线板 D_{21} 接点，通过内部与 B_{15} 连通，黄色导线从 B_{15} 出发仍通过仪表板 26 孔蓝色插接件进入印制线路板，接着进入油压检查控制器连接插座 "6"，送入低压油压信号。

3）高压油压开关外壳直接接地，开关上蓝/黑色导线进入中央接线板 D_1 接点，通过内部与 A4 结点连通，蓝/黑色导线从 A4 出发，通过仪表板 26 孔蓝色插接件进入印制线路板，接着进入油压检查控制器连接插座“5”，送入高压。

4）向转速表提供转速信号的同时，还接向油压检查控制器，以提供转速信号。

检测时使用万用表，采用逐点搭铁检测法可确诊断路部位，采用依次拆断检测法可确诊短路搭铁部位。检测程序可从前向后，也可从后向前，或从中间向前、向后依次选择各个节点进行。对于简单的仪表线路（冷却液温度表、燃油表、油压表等和各自的感应塞或传感器），可通过旁路搭铁感应塞或传感器法（或用一变阻器或新件代替），测试仪表的工作状况。

3. 组合仪表故障诊断与排除

（1）燃油表及燃油表传感器的故障诊断与排除

1）车上检查时可拆开位于燃油箱上部的导线插头，在燃油表一侧的插头处与车身之间串接一个试灯（规格为 12V、3～4W）。然后，接通点火开关，试灯应亮，且在几秒钟后，试灯开始闪烁，燃油表指针应逐渐上升。若试灯不亮，表明电路断路或燃油表损坏。

2）对燃油表传感器进行检查时，可将万用表的两测试棒分别与燃油表传感器的二根导线连接，当浮子自高位向低位移动时，燃油表传感器电阻应随着变化。若电阻值变化不平稳或无变化，表明传感器接触不良或损坏。

（2）车速里程表的故障诊断与排除：国家强制性标准 GB7258—1997《机动车运行安全技术条件》中规定：车速表允许误差范围为＋20％～－5％，即当实际车速为 40km/h 时，汽车车速表指示值应为 38～48km/h；或当汽车车速表指示值为 40km/h 时，实际车速为 33.3～42.1km/h。超过上述范围为车速表的指示值不合格，应予以更换或修理。车速里程表常见故障现象、原因及排除方法见表 5-4。

表 5-4 车速里程表常见故障现象、原因及排除方法

故　障	故障原因	排除方法
车速表和里程表均不工作	软轴心折断	更换软轴心
	里程表软轴卡死	更换里程表
	软轴方接头端螺母松脱	重新拧紧
	电子式车速表传感器损坏	更换或修理
	表指针弯曲变形被卡住	整平、校正
车速表不工作	表指针弯曲变形被卡住	整平、校正
	传动蜗轮、蜗杆、感应盘卡死、折断	修理或更换
车速里程表指示不稳	软轴安装曲率不正确	检查并重新安装
	软轴轴向间隙过大	更换软轴心
车速里程表发响	软轴心与轴管干磨	加注润滑油
	软轴安装曲率半径过小	重新安装

（3）冷却液温度表及冷却液温度表传感器的故障诊断与排除：在车上检查时可拆开冷却液温度表传感器的导线插头，在插头与车身之间串接一个试灯（规格为 12V、3～4W），接通点火开关，试灯应亮，且在几秒钟后，试灯应开始闪烁，冷却液温度表指针应逐渐上升。

若试灯不亮，表明电路断路或冷却液温度表损坏。

对冷却液温度表传感器进行检查时，可测量接线端子与外壳之间的电阻，其值应符合规定值，否则冷却液温度传感器损坏。

1）电热式冷却液温度表的故障判断与排除

① 接通点火开关后，表针就偏到另一边（低温处），发动机冷却液温度升高后指针仍不动。接通点火开关，发动机温度正常，而冷却液温度表的指示数值不准确。冷却液温度表指针不动的故障判断与排除可按图 5-32 所示故障诊断程序进行。

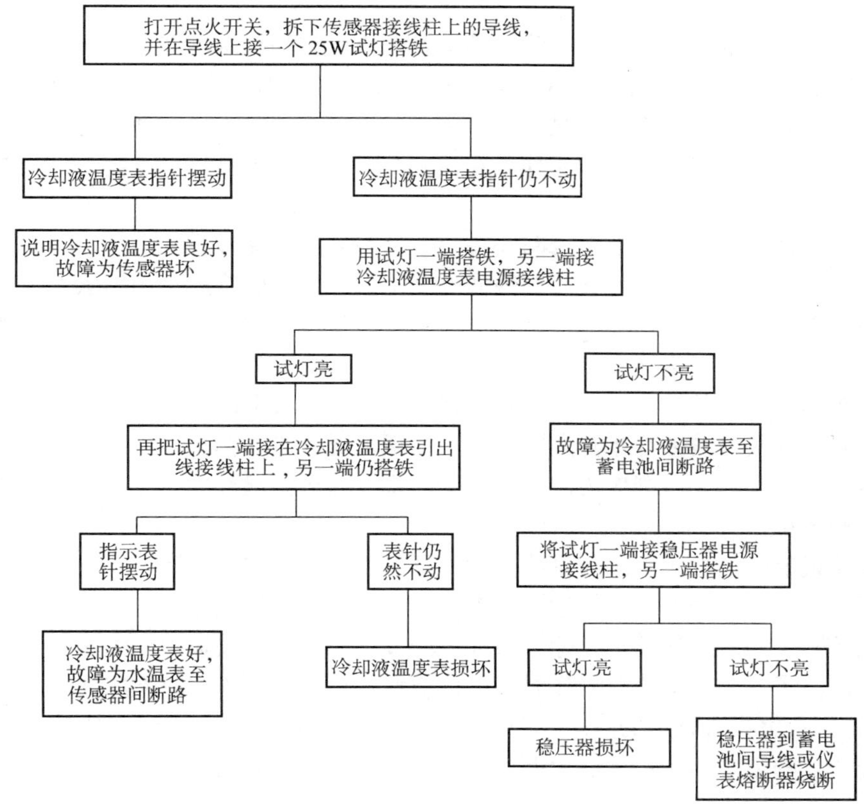

图 5-32　冷却液温度表指针不动的故障判断与排除

先拆下传感器上的连接导线，这时表针若能慢慢回到停止位置，说明传感器内部短路。

② 如若指针不动仍在原来位置，则表明电路中有搭铁故障，可拆下指示表通往传感器接线柱上的导线，若指针能回到停止位置，则是指示表到传感器之间的导线搭铁；若仍不能回到停止位置，则是其接线柱或表内部搭铁。

③ 观察指示值比实际冷却液温度低时，则多为传感器电热线圈烧坏短路所致。

④ 观察指示值比实际冷却液温度高时，则多为指示表电热线圈烧坏短路所致。

用万用电表分别测量指示表及传感器电热线圈阻值，如线圈短路损坏，应更换指示表或传感器；若阻值符合要求，则为冷却液温度表本身未调整好而引起误差，应予重新调整或更换。

2）电磁式燃油表的故障判断与排除

① 接通点火开关后，指针不动。一般是燃油表电源线路断路或者燃油表左线圈断路。在燃油表电源接线柱上接一试灯搭铁，若试灯亮则为燃油表左线圈断路，若试灯不亮，则为燃油表电源接线柱至点火开关间导线断路。

② 接通点火开关后，不论存油多少，指针总是在“1”的位置上。一般是燃油表到传感器的导线断路；传感器内部线路断路；传感器搭铁不良等。接通点火开关，拆下传感器接线柱上的导线并搭铁，如指针回“0”，说明传感器内部线路断路或搭铁不良。若仍不回“0”，可在燃油表的传感器接线柱上引线搭铁，如指针回到“0”位，说明燃油表至传感器导线断路。

(4) 制动报警灯的故障诊断与排除　起动发动机，将驻车制动器操纵杆放松，拆下制动液面报警开关的导线插头，用一段导线将拆下导线的两个插头短接，将点火开关拔至 ON 挡，观察制动报警灯是否点亮。如果制动报警灯仍然不亮，应检查制动报警灯是否损坏，导线是否断路和仪表板电路是否损坏。如果在插头短接时，制动报警灯点亮，应对制动液面报警开关和驻车制动开关进行检查。

(5) 制动液面报警开关的故障诊断与排除　检查制动液面报警开关时，将制动液面报警开关上的导线插头拆下，用木棍将制动液储液罐中的浮子压到罐底，用绝缘电阻表测量制动液面报警开关上两个接线片之间的电阻，此时的电阻值应为零，否则，说明制动液面报警开关已经损坏，应该检修或更换。

(6) 驻车制动开关的故障诊断与排除　将驻车制动开关上的导线插头拔下，用绝缘电阻表检查驻车制动开关接线片与车身之间的电路通断情况。当驻车制动操纵杆被放松时，驻车制动开关接线片与车身之间则应为断路；否则，说明驻车制动开关已经损坏，应对驻车制动开关进行检修或更换。

(7) 油压报警灯的故障诊断与排除　油压开关位于气缸体右后部位。检测时，将其导线插头拔掉，并将线束一侧的插头接地，当点火开关接通后，油压报警灯应点亮。

(8) 油压开关的故障诊断与排除　将油压开关上的导线插头拔掉，油压开关接线端子对地应为通路。注意：当发动机不工作时，应为通路；当发动机工作时，应为断路。

(9) 转向/紧急报警开关的故障诊断与排除　检查转向/紧急报警开关时，先拆开转向/紧急报警开关上的导线插头，然后用万用表检测各接线柱的通断情况。

考核

序号	考核内容	配分	评分标准	考核记录	扣分	得分
1	正确使用工具、仪表、量具	10	每次工具使用不当扣 3 分			
			每次量具、仪表使用不当扣 3 分			
2	正确分析仪表电路	40	不能正确分析每处扣 5 分			
3	正确诊断各种仪表故障	40	操作不熟练扣 8 分			
			操作错误扣 12 分			
4	操作规范，整洁有序，不超时	10	第一项扣 4 分，后两项各扣 3 分			
	遵守安全操作规程，无事故		出现元器件损坏，此题为 0 分			
5	分数总计	100				

项目 5.5　汽车信号线路的检修

学习目标

1）掌握信号线路各元件的作用与连接。
2）掌握信号线路各元件的检测方法。
3）熟悉信号线路并能正确分析电路。
4）掌握仪表线路的检测方法和步骤。

工具材料

1）解放牌 CA1092 型汽车实训用车（或全车电路试验台）。
2）桑塔纳轿车（或全车电路试验台）。
3）万用表、试灯、跨接线。
4）钳子、扳手、螺钉旋具。

相关知识

1）转向信号灯：装于汽车前后或侧面，用于在汽车转弯时发出明暗交替的闪光信号。

2）危险报警灯：当车辆出现故障停在路面上时，按下危险警报开关，全部转向灯同时闪亮，危险报警灯与转向信号灯共用。

3）示宽灯（前小灯）：装于汽车前后两侧边缘，白色，用于标示汽车夜间行驶或停车时的宽度轮廓。

4）尾灯：装于汽车尾部，左右各一只，红色。用于在夜间行驶时向后面的车辆或行人提供位置信息。

5）制动灯：装于汽车后面，用于当汽车制动或减速停车时，向车后发出灯光信号，以警示随后车辆及行人。

6）倒车灯：装于汽车尾部，左右各一只，白色。用于照亮车后路面，并警告车后的车辆和行人，该车正在倒车。声音信号有：倒车蜂鸣器、语音、电喇叭等。

1. 汽车转向灯及其闪光器

（1）汽车转向灯　用以显示车辆行驶方向，前转向灯为橙色，后转向灯为橙色或红色。转向信号灯的闪光频率国标中规定 60～120 次/min，日本转向闪光灯规定（85±10）次/min，而且亮暗时间比（通电率）在 3∶2 为佳。转向信号灯由转向开关控制，其闪光频率由闪光器控制。

（2）闪光器　常见闪光器有电热式、电容式、电子式三类，其中电热式有直热翼片式和旁热翼片式两种；电子式有晶体管式和集成电路式两类。电热式闪光器结构简单，成本低，但闪光频率不够稳定，使用寿命短，已被淘汰。而电容式闪光器闪光频率稳定，电子式闪光器具有性能稳定、可靠等优点，故被广泛应用。

2. 制动与倒车信号装置

（1）制动信号　制动信号装置主要由制动信号灯和制动信号灯开关组成。制动信号灯开关常见的有气压式和液压式两种。

1）气压式：气压式制动信号灯开关，通常安装在制动系统管路中或制动阀上，用来控制制动信号灯的火线。制动时，气压推动橡胶膜向上拱曲，压缩弹簧，使触点接通制动信号灯电路，制动信号灯亮。当抬起制动踏板时，气压下降，橡胶膜复原，触点断开，切断电路，制动灯熄灭。

2）液压式：液压式制动信号灯开关，通常安装在制动总泵的前端。当踏下制动踏板时，制动系统中液压增大，橡胶膜拱曲，接触片与接线柱接触，制动信号灯通电发光。当松开制动踏板时，液压降低，橡胶膜挺直，在弹簧作用下，接触片原位，信号灯熄灭。

（2）倒车信号　倒车信号装置主要由倒车信号灯、倒车报警开关和警报器组成。

操作步骤

1. 解放牌CA1092型汽车信号仪表线路的分析

CA1092型汽车信号系统电路　由转向、倒车、制动、喇叭四种信号组成，见图5-33。

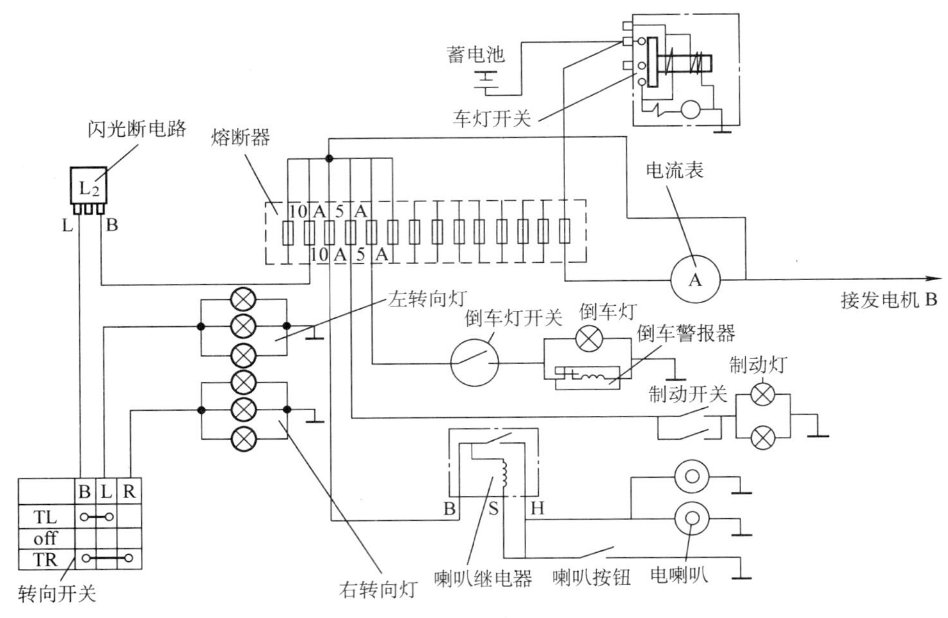

图5-33　CA1092型汽车信号系统电路

（1）转向信号电路　转向信号电路由转向开关、闪光器、转向灯三部分组成。当转向时，拨动转向开关（左或右）电流由电源正极→10A熔断器→闪光器B→闪光器L→转向开关→转向灯→搭铁→电源负极。转向灯开关装在转向盘下部的转向柱上，由驾驶员操纵，具有自动回位机构，当转向盘回位时，将转向开关自动地回到原始的断开位置。

（2）倒车信号电路　倒车信号电路由倒车灯和倒车警报器两部分组成。当倒车灯开关闭合时，倒车灯和倒车警报器电路被接通。电流由电源正极→5A熔断器→倒车开关→倒车灯与倒车警报器→搭铁→电源负极。

(3) 制动信号电路　制动信号电路由制动信号灯和制动开关两部分组成。当汽车制动时，安装在制动阀上的两个制动开关（双回路气制动系统）闭合，使制动灯电路接通。

(4) 喇叭信号电路　喇叭信号电路由喇叭和喇叭继电器两部分组成。当按下喇叭按钮时，电流由电源正极→5A 熔断器→喇叭继电器线圈→喇叭按钮→搭铁→电源负极。使喇叭继电器触点闭合，随后喇叭被通电而发声。

2. 桑塔纳轿车信号线路

桑塔纳轿车报警与转向灯电路见图 5-34。

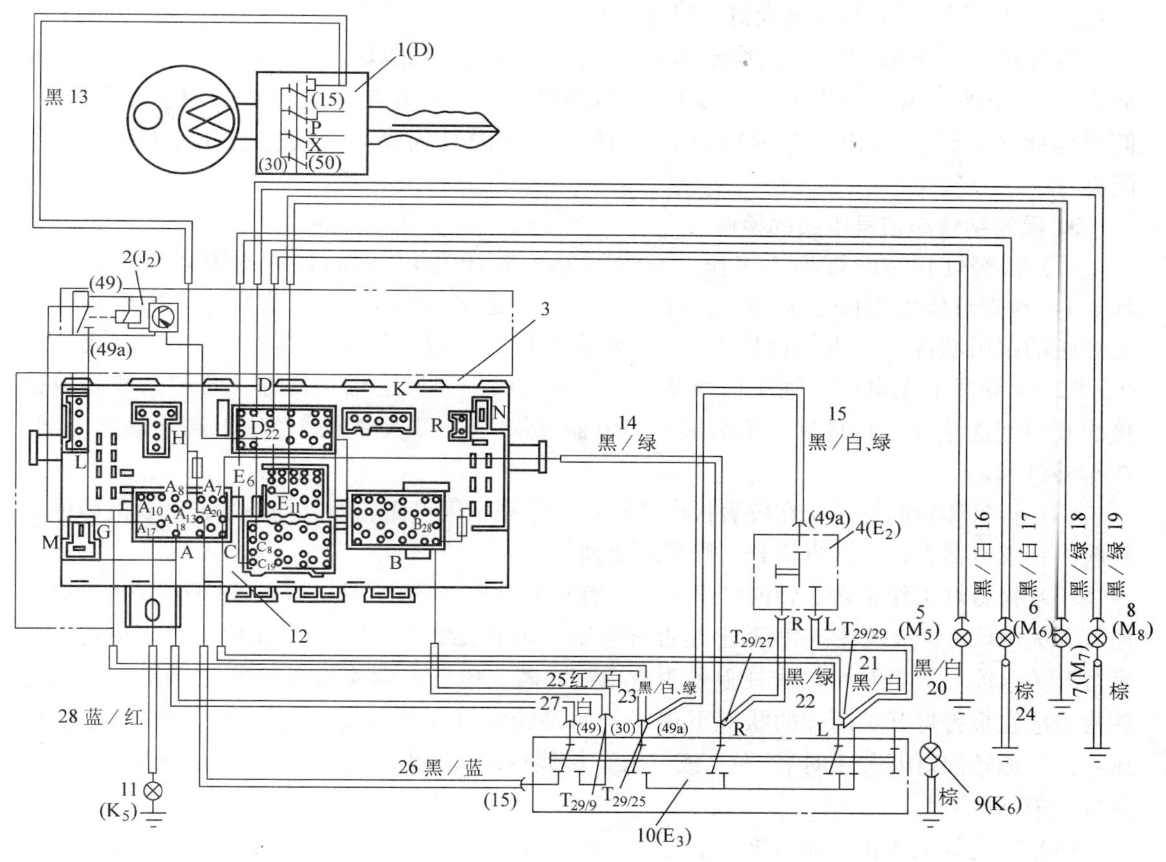

图 5-34　桑塔纳轿车报警与转向灯电路

1—点火开关　2—转向、报警灯继电器　3—中央接线盒　4—转向灯开关　5—前左转向灯　6—后左转向灯　7—前右转向灯　8—后右转向灯　9—报警闪光装置指示灯　10—报警灯开关　11—仪表板处转向指示灯　12—中央接线盒 E_6、C_{19}、A_{20} 在此接通，E_{11}、C_8、A_7 在此接通　13—黑色线　14、18、19、22—黑绿线　15、23—黑绿白线　16、17、20、21—黑白线　24—棕色线　25—红白线　26—黑蓝线　27—白线　28—蓝红线

报警灯与转向灯系统共用一个继电器 2，它装在中央接线盒 3 正面第 12 位，为晶体管元件复合继电器。报警灯系统使用熔断器 S_4，转向灯系统使用熔断器 S_{19}。

转向时，点火开关 1 接通，电源从接线柱（15）经黑色线 13 进入中央接线盒 3 背面插

座 A_8，经内部电路到 S_{19}，在从 A_{13} 出来用蓝黑线 26 与警报开关（E_3）10 的接线柱（15）相连。转向时接线柱（15）与 E_3 的（49）接通，再用白色线 27 与中央接线盒 3 的 A_{18} 相连，再经内部线路与转向继电器（J_2）2 的接线柱 49 相连。继电器接通后由接线柱（49a）经内部线路从 A_{10} 出来，用黑绿白线 23 与仪表板上的插座 $T_{29/25}$ 相连，再由黑绿白线 15 与转向开关（E_2）4 的接线柱（49a）相连。当右转时，接线柱（R）用黑绿线 22 经仪表板 $T_{29/27}$ 和黑绿线 14 与中央接线盒 3 的插座 A_7 相通，再经内部线路与 C_8、E_{11} 相通，然后用黑绿线 19、18 与后右转向灯（M_8）、右转向灯（M_7）相通。

当左转向时，转向开关（E_2）4 的接线柱（L）用黑白线 20 与仪表板插座 $T_{29/29}$ 相连，再用黑白线 21 与中央接线盒 3 的 A_{20} 相通。经内部线路与 E_6、C_{19} 相通，再用黑白线 16、17 与左转向灯（M_5）5，后左转向灯（M_6）6 相通。

当警报时，电源“30”经熔断器 S_4 从中央接线盒 3 的 B_{28} 用红白色线 25 与仪表板插座 $T_{29/9}$ 相连，再与警报开关（E_3）10 的接线柱（30）相连。此时警报开关（E_3）10 同时接通各接线柱（49）、（R）、（L），使所有转向灯闪亮，并使报警指示灯（K_6）9 闪亮。

3. 桑塔纳轿车信号电路的检修

（1）报警灯和转向灯均不工作　首先接通点火开关 1，同时接通报警或转向灯开关 10、4，检查灯座处黑白色 20 或黑绿色 22 导线上是否有电压。如果有电压，则应检查灯与灯座的接触状况，检查棕色导线 24 接地是否良好。假如灯座处黑白色 16、17 或黑绿色 18、19 导线上无电压，则应检查 S_{19} 或 S_4 熔断器。如果这也均良好，若中央线路板处接线及中间连接导线也良好，最后应查继电器（J_2）2。可从中央线路板上卸下该继电器，在车外试验。

（2）报警和转向灯系统在仪表板内的指示灯常亮不闪，而厢外灯均不工作　其故障原因一般出在继电器上，应认真检查、修理或更换。

（3）报警灯工作正常、转向灯不工作　首先应检查 S_{19} 熔断器，如果 S_{19} 正常，再检查转向灯开关（E_2）4 接线柱（49a）上是否有电压。如果接线柱（49a）上无电压，则应检查报警灯开关（E_3）10（49）接线柱上是否有电压。若无电压，则应检查报警灯开关 10，但这些检查应在报警灯开关断开的状况下进行。如果转向灯开关（E_2）4（49a）接线柱上有电压，而接通转向灯开关 4 时，“左”或“右”接线柱均无电压，这时应检查、修理或更换转向灯开关（E_2）4。

（4）转向灯工作正常而报警灯不工作　首先检查 S_4 熔断器，如果 S_4 正常，则故障原因一般在报警灯开关（E_3）10 或中间的连接导线上。

（5）报警和转向灯工作均正常，但仪表板上的绿色指示灯 11 不亮　应检查仪表板上 14 孔白色插件上蓝红色导线 28 上，是否有随转向灯灯光频率变化而变化的电压，如果没有，则应检查中央线路板 3 的 A_{17} 结点。如果在蓝红色导线上有随转向灯灯光频率变化而变化的电压，则应检查指示灯（K_5）11 本身。由于此指示灯为外壳绿色的发光二极管，其检查方法如一般二极管检查那样。

（6）灯光闪烁频率不一致　当发现灯光频率不一致时，应首先检查灯泡是否损坏，其次检查所用的灯泡其型号、功率是否符合原定设计要求。

考核

序号	考核内容	配分	评分标准	考核记录	扣分	得分
1	正确使用工具、仪表、量具	10	每次工具使用不当扣 3 分			
			每次量具、仪表使用不当扣 3 分			
2	正确连接汽车信号电路	20	不能正确回答每处扣 5 分			
3	正确分析汽车信号电路	30	操作不熟练扣 8 分			
			操作错误扣 12 分			
4	正确检查、诊断信号电路故障	30				
5	操作规范，整洁有序，不超时	10	第一项扣 4 分，后两项各扣 3 分			
	遵守安全操作规程，无事故		出现元器件损坏，此题为 0 分			
6	分数总计	100				

项目 5.6　轿车数字仪表的故障诊断与匹配

学习目标

1）掌握数字仪表的故障检测方法。
2）掌握帕萨特 B5 轿车数字仪表的匹配方法。

工具材料

1）实训用帕萨特 B5 整车。
2）万用表、V. A. G1551 专用检测仪。
3）常用工具。

相关知识

1. 数字式仪表的优点

随着现代汽车工业和电子技术的发展，汽车的环保性、安全性、经济性、智能化要求不断提高，驾驶员需要更多、更快地了解汽车运行的各种信息。常规指针式仪表已远远不能满足现代汽车技术发展的要求，因此，汽车数字式仪表的使用比例正在逐年增加。其优点为：

1）能提供大量、复杂的信息，显示直观。为满足汽车排气净化、节能、安全性和舒适性的要求，汽车电子控制装置必须能迅速、准确地处理各种复杂的信息，并以数字、文字或图形显示出来，供驾驶员了解汽车的运行状况，并及时处理。另外，汽车的故障诊断、导航、定位等大量的信息，数子仪表显示终端能完成这些任务。

2）具有高精度和高可靠性。数字式仪表显示为即时值，故精度高，又因没有运动部件，故障率低，提高了可靠性。

3）可满足小型、轻量化的要求。数字式仪表既可适用各种传感器和控制系统的电子化，又可实现小型轻薄化。既节省了仪表台附近的空间，又处理日益增多的信息。

4）具有一表多用的功能。数字式仪表采用数字显示，既可用一组数字分时显示，又可同时显示几个信息，不必为每个信息设置一个指示表，故使仪表系统结构得以简化。

2. 数字组合仪表

数字式组合仪表由各种传感器、计算机、显示器三大部分组成。一般都具有自诊断功能，若仪表发生故障，则其故障码会存放在组合仪表的 RAM 存储器里，用专用仪器调码后，可以读出故障内容。图 5-35 所示为杆图式数字仪表，仪表有车速里程表、发动机转速表、机油压力表、电压表、冷却液温度表、燃油表等。组合仪表不可分解，只有普通灯泡的指示灯可以单独更换。在保修期内应该整体更换组合仪表。

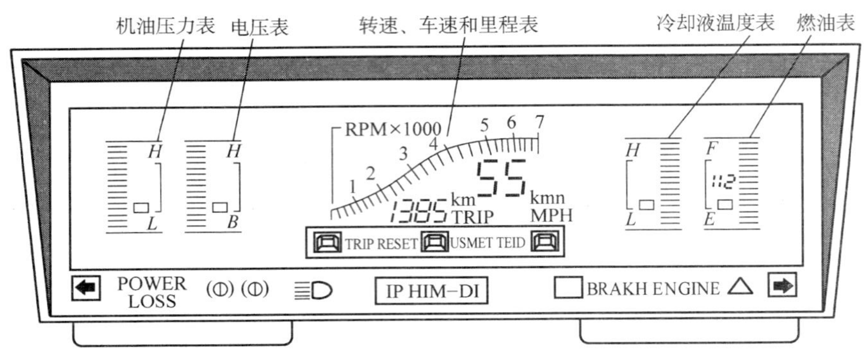

图 5-35　杆图式数字仪表

操作步骤

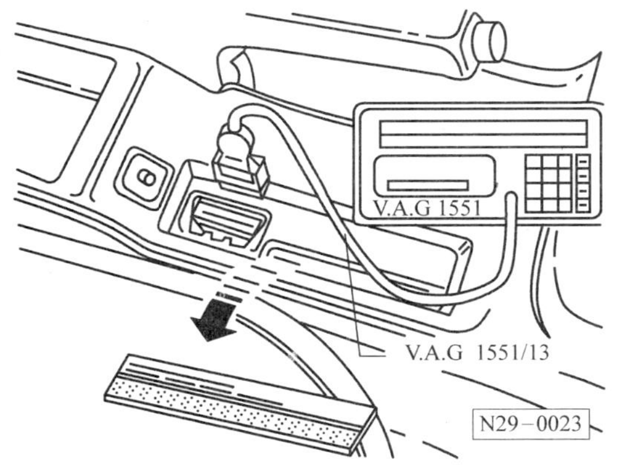

图 5-36　连接适配器电缆

诊断前应确保电源电压正常（至少 9.0V），熔丝正常，接地线良好。

（1）进入车载诊断系统功能模式

1）点火开关置于 OFF，见图 5-36，将适配器电缆（V. A. G 1551/3）一端连于读码器，一端连于 DLC 接头。

2）点火开关置于 ON，按下“PRINT”键接通打印机，按下“1”键，进入“快速数据传输”模式。

3）输入地址字 17，进入“组合仪表”模式。

4）按下“Q”键确认输入正确。

5）按下“→”键，进入车载诊断系统功能模式。至此，可按表 5-5 选择输入期望的功能模式，转入相应的程序。

表 5-5　功能模式说明

功能模式	说　明
01	查询控制单元版本
02	查询故障码存储器
03	部件诊断
05	清除故障码存储器
06	结束输出
07	对组合仪表编码
08	读出测量数据块
10	匹配 01-59

(2) 查询故障码存储器

1) 输入功能代码 02，进入“查询故障码存储器”功能模式。

2) 按下“Q”键确认输入，如果存储器存有 DTC，显示器显示存入的故障数量。

3) 按下“→”键，以提交 DTC 表，故障码含义见表 5-6。

表 5-6　故障码表

故　障　码	故障码含义
01039	冷却液温度传感器故障
01086	车速传感器故障
00771	燃油量传感器故障
00779	外部环境温度传感器故障
65535	控制模块故障

说明：该功能模式用于检索存储的故障码 DTC。

(3) 输出诊断

1) 输入功能代码 03，进入“输出诊断”功能模式。

2) 按下“Q”键确认输入。

3) 按下“→”键，仪表将扫过全部量程并移至预设位置见表 5-7。

4) 继续按下“→”键，将完成对其他部件的诊断。

表 5-7　仪表预设位置

仪　　表	预设位置
冷却液温度表	88℃
发动机转速表	3000r/min
车速里程表	105km/h
燃油表	1/2

说明：该功能可以检查车速表、转速表、冷却液温度指示器、燃油液面指示器、里程显

示、多功能显示、数字时钟、油压报警蜂鸣器。该功能必须在发动机停转、车辆静止情况下进行。

(4) 清除故障码存储器

1) 输入功能代码05，进入“清除故障码存储器”功能模式。

2) 按下“Q”键确认输入，故障存储器即被清除。

说明：只有在查询故障码存储器，并且排除所有故障后，才能清除故障码存储器。

(5) 结束输出

1) 输入功能代码06，进入“结束输出”功能模式。

2) 按下“Q”键确认输入，退出车载诊断系统。

3) 点火开关置于OFF，断开V.A.G1551故障阅读仪并安装数据传输接头（DLC）的护盖。

说明：诊断完毕后，应结束输出，退出车载诊断系统。

(6) 对组合仪表编码

1) 输入功能代码07，进入“对组合仪表编码”功能模式。

2) 按下“Q”键确认输入。

3) 根据编码表输入代码编号，并按下“Q”键确认输入。

4) 按下“→”键，直至返回选择功能模式。

说明：使用该功能模式可以对组合仪表进行编码，编码内容包括国别、气缸数量、发动机类型、选装设备。如果汽车安装了一个以上选装设备，选装设备编码应为各选装设备的代码相加求和。

(7) 读取测量数据块

1) 输入功能代码08，进入“读取测量数据块”功能模式。

2) 按下“Q”键确认输入。

3) 输入显示组号，例如输入“002”，并按下“Q”键确认输入，即显示数据块2的数据。

说明：使用该功能时，显示器上始终显示着传感器的实际值，而组合仪表显示滤波后的数值，所以，这些数值可能会有误差。

(8) 匹配

1) 燃油表的匹配过程。

2) 如果燃油表显示的油量太高或太低（燃油表和传感器无故障），就可以使用该功能进行校正。

3) 点火开关置于OFF，完全倒空燃油箱，然后装入10L燃油。

4) 输入功能代码10，进入“匹配”功能模式，并按下“Q”键确认。

5) 按表5-8输入通道号30，并按下“Q”键确认输入。

6) 按下“1”键或“3”键，调整匹配值。

7) 如果指针指在右边红色标志上时，那么燃油表匹配正确，此时按下“Q”键确认输入，存储已修改的匹配值。

8) 按下“→”键，结束燃油表匹配，回到选择功能模式。

说明：该功能可实现维护周期显示（SIA）的匹配、更换仪表板时里程计数器的匹配、复位维护周期、燃油储存量的匹配、燃油消耗指示的校正和适用于导航显示设备的语言种类的编码。

表 5-8　匹配通道号

匹配通道号	匹配功能模式
03	燃油消耗指示的校正
04	适用于导航显示设备的语言种类的编码（仅适用于高档仪表）
09	里程计数器的匹配
10	适用于更换机油维护（OEL）里程计数器的维护间隔数据
11	适用于里程检验（INSP）里程计数器的维护间隔数据
12	适用于时间检验（INSP）里程计数器的维护周期数据
30	燃油储存量的匹配

说明：在一个匹配值修改之后，或在一个匹配通道结束之后，为了进入一个其他的匹配通道，必须重新地执行“10-匹配”功能模式！

考核

序号	考 核 内 容	配分	评 分 标 准	考核记录	扣分	得分
1	正确使用工具、仪表、量具	10	每次工具使用不当扣 3 分			
			每次量具、仪表使用不当扣 3 分			
2	正确连接检测仪器	20	不能正确连接扣 20 分			
3	正确读取清除故障码	30	操作不熟练扣 10 分			
			操作错误扣 30 分			
4	正确匹配仪表	30	操作错误扣 30 分			
5	操作规范，整洁有序，不超时	10	第一项扣 4 分，后两项各扣 3 分			
	遵守安全操作规程，无事故		出现元器件损坏，此题为 0 分			
6	分数总计	100				

模块六　汽车辅助电器的检修

项目 6.1　汽车电喇叭的拆装调整及其线路的检修

学习目标

1）掌握电喇叭的基本构造和工作原理。

2）熟悉电喇叭的调整部位和调整方法。

3）掌握喇叭电路常见故障的诊断和排除方法。

工具材料

1）良好的和有故障的电喇叭。

2）喇叭继电器、蓄电池。

3）万用表、声级计、试灯、塞尺。

4）电烙铁、单刀开关、导线。

5）电喇叭的挂图和示教板。

6）常用工具等。

7）实训用桑塔纳 2000 整车。

相关知识

一般汽车上采用电喇叭，它具有结构简单、使用维修方便、体积小、声音悦耳等优点。电喇叭有普通电喇叭和电子电喇叭两种。在中小型汽车上多采用螺旋形和盆形的普通电喇叭，见图 6-1。

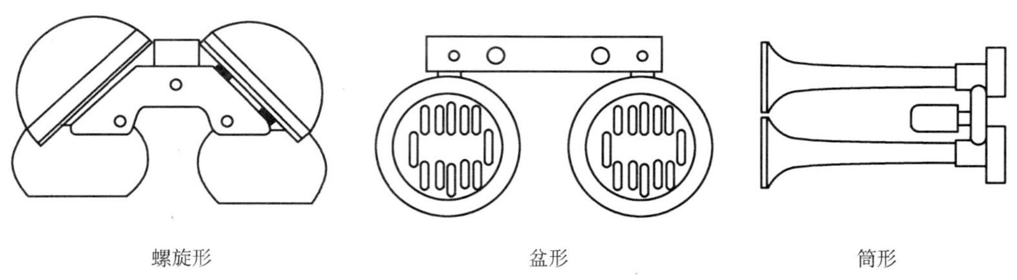

图 6-1　汽车喇叭的种类

1. 电喇叭的结构与原理

盆形电喇叭结构如图 6-2 所示。当按下喇叭按钮时，喇叭线圈的供电电路为：蓄电池正极→喇叭线圈→触点→喇叭按钮→搭铁→蓄电池负极。喇叭线圈通电后产生电磁吸力，吸动上铁心及衔铁下移，带动膜片向下变形。同时，衔铁下移将触点打开，线圈断电，电磁力消失，上铁心及衔铁在膜片弹力的带动下复位，触点再次闭合。重复周期开始，使膜片与共鸣板产生共鸣发声。

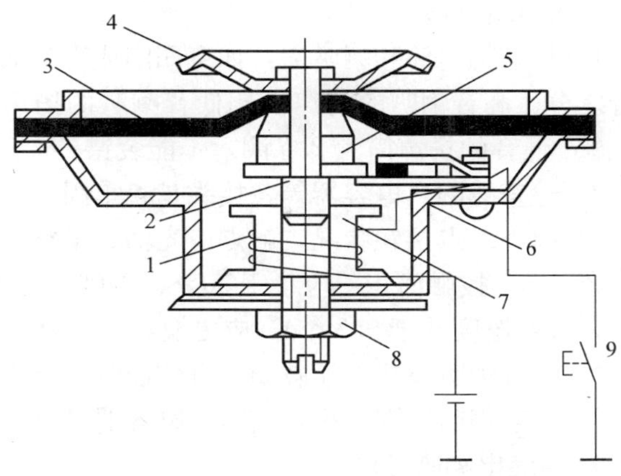

图 6-2　盆形电喇叭

1—线圈　2—上铁心　3—膜片　4—共鸣板　5—衔铁　6—调整螺钉　7—铁心　8—锁紧螺母　9—按钮

2. 喇叭继电器

汽车上常装有两个不同音频的喇叭，其耗用的电流较大（15～20A），若用按钮直接控制，按钮容易烧坏，故常采用喇叭继电器控制。

喇叭继电器由一个磁化线圈和一对常开的触点构成。当按下喇叭按钮时，喇叭继电器线圈通电产生电磁力，触点闭合，大电流通过触点臂、触点流入喇叭线圈，喇叭发音。由于喇叭继电器线圈的电阻较大，因此通过按钮的电流很小，故可起到保护按钮作用。

操作步骤

1. 拆卸电喇叭总成

以 DL135GB 螺旋形电喇叭为例，见图 6-3。其拆卸步骤如下：

1）擦净喇叭表面的油污和灰尘，拆下喇叭盖螺栓，取下喇叭盖，观察喇叭的内部结构。

2）从喇叭上拆下喇叭支架。

3）拆下喇叭底板与扬声筒的连接螺栓和喇叭接线柱，使底板与扬声器分开，取下中间垫片。

4）从中心螺杆上旋下膜片固定螺母，依次取下夹紧垫圈、膜片和中间垫片。

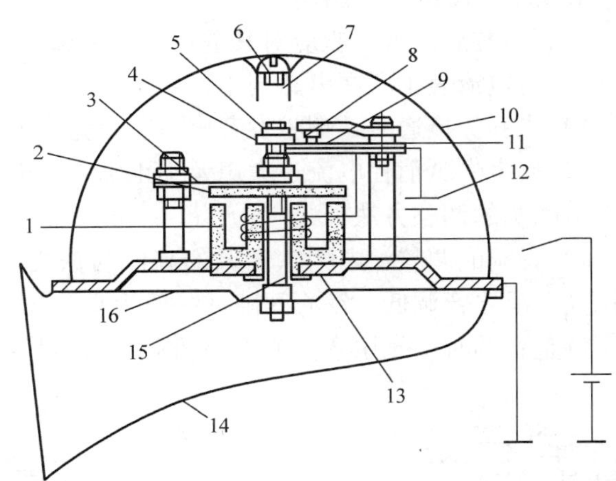

图 6-3　螺旋形电喇叭

1—铁心　2—衔铁　3—弹簧片　4—调整螺母　5—锁紧螺母　6—螺钉　7—支架　8—活动触点　9—固定触点　10—防护罩　11—绝缘片　12—灭弧电容　13—磁化线圈　14—传声筒　15—中心螺杆　16—膜片

5）拆下中心螺杆上的锁紧螺母和调整螺母，旋下两个触点固定螺栓，依次取下弹簧垫圈、压紧垫片、触点总成，动触点下方与电容器和线圈相接的连接片以及绝缘垫片等，并注意记下他们的装配顺序。

6）用电烙铁解焊，从连接片上拆下电容器引线，并拆下电容器夹的固定螺栓，取下电容器。

7）拆下中心螺杆上和螺柱上的锁紧螺母，取下方形垫片和弹簧片。

8）旋下衔铁，从电磁铁心中抽出中心螺杆。

9）清洗各零件待检查。

2. 检修电喇叭

1）检查扬声筒和喇叭盖，如有凹陷或变形时，应修整。扬声筒破裂更换时，应注意高低音之分。高音喇叭的扬声筒比低音喇叭的扬声筒短，如螺旋形喇叭，其高音的扬声筒为1.5圈，低音的扬声筒为2.5圈，不能装错。

2）检查线圈，电容器等各接头是否牢固。如有断脱，应用烙铁焊牢。

3）检查触点接触状况，触点应光洁、平整；上下触点应重合，其中心线的偏移不应超过0.25mm，接触面积不应小于80%，否则应修整。如触点表面烧蚀严重时，应拆下用磨石打磨，打磨厚度低于0.3mm，应更换，并注意金属垫片和绝缘片的位置，切勿装错。

4）检查喇叭膜片有无破裂，有破裂时应更换膜片。

5）检查喇叭线圈、灭弧电阻、电容器是否损坏，否则应更换。

3. 组装电喇叭总成

按拆卸电喇叭总成的相反顺序组装，并注意以下几点：

1）正确安装喇叭中心螺杆和螺柱上的锁紧螺母，平面方形垫铁、弹簧片、V形方垫片。

2）触点固定螺栓下方的弹簧垫圈、压紧垫片、触点总成、电容器（灭弧电阻）和线圈的连接片、绝缘垫片的装配顺序应正确。

3）喇叭膜片夹紧垫圈、膜片、中间垫片的装配顺序不能装错。

4）喇叭接线柱处的绝缘应良好。

4. 电喇叭的检查与调整

检查组装后的电喇叭应对其进行消耗电流大小的检查。

1）将电流表串联在电路当中。

2）当开关接通时，喇叭发音应清脆宏亮、无沙哑噪声，消耗电流不应大于规定的数值。

3）如电喇叭消耗电流过大声音不正确，应进行调整。

电喇叭的调整方法

1）音调的调整：电喇叭音调的高低与铁心间隙有关，间隙小时，膜片的振动频率高，音调高；反之音调低。铁心间隙（一般为0.7～1.5mm）根据喇叭高低音与规格而定。

调整音调时，先用塞尺测铁心间隙，当不符合规定时再进行调整，见图6-4。

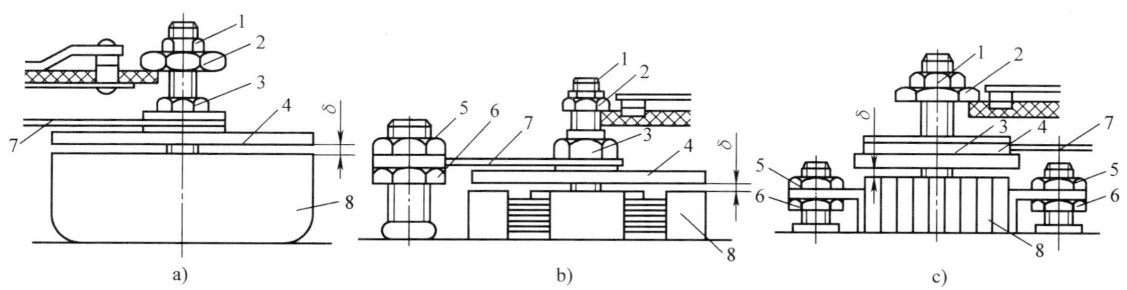

图6-4 电喇叭的调整部位

a、b）螺旋形 c）盆形

1—铁心 2—铁心调整螺母 3—衔铁 4—衔铁锁紧螺母 5—触点压力调整螺母 6—锁紧螺母 7—触点压力调整螺钉 8—螺柱

2）电喇叭音量的大小与通过喇叭线圈的电流大小有关。电流大音量大，反之则小。方法是调整喇叭触点压力的大小来进行的，见图 6-4 和图 6-5。每次只需将调整螺母或螺钉转动 1/10 圈，边听边调合适为止。

音量标准：距喇叭口正前方 2m 处，声级计测量音量达到 95～105dB。

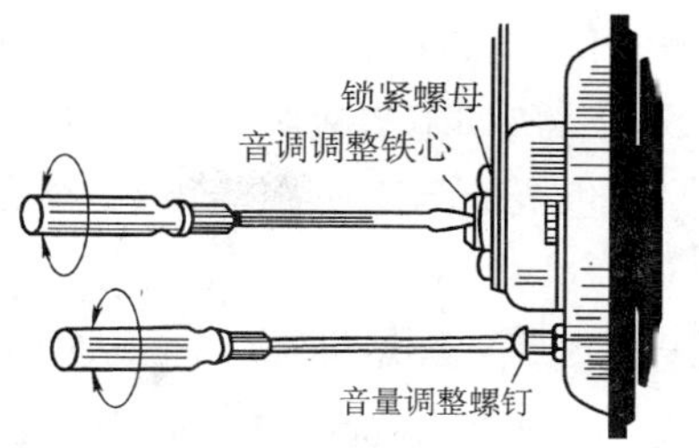

图 6-5　电喇叭的调整

注意事项

1. 调整时要保证铁心与衔铁四周的间隙均匀，避免产生噪声。采用边调边试听的方法，直至音调合适为止。
2. 音调与音量的调整应配合进行，调整完毕时，应将各锁紧螺母全部拧紧，以防松动变化。

5. 桑塔纳轿车喇叭电路的分析

图 6-6 所示为桑塔纳轿车喇叭、顶灯和行李箱照明灯、制动灯与倒车灯的电路图。当按

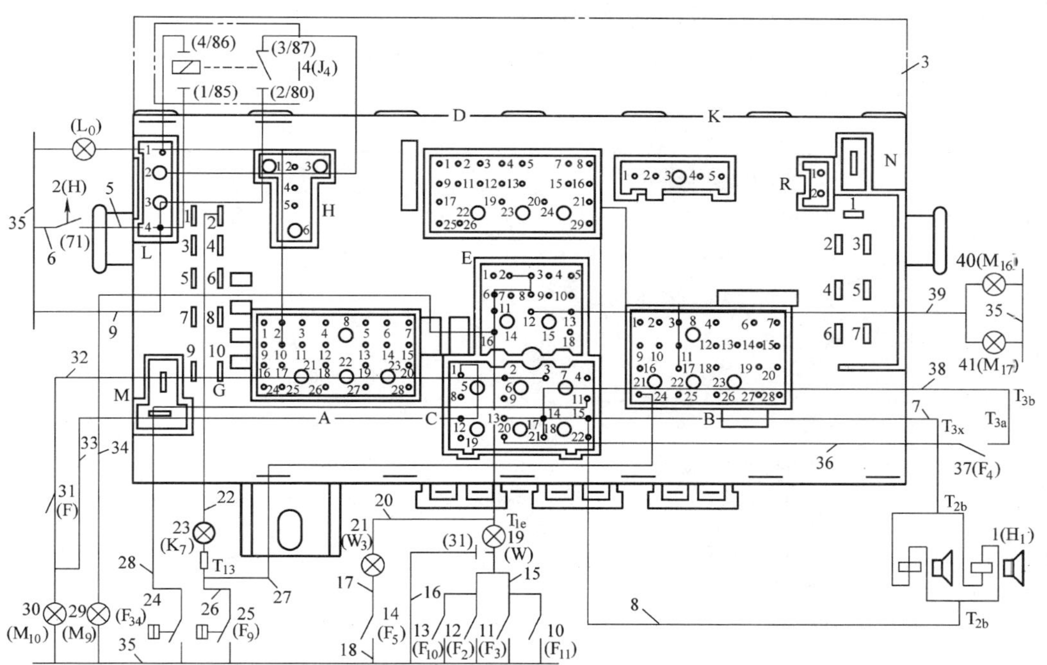

图 6-6　桑塔纳轿车喇叭、顶灯和行李箱照明灯、制动灯与倒车灯的电路图

1—喇叭　2—喇叭按钮　3—中央接线盒　4—喇叭继电器　5、9、16、18—棕蓝线　6—紫色线　7—黑黄线　8—棕黑线　10、11、12、13—门上顶灯开关（F_{11}、F_3、F_2、F_{10}）　14—行李箱灯开关（F_5）　15—紫黄线　17—棕白线　19—顶灯（W）　20—红色线　21—行李箱灯（W_3）22、32、36、39—黑色线　23—制动液面及驻车制动指示灯（K_7）　24—制动液面传感器（F_{34}）　25—驻车制动灯开关（F_9）　26—灰绿线　27、28—蓝棕线　29—左制动灯（M_9）　30—右制动灯（M_{10}）　31—制动灯开关（F）　33—灰绿线　34—黑红线　35—地线　37—倒车灯开关（F_4）　38—黑灰色线　40—左倒车灯（M_{16}）　41—右倒车灯（M_{17}）

动喇叭按钮（H）2 时，电源从点火开关（D）1 的接线柱（15），经中央电器装置 3 的熔断器 S_{18}经插座 L_1 与喇叭继电器（J_4）4 的接线柱（86）相接。通过接线柱（85）从 L_4 出来，用棕蓝色线 5 与喇叭按钮（H）2 的接线柱（71）相接，用紫色线 6 接地，为此，喇叭继电器（J_4）4 接通，吸动铁心使接线柱（80）与（87）接通。此时电源从点火开关（D）1 的接线柱（15）经熔断器 S_{16}，从中央电器装置 3 的插座 C_{13}出来，用黑黄线 7 通过插座 T_{2b}与喇叭（H1）1 相通，再由插座 T_{2b}用棕黑线 8 与中央电器装置 3 的插座 C_{15}相接，由内部线路与喇叭继电器（J_4）4 的接线柱（87）相通，因此时（87）与（80）已相通，再从 L_3 出来用棕色线 9 接地。

6. 喇叭电路的检测

电喇叭的常见故障诊断与排除，见表 6-1。

表 6-1　电喇叭的常见故障诊断与排除方法

故障现象	故障原因	排除方法
按下喇叭按钮，喇叭不响	1. 喇叭电源线断路或导线松脱、断路	检修
	2. 过载或电路中有搭铁，短路使熔丝熔断	检修
	3. 喇叭按钮烧蚀，搭铁不良	打磨、检修
	4. 喇叭继电器、触点烧蚀，间隙过大、线圈断路	打磨、调整、检修
	5. 喇叭触点烧蚀或不能闭合，线圈短路、断路、灭弧电阻或电容短路	打磨、修理、更换
喇叭音质不佳（沙哑、发闷或刺耳）	1. 蓄电池亏电	充电
	2. 喇叭继电器触点接触不良	清洁、打磨
	3. 喇叭触点烧蚀或接触不良	清洁、打磨
	4. 喇叭膜片破裂或扬声器破裂	更换
	5. 喇叭衔铁和铁心间隙不匀	调整
	6. 喇叭弹簧片折断	更换
	7. 喇叭安装松动	紧固
喇叭音量过小	1. 导线松动	紧固
	2. 喇叭继电器触点烧蚀	打磨
	3. 喇叭触点烧蚀，调整不当，线圈局部短路	打磨、调整、检修
喇叭触点经常烧蚀	1. 喇叭灭弧电阻烧蚀变细，阻值增大，断路或灭弧电容器断路，电容量过大或过小	更换
	2. 喇叭调整不当，工作电流过大	调整
	3. 喇叭线圈匝间短路，工作电流过大	检修
喇叭长鸣	1. 喇叭继电器触点烧结或触点弹簧弹力过弱	打磨、检修
	2. 喇叭按钮回位弹簧弹力不足或折断	检修、更换
	3. 喇叭继电器 B（蓄电池）与 H（喇叭）接线柱被导线连通或 S（按钮）接线柱与喇叭按钮间的导线搭铁	检修

常用电喇叭的参数，见表 6-2、表 6-3。

表 6-2　电喇叭的主要技术参数

喇叭型号	形式	额定电压/V	允许电压变化范围/V	额定电压时的最大电流/A	距喇叭 1m 处的音量 dB	音频/Hz	导线直径/mm	匝数	电阻/Ω	灭弧电阻/Ω	电容器容量/μF
DL34G-6		6	5.7～7.2	10.5			QZ Φ1.12	51	0.106	4	0.5
DL34G-12	螺旋形	12	10.5～14.5	7.5	>110	350～420	QZ Φ0.77	92	0.42	4.8	无
DL34G-24		24	21～29	5.0			QZ Φ0.55	184	1.6	39	0.15

表 6-3　电喇叭的主要技术参数

喇叭型号	形　式	额定电压/V	允许电压变化范围/V	额定电压时的最大电流/A	距喇叭 2m 处的音量	音频/Hz
DL135GB	螺旋形	12	10.8～15	7.5	距喇叭 1m 处的音量大于 110dB	350～430
DL50D		12	10.8～15	3.5	>105	290～330
DL50G		12	10.8～15	3.5	>105	345～395
DL627S	盆形	6	5～7	5	95～105	
DL129DG	盆形	12	10.8～15	4	105	
DL87DG	盆形	12	10.8～15	6	90～105	
DL127S	盆形	12	10.8～15	6	95～105	
DL229DG	盆形	24	21.6～30	3	105	310
DL227S	盆形	24	21.6～30	3	95～105	

考核

序号	考 核 内 容	配分	评 分 标 准	考核记录	扣分	得分
1	正确使用工具、仪表、量具	10	每次工具使用不当扣 3 分			
			每次量具、仪表使用不当扣 3 分			
2	正确认识各部结构和电路	30	操作不熟练扣 10 分			
			检测错误扣 20 分			
3	正确调整喇叭	20	操作不熟练扣 8 分			
			操作错误扣 12 分			
4	正确排除故障	30	操作不熟练扣 10 分			
			操作错误扣 20 分			
5	操作规范，整洁有序，不超时	10	第一项扣 4 分，后两项各扣 3 分			
	遵守安全操作规程，无事故		出现元器件损坏，此题为 0 分			
6	分数总计	100				

项目 6.2　电动刮水器及清洁系统的检修

学习目标

1）熟悉汽车电动刮水器和风窗清洗装置的结构。
2）掌握刮水器橡胶条的拆装。
3）正确分析汽车电动刮水器和风窗清洗装置的控制电路。
4）诊断、排除汽车电动刮水器和风窗清洗装置控制电路的一般故障。

工具材料

1）桑塔纳轿车实训用整车。
2）桑塔纳轿车刮水器与橡胶条。
3）万用表。
4）常用工具。

相关知识

1. 电动刮水器

电动刮水器由直流电动机、传动机构、刮臂总成组成，见图 6-7。由一个直流电动机、蜗轮减速器组成驱动部分，蜗轮的旋转运动经曲柄、连杆、摆杆变成摆杆的左右往复运动，刮臂装在摆杆轴上。

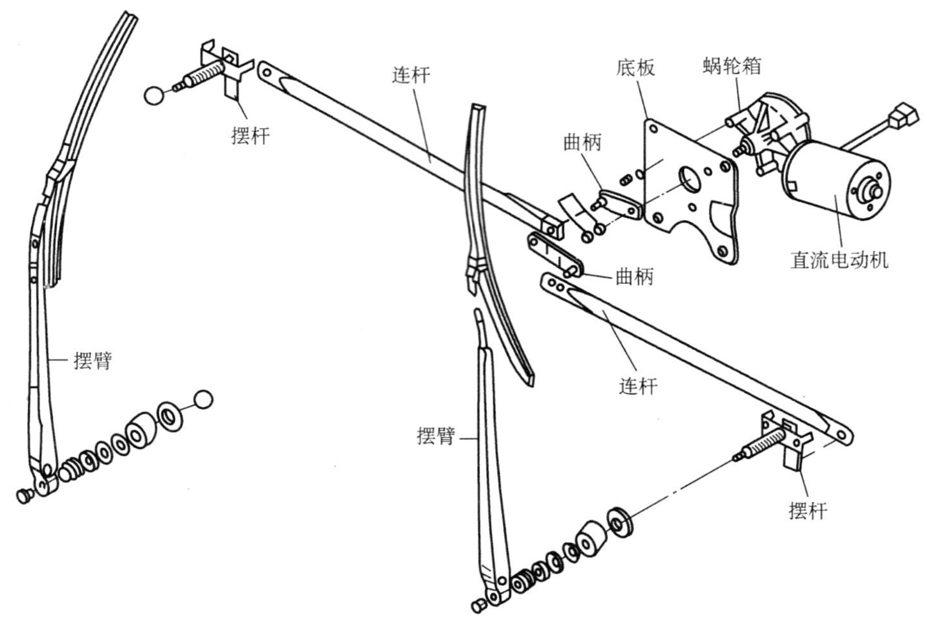

图 6-7　汽车刮水器的结构

2. 风窗清洗装置的组成

风窗清洗装置的组成，见图6-8，主要由储液罐、洗涤泵、软管、三通、喷嘴等组成。

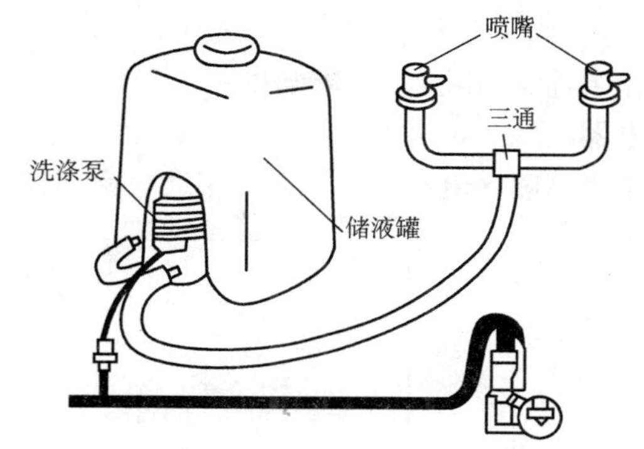

图6-8　风窗洗涤装置

当桑塔纳轿车接通点火开关，拨动刮水器开关的各个挡位时，受点火开关控制的电源经熔断器，可直接接通刮水器电动机（快挡），也可经过继电器再操纵电动机（慢挡、间隙挡和喷水挡）。

当刮水器开关拨至最高挡时，刮水器处于快速刮水状态。当刮水器开关拨至“2”挡时，刮水器处于慢速刮水状态。当刮水器拨至“3”挡，刮水器处于停止工作状态。当刮水器开关拨至“4”挡时，刮水器处于间隙刮水状态。刮水器约每6s工作一次。当刮水器开关朝转向盘拨时，清洗装置开始工作，喷水泵喷水，刮水器来回刮3～4次即停止。

操作步骤

1. 刮水器橡胶条的拆装

1）用鲤鱼钳把刮水橡胶条被封住一侧的两块钢片钳在一起，从上面的夹子里取出，并把橡胶条连同钢片从刮水片其余的几个夹子里拉出。

2）把新的刮水橡胶条塞进刮水片下面的夹子里，并把它扎紧。

3）把两块钢片插入刮水橡胶条的第一条的槽口，对准橡胶条并进入槽内的橡胶条凸缘内。

4）用鲤鱼钳把两块钢片与橡胶条重新钳紧，并插入上端夹子，使夹子两边的凸缘均进入刮水橡胶条的限位槽内。

2. 桑塔纳轿车刮水器清洁装置的电路分析

1）当刮水器快速工作时，电源从点火开关（D）1接线柱X用黑黄线21进入中央接线盒4的插座B_{13}，经内部线路和熔断器S_{11}从B_9出来，用黑灰线15与刮水器开关（E_{22}）6接线柱（53a）相接。由于接线柱（53a）与接线柱（53b）相通，用绿黄线13与中央电器装置4的插座A_5相接，再从D_9出来用绿黄线18与刮水器电动机（V）7的接线柱（53b）相连接。

2）当刮水器慢速工作时，电源从点火开关（D）1进入X线，通过熔断器S_{11}，从B_9出来，用黑灰线15与刮水器开关（E_{22}）6的接线柱（53a）相接。接线柱（53a）与（53）相通，接线柱（53）再用绿黑线14与中央电器装置4插座A_2相接，经内部线路经刮水器间歇继电器（J31）3的接线柱（53s）和接线柱（53M）从D_{12}出来，用绿黑线19与刮水电动机（V）7的接线柱（53）相通。

3）当刮水器间歇工作时，刮水器开关（E_{22}）6的接线柱（53e）同时接通接线柱（53）和（J），从接线柱（J）用棕黑线11与中央电器4插座A_{12}相通。由于内部线路与刮水器间歇继电器（J_{31}）3的接线柱（J）相接，继电器工作，使刮水电动机（V）7用接线柱（53）

的慢速间歇工作。

4）当需接通清洗泵电动机（V_5）5 时，雨刮器开关（E_{22}）6 的接线柱（53a）与接线柱（T）接通，用绿红线 22 与中央电器装置 4 的插座 A_{19} 相连。经过内部线路，再与刮水间歇继电器（J_{31}）3 的接线柱（T）相接，使刮水器仍以慢速工作外，还从 C_9 出来用绿红线 9 与刮水器喷水电动机（V_5）5 相通，使其转动，见图 6-9。

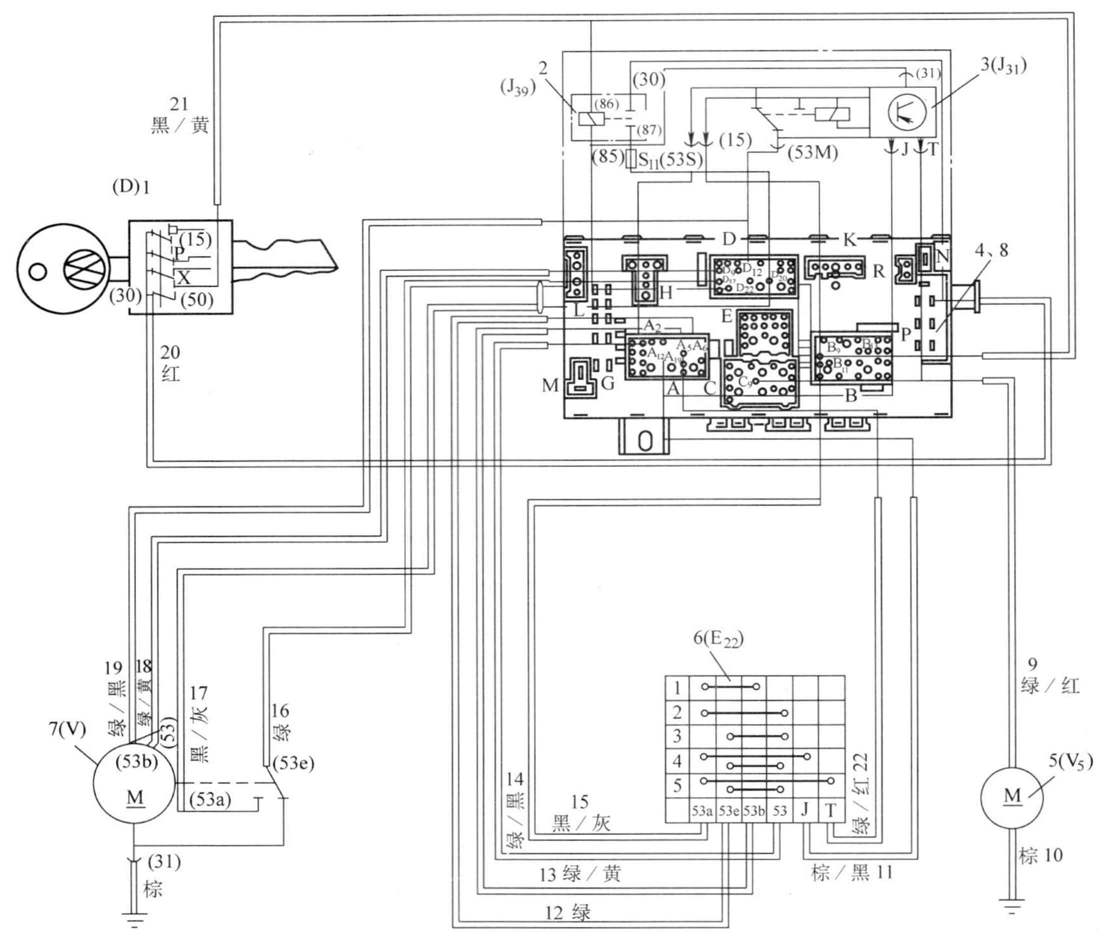

图 6-9 刮水器清洗装置电路图

1—点火开关 2—减荷继电器 3—前风窗刮水器间歇继电器 4—中央接线盒 5—刮水器喷水电动机 6—前风窗刮水器开关 7—刮水器电动机 8—中央接线盒内部 D_9～A_5 接通，D_{20}～D_9 通，D_{17}～A_6 通，A_{19}～C_9 通 9、22—绿红线 10—棕色线 11—棕黑线 12、14、16、19—绿色线 13、18—绿黄线 15、17—黑灰线 20—红色线 21—黑黄线

当刮水器开关（E_{22}）6 的接线柱（53e）与（53）接通后，电源直接经过熔断器 S_{11} 从中央电器装置 4 的 D_{20} 出来，用灰黑线 17 与电动机（V）7 的接线柱（53a）相连，从接线柱（53e）用绿线 16 与中央电器装置 D17 相接，经过内部线路从 A_6 出来，用绿色线 12 与刮水器开关（E_{22}）6 的接线柱（53e）相通。此时因（53e）与接线柱（53）相通，所以电源接线柱（53）再与刮水器电动机（V）7 的接线柱（53）相通，使刮水

器电动机慢速工作。

当刮水器处于右下端时，刮水器电动机（V）7 的二位自动开关自动将接线柱（53a）与（53e）分开，切断电源并同时使接线柱（53e）接地实现短接制动，保证刮水器停在右下端。若电源不是从刮水器电动机（V）7 的接线柱（53a）输入的，刮水器电动机不会自动停止工作。

3. 刮水器和清洗装置的故障排除

刮水器常见故障与排除见表 6-4。

表 6-4　刮水器常见故障与排除

故障现象	可能的故障原因	排除方法
接通点火开关，拨动刮水器各挡开关，刮水器均不工作	熔丝 S_{11}熔断 刮水器电动机插接器不良 刮水器电动机内部断路转子咬死	更换 修理或更换 修理或更换
刮水器在“慢挡”工作，其余各挡均不工作	中央线路板 D12 接头及中间连接导线接触不良、断路 继电器损坏 刮水器开关有故障	修理或更换中间导线 更换 修理或更换
刮水器快挡工作正常，其余挡均不工作	继电器有故障	更换
刮水器在“间歇”挡不工作，其作各挡均工作正常	中央线路板 A12 接头及中间连接导线接触不良、断路 刮水器开关有故障 继电器损坏	修理或更换中间导线 修理或更换 更换
刮水器开关在“喷水挡”，刮水与喷水均不工作，其作各挡无工作正常	中央线路板 A19、C9 接头及中间连接导线接触不良、断路 刮水器开关有故障 喷水电动机、喷水泵有故障，连接管、喷嘴堵塞	修理或更换中间导线 修理或更换 修理、更换或清洗
玻璃上留存水迹擦痕	刮水橡胶条过脏 橡胶条因边缘磨损而断裂或磨坏 橡胶条老化，表面扯破	用硬质尼龙刷和洗涤剂溶液或酒精刷洗 更换新的橡胶条 更换新的橡胶条
刮水后仍留有积水	风窗玻璃粘有油漆、抛光剂、机油等	用干净的抹布蘸上硅酮去油剂擦拭风窗玻璃
刮水片一侧正常，另一侧嘎嘎作响	有一面刮水橡胶条变形，不能正常工作 定位杆扭曲，刮水片斜着卡在风窗玻璃上	装上新的刮水橡胶条 小心地把刮水杆扭转到垂直
部分表面刮不到	刮水橡胶条从卡槽中脱出 刮水片在风窗玻璃上接触不均匀，弹簧条或钢片弯曲 刮水杆在风窗玻璃上的贴合压力太大	把刮水橡胶条塞进卡槽 更换刮水片 对刮水杆的接头和弹簧条稍微加一点油或调换刮水杆

考核

序号	考 核 内 容	配分	评 分 标 准	考核记录	扣分	得分
1	正确使用工具、仪表、量具	10	每次工具使用不当扣 3 分			
			每次量具、仪表使用不当扣 3 分			
2	正确认识各种仪表功能结构	30	不能正确回答每处扣 5 分			
3	正确检测各种仪表	50	操作不熟练扣 8 分			
			操作错误扣 12 分			
4	操作规范，整洁有序，不超时	10	第一项扣 4 分，后两项各扣 3 分			
	遵守安全操作规程，无事故		出现元器件损坏，此题为 0 分			
5	分数总计	100				

项目 6.3　电动后视镜线路的检修

学习目标

1）熟悉电动后视镜的结构。
2）熟练分析电动后视镜的电路。
3）掌握后视镜电路检测的方法。

工具材料

1）实训用桑塔纳 2000 轿车整车。
2）万用表、试灯、跨接线。
3）常用工具。

相关知识

桑塔纳 2000 型轿车的后视镜采用电动控制。两侧的电动后视镜内各有两个永磁电动机，通过控制两个电动机的开关，可以获得二顺二反四种电流，即可使镜面产生上、下、左、右四种运动，以获得不同方位的位置调整。

控制开关安装在左前门内侧把手上方。当点火开关置于 ON 时，将控制开关球形钮旋转，以选择所需要调整的后视镜。在控制开关面板上印有 L、R，L 表示左侧后视镜，R 表示右侧后视镜，中间则是停止操作。选择好需要调整的后视镜后，只要上、下、左、右摇动开关的球形钮，就可以调整后视镜反射面的空间角度。调整工作完毕，可将开关转回中间位置以防误碰。

电动后视镜由镜面玻璃（反射面）、双电动机、连接件、传动机构与壳体等组成。控制开关由旋转开关、摇动开关及线束等组成。

电动后视镜见图 6-10。

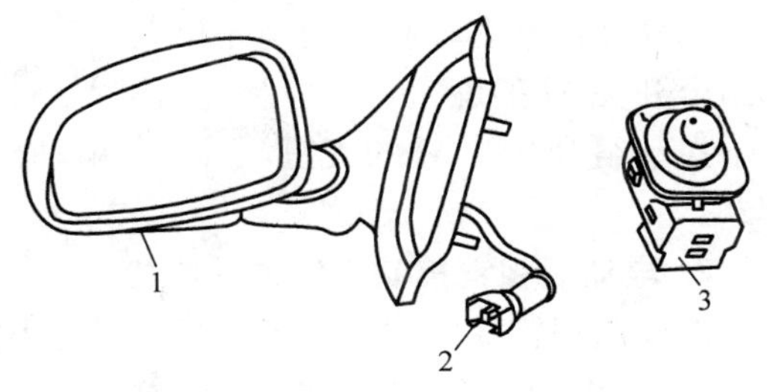

图 6-10　电动后视镜

1—左后视镜总成　2—电线接头　3—控制开关

操作步骤

1. 电动后视镜电路的分析

桑塔纳 2000 型轿车电动后视镜的控制电路，见图 6-11。C 是受点火开关控制的电源线，31 是搭铁线。电动机 V_{33-1} 调整右外侧后视镜的左右摇摆角度；V_{33-2} 调整右外侧后视镜的上下摇摆角度；V_{34-1} 调整左外侧后视镜的左右摇摆角度；V_{34-2} 调整左外侧后视镜的上下摇摆角度，所有电动机均由组合开关 M 控制，该开关即可旋动，又可上下、左右拨动。

为叙述方便，将组合开关 M 分为 3 个具有独立控制功能的子开关 M_{11}、M_{21} 和 M_{22}。接通点火开关后，可根据需要通过操作组合开关 M 进行调整，调整方法如下：

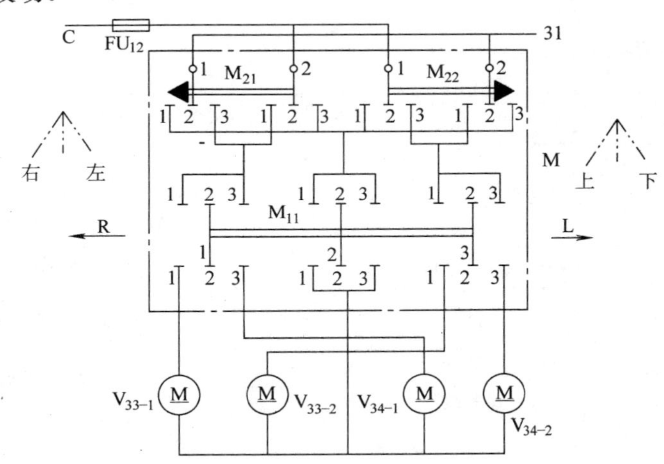

图 6-11　电动后视镜的控制电路

（1）左外侧后视镜上下角度的调整　将组合开关旋钮旋向 L（左）位置，开关 M_{11} 的第 3 位接通，左外侧后视镜被选中。此时，如果向上拨动组合开关 M 的旋钮，子开关 M_{22} 的第 1 位接通，电动机 V_{34-2} 的电枢电流从下方流入、上方流出，后视镜向上摆动，电路为：C 路电源→熔断器 FU_{12}→M_{22} 的第 1 掷第 1 位→M_{11} 的第 2 掷第 3 位→电动机 V_{34-2}→M_{11} 的第 3 掷第 3 位→M_{22} 的第 2 掷第 1 位→搭铁→电源负极。如果向下拨动组合开关 M 的旋钮，子开关 M_{22} 的第 3 位接通，电动机 V_{34-2} 的电枢电流从上方流入，下方流出，后视镜向下摆动。电路为：C 路电源→熔断器 FU_{12}→M_{22} 的第 1 掷第 3 位→M_{11} 的第 3 掷第 3 位→电动机 V_{34-2}→M_{11} 的第 2 掷第 3 位→M_{22} 的第 2 掷第 3 位→搭铁→电源负极。

（2）左外侧后视镜左右角度的调整　在组合开关旋钮处于 L（左）位置的前提下，向左拨动组合开关 M 的旋钮，子开关 M_{21} 的第 3 位接通，电动机 V_{34-1} 的电枢电流从下方流入，上方流出，电动机旋转带动左外侧后视镜向左摆动。电路为：C 路电源→熔断器 FU_{12}→M_{21} 的第 2 掷第 3 位→M_{11} 的第 2 掷第 3 位→电动机 V_{34-1}→M_{11} 的第 1 掷第 3 位→M_{21} 的第 1 掷第 3 位→搭铁→电源负极。当向有拨动组合开关 M 的旋钮[illegible]子开关 M_{21} 的第 1 位接通，电动机 V_{34-1} 电枢电流从上方流入，下方流出，电动机旋[illegible]向改变，从而带动左外侧后视镜向右摆动。电路为：C 路电源→熔断器 FU_{12}→M_{21} 的第 2 掷第 1 位→M_{11} 的第 1 掷第 3 位→电动机 V_{34-1}→M_{11} 的第 2 掷第 3 位→M_{21} 的第 1 掷第 1 位→搭铁→电源负极。

同样在调整右外侧后视镜角度时，将组合开关 M 的旋钮旋至 R（右）位置，左、右拨动组合开关 M 的旋钮，可控制电动机 V_{33-1} 电枢电流的方向，带动右外侧后视镜左右摆动。上下拨动组合开关 M 的旋钮，可控制电动机 V_{33-2} 电枢电流的方向，带动右外侧后视镜上下摆动。

2. 电动后视镜控制系统的故障检修

电动后视镜故障的直接表现是后视镜不能被操纵，此时可进行如下检测：

1）首先检查熔丝和断电器（过载保护），然后用万用表测试开关总成。

2）如果开关完好，应用 12V 电源的跨接线检查电动机的工作情况，接线换向时，电动机也应反向转动。

3）如果电动机工作正常，而后视镜仍不能运动，应检查连接后视镜控制开关和车门或仪表板金属件的搭铁情况。

考核

序号	考核内容	配分	评分标准	考核记录	扣分	得分
1	正确使用工具、仪表、量具	10	每次工具使用不当扣 3 分			
			每次量具、仪表使用不当扣 3 分			
2	正确认识各部结构	20	口述每处错误扣 10 分			
3	正确分析电路	30	不能正确分析电路每处扣 10 分			
4	正确检查诊断故障	30	操作不熟练扣 10 分			
			操作错误扣 20 分			
5	操作规范，整洁有序，不超时	10	第一项扣 4 分，后两项各扣 3 分			
	遵守安全操作规程，无事故		出现元器件损坏，此题为 0 分			
6	分数总计	100				

项目 6.4　电动座椅的检修

学习目标

1）熟悉电动座椅的组成与工作原理。

2）正确分析本田雅阁轿车的电动座椅电路。

3）正确检查分析电动座椅的电路故障。

工具材料

1）实训用本田雅阁轿车整车或电动座椅试验设备。

2）万用表、跨接线、试灯。

3）常用工具（扳手、螺钉旋具、锤子）。

相关知识

为了提高汽车的乘坐舒适性，一些轿车的座椅空间位置由电动机驱动调整。它主要由双向电动机（两向移动两个，四向四个）、传动装置、座椅调节器等组成。见图 6-12。

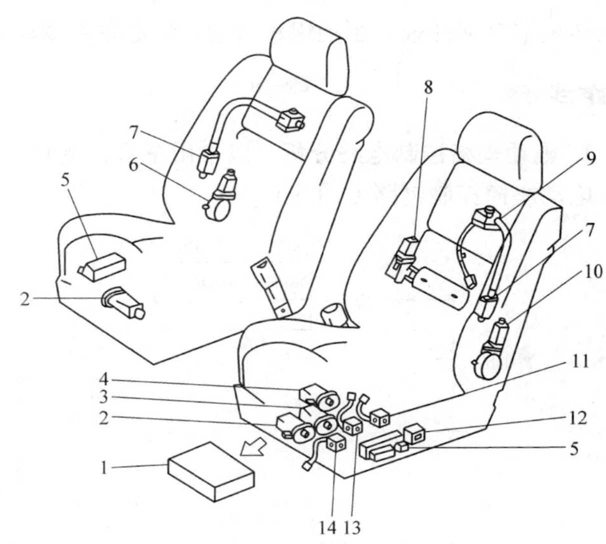

图 6-12 电动座椅的结构

1—电动座椅 ECU 2—滑动电动机 3—前垂直电动机 4—后垂直电动机 5—电动座椅开关 6—倾斜电动机 7—头枕电动机 8—腰垫电动机 9—位置传感器（头枕） 10—倾斜电动机和位置传感器 11—位置传感器（后垂直） 12—腰垫开关 13—位置传感器（前垂直） 14—位置传感器（滑动）

1. 双向直流电动机

一个双向直流电动机通过改变其电流方向，可以完成两个相反方向的旋转。通常两向移动座椅装有两个直流电动机，四向移动的座椅装有 4 个直流电动机。直流电动机内装有断路器，防止过载烧坏直流电动机。电动汽车座椅调整器分为前后、左右、高度与角度 4 种。前后、左右、高度位置调整器由控制器、永磁式直流电动机、减速器、螺杆、滑块、连杆和导轨等构成。

2. 传动机构

电动座椅的传动机构主要由变速器（蜗轮蜗杆）、联轴装置、齿轮齿条等组成。其作用是把直流电动机产生的旋转运动，变为座椅的位置调整。

前后调整传动机构见图 6-13，由蜗杆、蜗轮、齿条、导轨等组成，齿条装在导轨上。调整时，直流电动机产生的转矩经蜗杆传至两侧的蜗轮上，经齿条的带动，使座椅前后移动。

上下调整传动机构见图6-14，由蜗杆轴、蜗轮、心轴等组成。调整时，直流电动机产

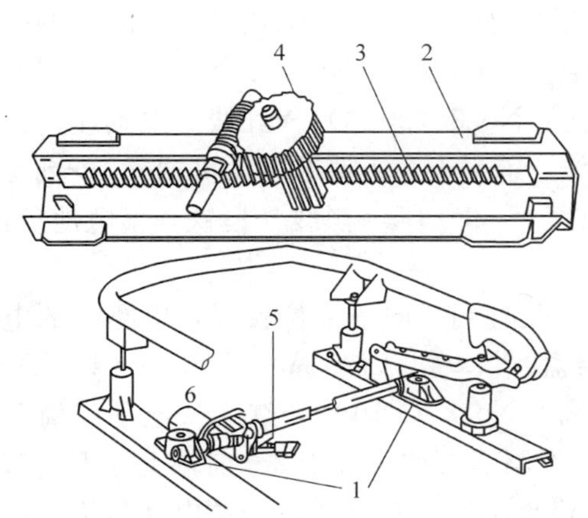

图 6-13 电动座椅前后调整传动机构

1—支撑及导向元件 2—导轨 3—齿条 4—蜗轮 5—反馈信号电位计 6—调整电动机

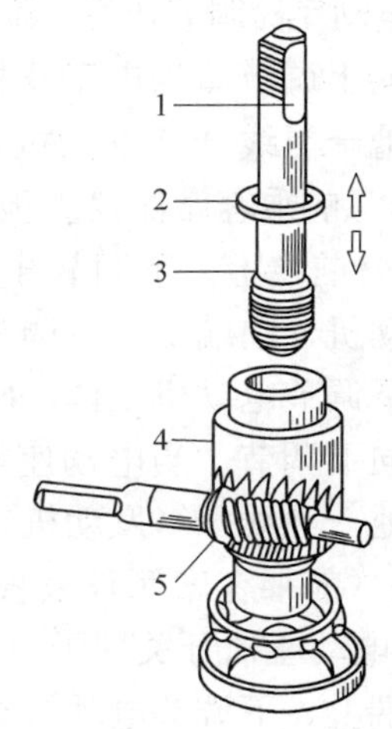

图 6-14 电动座椅上下调整传动机构

1—铣平面 2—止推垫片 3—心轴 4—蜗轮 5—挠性驱动蜗杆轴

生的转矩带动蜗杆轴，驱动蜗轮转动，使心轴在蜗轮内旋进或旋出，带动座椅上下移动。

操作步骤

1. 电动坐椅控制电路分析（以本田车系为例）

电动座椅控制电路见图 6-15。

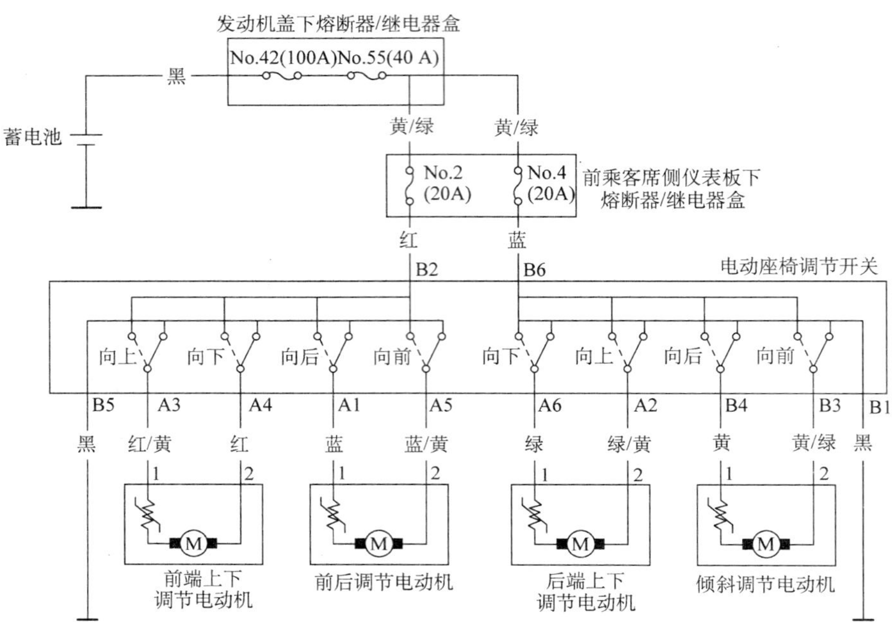

图 6-15 本田雅阁轿车驾驶员座椅控制电路

广州本田雅阁轿车驾驶席座椅有 8 种可调方式：前端上、下调节；后端上、下调节；前、后调节；向前、向后倾斜调节。

通过电动座椅调节开关，即可完成不同的调节功能，如电动座椅前端上、下调节，其电路为：

（1）向上调节　当电动座椅前端上、下调节开关打到“向上”位置时，电路中的电流为：蓄电池→黑线→（发动机盖下熔断器/继电器盒）No. 42（100 A）、No. 55（40 A）→黄/绿线→（前乘客席侧仪表板下熔断器/继电器盒）No. 2（20 A）→红线→电动座椅开关端子端 B2→前端上、下调节开关端子 A3→红/黄线→前瑞上、下调节电动机端子 1→前端上下调节电动机→前端上、下调节电动机端子 2→红线→A4→B5→黑线→搭铁→蓄电池负极。前端上、下调节电动机工作，座椅前端向上移动。

（2）向下调节　当电动座椅前端上、下调节开关打到“向下”位置时，电路中的电流为：蓄电池→黑线→（发动机盖下熔断器/继电器盒）No. 42（100 A）、No. 55（40 A）→黄/绿线→（前乘客席侧仪表板下熔断器/继电器盒）No. 2（20A）→红线→电动座椅开关端子 B2→电动座椅开关端子 A4→红线→前端上、下调节电动机端于 2→前端上、下调节电动机→前端上、下调节电动机端于 1→红/黄线→A3→B5→黑线→搭铁→蓄电池负极。前端上、下调节电动机起动，座椅前端向下移动。

2. 电动座椅的检测与故障诊断

（1）常见故障　电动座椅完全不能动作的主要原因有：熔断器熔断、线路断路、座椅开关故障等；某个方向不能动作的主要原因有：该方向对应的电动机损坏、开关损坏、对应的线路断路等。

（2）诊断步骤　如果是电动座椅完全不能动作，可以首先检查熔断器是否熔断；若熔断器良好，则应检查所在线路及其插接件是否正常，最后检查开关。对于有存储功能的电动座椅系统还应检查其电控单元（ECU）的电源电路及其搭铁线是否正常。如果是某个方向不能动作，可以先检查所在线路是否正常，再检查开关和电动机。

（3）电动座椅开关的检查

1）拆下螺钉，拔出调节开关，然后从驾驶员座椅处拆下调节开关罩。

2）拆下调节开关的两 6 芯插头，取下调节开关，见图 6-16。

3）当开关处于各调节位置时，测量各端子的导通情况，应符合表 6-5 的要求。

表 6-5　电动座椅开关检查正常结果

开关位置		正常结果
前上下调节开关	向上	A3 与 B2 导通、A4 与 B5 导通
	向下	A3 与 B5 导通、A4 与 B2 导通
滑移调节开关	向前	A5 与 B2 导通、A1 与 B5 导通
	向后	A1 与 B2 导通、A5 与 B5 导通
后上下调节开关	向上	A2 与 B6 导通、A6 与 B1 导通
	向下	A6 与 B6 导通、A2 与 B1 导通
倾斜调开关	向前	B3 与 B6 导通、B4 与 B1 导通
	向后	B4 与 B6 导通、B3 与 B1 导通

（4）电动座椅电动机的检查

1）拆下驾驶席座椅轨道端盖及座椅的固定螺钉。

2）拆开座椅线束插头和线束夹，拆下驾驶席座椅。

3）拆开调节开关的两个 6 芯插头，见图 6-17。

4）将两个 6 芯插头的两端子分别接蓄电池的正、负极，检查各调节电动机的工作情况是否符号下表要求。

5）如果某调节电动机不运转或运转不平稳，则应检查 6 芯插头与该调节电动机的 2 芯插头之间的线束是否有断路故障。如果线束正常，则应更换该调节电动机。

注意事项

当电动机停止运转时，应立即断开端子与蓄电池的连接。

（5）检测线路

1）电压检测法：如检测前端上下调节电动机线路，可将该电动机上的 2 芯插头拔下，用万用表的电压挡测量 1、2 端子间的电压。当该电动机的开关未操作时，电压值应为零；当开关掷于“向上”位置时，1、2 端子间的电压应为＋12V，即 1 端子为正，2 端子为零；当开关掷于“向下”位置时，1、2 端子间的电压应为－12V，即 2 端子为正，1 端子为零。

其他电动机线路的检测方法与此相同。

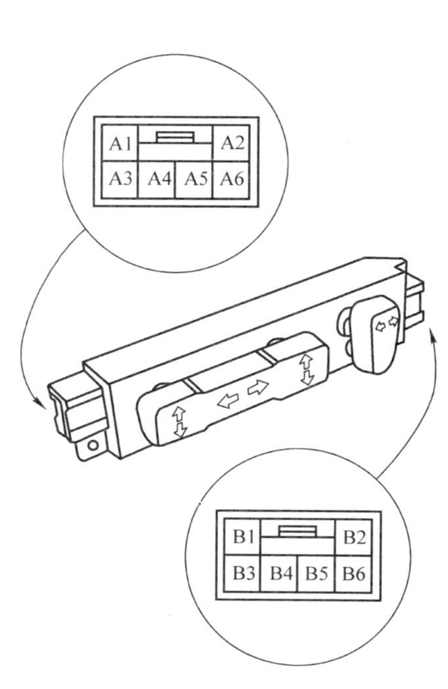

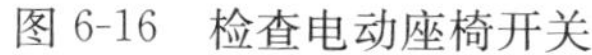

图 6-16 检查电动座椅开关

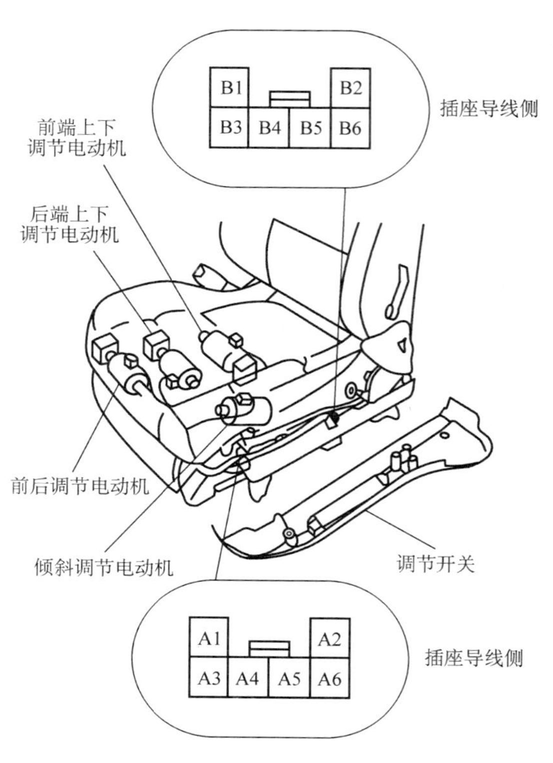

图 6-17 检查电动座椅电动机

2）电阻检测法：如检测前端上下调节电动机线路，可将该电动机上的 2 芯插头拔下，用万用表的电阻挡测量相关处的电阻值。当该电动机的开关未操作时，1、2 端子间的阻值应为零；当开关掷于“向上”位置时，1 端子与电源正极间的阻值应为零，2 端子与搭铁线（电源负极）间的阻值也应为零，1、2 端子间的阻值为无穷大。当开关掷于“向下”位置时，2 端子与电源正极间的阻值应为零，1 端子与搭铁线（电源负极）间的阻值也应为零，1、2 端子间的阻值为无穷大。其他电动机线路的检测方法与此相同。

考核

序号	考核内容	配分	评分标准	考核记录	扣分	得分
1	正确使用工具、仪表、量具	10	每次工具使用不当扣 3 分			
			每次量具、仪表使用不当扣 3 分			
2	正确认识各部结构	20	口述每处错误扣 10 分			
3	正确分析电路	30	不能正确分析电路每处扣 10 分			
4	正确检查诊断故障	30	操作不熟练扣 10 分			
			操作错误扣 20 分			
5	操作规范，整洁有序，不超时	10	第一项扣 4 分，后两项各扣 3 分			
	遵守安全操作规程，无事故		出现元器件损坏，此题为 0 分			
6	分数总计	100				

项目 6.5　电动车窗线路的检修

学习目标

1）熟悉电动车窗的组成与工作原理。

2）正确分析桑塔纳 2000 型轿车的电动车窗电路。

3）正确检查分析电动车窗的电路故障。

工具材料

1）实训用桑塔纳 2000 型整车或电动车窗试验设备。

2）万用表、跨接线、试灯。

3）常用工具（扳手、螺钉旋具、锤子）。

相关知识

1. 电动车窗控制系统的作用

电动车窗也称自动车窗，是指在驾驶室内，用开关控制电动机，驱动升降器（又称换向器），安全、方便地自动升降车窗玻璃。

2. 电动车窗控制系统的组成与工作原理

（1）电动车窗控制系统的组成　电动车窗系统主要由车窗、车窗升降器、电动机、继电器和开关等装置组成。奥迪轿车电动车窗的结构见图 6-18。

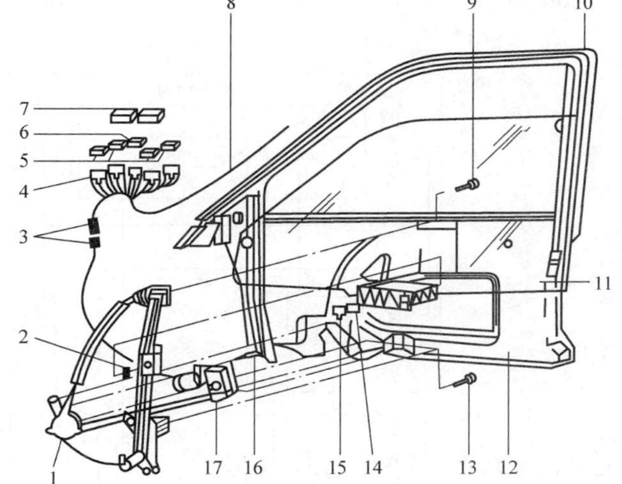

图 6-18　奥迪轿车电动车窗（驾驶员侧）

1—车窗升降器　2—垫　3—电动机插座　4—开关总成插座　5—主开关　6—主开关的断路开关　7—插座架　8—线束　9—固定螺栓　10—车窗密封条　11—前左车窗玻璃　12—车窗附件支架　13—固定螺钉　14—垫　15—车窗锁止夹子　16—固定螺钉　17—电动机

有些汽车上的电动车窗由电动机直接作用于升降器，而有些则是通过驱动机构作用于升降器，把电动机的转动变换为车窗的上下移动。

车窗升降器有两种形式。一种是用齿扇来实现换向作用，见图 6-19。齿扇上连有螺旋弹簧。当车窗上升时，弹簧展开，放出能量，以减轻电动机负荷；当车窗下降时，弹簧压缩，吸收能量，从而使车窗无论上升还是下降，电动机的负荷基本相同。另一种换向器是使用柔性齿条和小齿轮，车窗连在齿条的一端，电动机带动轴端小齿轮转动，使齿条移动，带动车窗升降，其结构见图 6-20。

（2）电动车窗控制系统的工作原理　电动车窗控制系统一般通过控制开关改变电动机的电流方向，使电动机的转向不同，实现车窗的升降，控制电路见图 6-21。

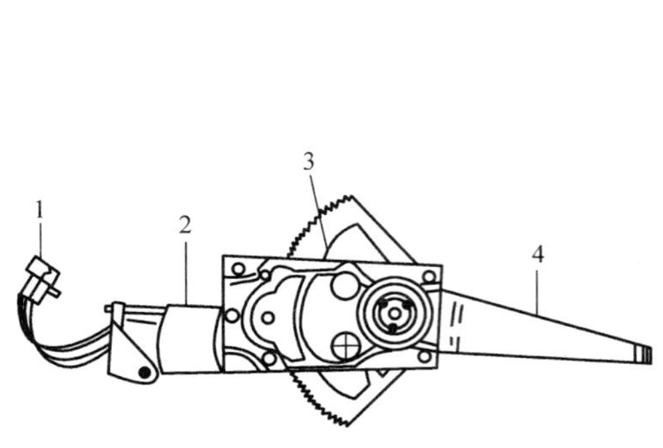

图 6-19 电动车窗齿扇式升降器

1—电缆接头 2—电动机 3—齿扇 4—推力杆

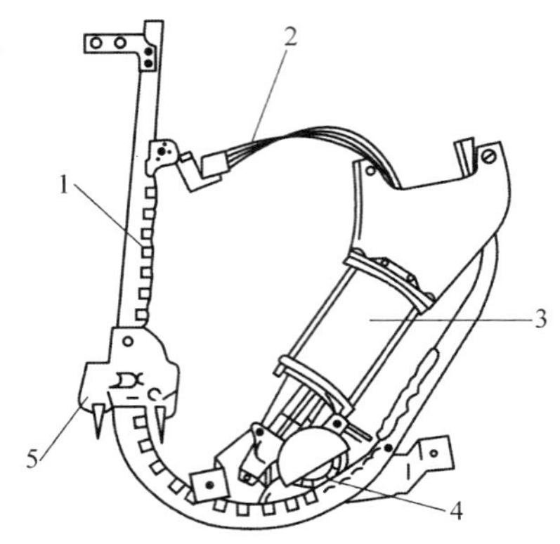

图 6-20 电动车窗齿条式升降器

1—齿条 2—电缆接头 3—电动机 4—小齿轮 5—定位架

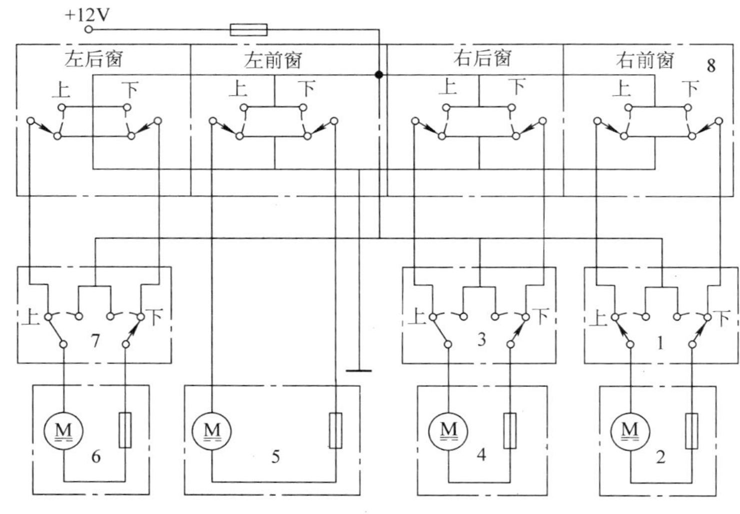

图 6-21 电动车窗控制电路

1—右前车窗开关 2—右前车窗电动机 3—右后车窗开关 4—右后车窗电动机 5—左前车窗电动机 6—左后车窗电动机 7—左前车窗开关 8—驾驶员主控开关组件

在电动车窗控制电路中，一般都设有驾驶员集中控制的主控开关和每一个车窗的独立操作开关，每个车窗的独立操作开关可由乘客自己操作。但有些汽车的主控开关备有安全开关，可以切断其他各车窗的电源，使每个车窗的独立操作开关不起作用，这个开关只能由驾驶员一人操作。

操作步骤

1. 桑塔纳 2000 型轿车电动窗的控制电路分析

桑塔纳 2000 型轿车电动窗的控制电路见图 6-22。

桑塔纳 2000 型轿车采用的电动车窗装置，由翘板按键开关、传动机构、升降器及电动机等组成，控制电路见图 6-21。按键开关 E_{39}、E_{40}、E_{41}、E_{52} 和 E_{53} 被安置在中央通道面板

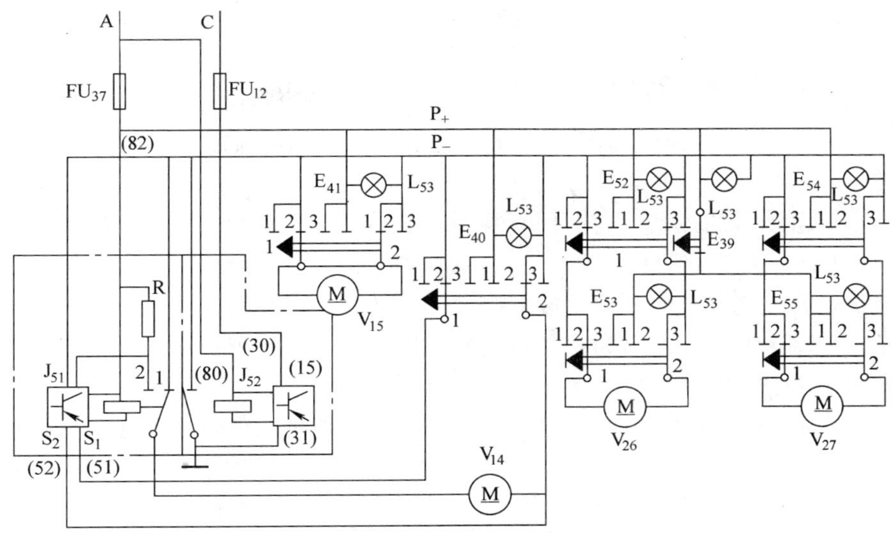

图 6-22　桑塔纳 2000 型轿车电动车窗控制电路

上的开关盘上，其中，黄色按键开关为安全开关，可以使后车窗开关 E_{53} 和 E_{55} 不起作用；E_{40}、E_{41}、E_{52} 和 E_{54} 分别为左前、右前和左后、右后门玻璃升降开关。为使左后和右后门玻璃能独立升降，在两后门上分别设置了 E_{53} 和 E_{55} 两个按键开关。V_{14}、V_{15}、V_{26} 和 V_{27} 分别为左前、右前和左后、右后车窗电动机，电动机为永磁直流电动机，正常工作电流为 4～15A。电动机内带有过载断路保护器，以免电动机超载烧坏。延时继电器 J_{52} 是保证在点火开关断开后，使车窗电路延时约 50s 后再断开，使用方便、安全；自动继电器 J_{52} 用于控制左前门车窗电动机，实现点动控制。

接通点火开关后，延时继电器方 J_{52} 与 C 路电源相通，其常开触点闭合，按键开关内的 P_- 通过该触点接地，而 P_+ 通过熔断器 FU_{37} 与 A 路电源相通，此时，按动按键开关可使车窗电机转动。

（1）发动机熄火后的延时控制　关闭点火开关后，C 路电源断电，延时继电器 J_{52} 由 A 路电源供电。延迟 50s 后，继电器触点断开，按键开关的搭铁线被切断，所有按键开关失去控制作用。

（2）后车窗电动机的控制　左后门和右后门车窗电动机各有两个按键开关 E_{52}、E_{53} 和 E_{54}、E_{55} 控制，E_{52} 和 E_{54} 安装在中央通道面板上，供驾驶员控制，E_{53} 和 E_{55} 分别安装在两后门上，供后座乘员控制。同一后门的两个开关采用级联方式连接，当两个开关被同时按下时没有控制作用，只有当某一个开关被按下时才有控制作用。在安全开关 E_{39} 被按下的情况下，E_{39} 的常闭触点断开，切断了后车门上按键开关 E_{53} 和 E_{55} 的电源，使其失去了对各自车窗电动机的控制。因而，起到了保护儿童安全的作用。

车窗玻璃上升控制的工作原理。在安全开关 E_{39} 没有被接下的情况下，将 E_{52}（E_{54}）置上升位，车窗电动机 V_{26}（V_{27}）正转，带动左后（右后）车门玻璃上升。其电路为：A 路电源→熔断器→FU_{37}→P_+→E_{52}（E_{54}）→E_{53}（E_{55}）→左后（右后）门窗电机 V_{26}（V_{27}）→E_{53}（E_{55}）→E_{52}（E_{54}）→P_-→J_{52} 触点→接地→电源负极。如果按下左后（右后）车门上 E_{53} 的上升键位，车窗电动机 V_{26}（V_{27}）同样可带动车门玻璃上升，此时其电路为：A 路电源→熔断器 FU_{37}→P_+→E_{39}（E_{55}）→左后（右后）门车窗电动机 V_{26}（V_{27}）→E_{53}（E_{55}）→E_{52}（E_{54}）→P_-→J_{52}触点→措铁→电源负极。

车窗玻璃下降控制的工作原理。在安全按键开关 E_{39}没有被按下的情况下。按下 E_{52}（E_{54}）或 E_{53}（E_{55}）的下降位，车窗电动机 V_{26}（V_{27}）电枢电流的方向与上述情况相反，电动机反转，带动左后（右后）车门玻璃下降。

（3）前车窗电动机的控制　右前门车窗电动机 V_{15}由按键开关 E_{41}控制，而左前门车窗电动机 V_{14}由按键开关 E_{40}和自动继电器 J_{51}控制，且具有点动自动控制功能。

车窗玻璃上升控制的工作原理。按下按键开关 E_{41}的上升键位时，车窗电动机正转，带动右前门车窗玻璃上升，其电路为：A 路电源→熔断器 FU_{37}→P_+→E_{41}→车窗电动机 V_{15}→E_{41}→P_-→J_{52}→触点→搭铁→电源负极。

按下按键开关 E_{40}的上升键位时，P_+和 P_-经 E_{40}分别接至自动继电器 J_{51}的输入端 S_1 和 S_2，此时，自动继电器 J_{51}触点 1 闭合，触点 2 断开，车窗电动机 V_{14}正转，带动左前门玻璃上升，其电路为：A 路电源→熔断器 FU_{37}→P_+→E_{40}→车窗电动机 V_{14}→J_{52}常闭触点 1→P_-→J_{52}地触点→搭铁→电源负极。按键开关 E_{40}复位时，上述电路被切断，电动机 V_{14}停转。

车窗玻璃下降控制工作原理。按下按键开关 E_{41}的下降键位时，车窗电动机 V_{15}反转，带动右前门车窗玻璃下降，其电流通路与上升时相反。

按下按键开关 V_{40}的下降键位时，P_+和 P_-经 E_{40}分别接至自动继电器 J_{51}的输入端 S_1 和 S_2，此时，自动继电器 J_{51}触点 2 闭合，触点 1 断开。其电路为：A 路电源→熔断器 FU_{37}→P_+→取样电阻→J_{51}的触点 2→车窗电动机 V_{14}→E_{40}→P_-→J_{52}触点→搭铁→电源负极，流过电动机 V_{14}的电流方向与上升时相反，电动机反转，带动玻璃下降。将手抬起时，E_{40}复位，触点 J_{51}也复位（触点 2 断开，触点 1 闭合），切断了上述电路，电动机停转。

点动自动控制的工作原理。当按下按键开关 E_{40}下降键位的时间小于等于 300ms 时，自动继电器 J_{51}判断为点动自动下降操作，于是继电器动作，使触点 2 闭合。流过车窗电动机 V_{14}的电流方向与正常下降操作时相同，电动机反转，车窗玻璃下降。如果在下降期间 E_{40}的上升键位不被接下，继电器 J_{51}的触点 2 将一直处于闭合状态，直至玻璃下降到底，电动机 V_{14}旋转，此时，电枢电流将增大，当电流增至约 9A 时，取样电阻 R 上的电压使继电器 J_{51}动作，触点 2 断开，自动切断车窗电动机的通电回路，电动机停转。如果在下降期间，按下 E_{40}的上升键位，继电器 J_{51}将判断为下降操作结束，触点 2 断开，车窗电动机 V_{14}停转。这样，通过对按键开关 E_{40}进行点动控制就可以使左前车窗玻璃停止在任意位置。

2. 电动车窗升降器常见的故障与排除

（1）玻璃升降器不工作　玻璃升降器不工作，分全部还是部分不工作。当点火开关置于 ON，按键按下不工作，可能的原因有：熔丝熔断、线路断路、电动机损坏、开关损坏。可按照先查电路通断的方式进行排查，有必要时把损坏的元器件换新。

（2）电动机正常，升降器不工作　通常是钢丝绳断或跳槽，滑动支架断或支架的传动钢丝夹转动。可拆检排查，有必要时换新件。

（3）玻璃升降器工作时发卡、有异响　可拆检排查，重新调整安装螺钉和卷丝筒内的钢丝绳位置，检查安装支架弧度是否正确，导轨是否损坏变形、有异物，电动机损伤否，有必要时换新件。

注意事项

在检查电动车窗系统故障时，应按不同方向轻轻摇动玻璃。只要玻璃能向所有方向稍微移动，电动机就能使玻璃升降，如果不是这样，就可能是电动机或电路的故障。通过如下检查可缩小故障诊断的范围。

考核

序号	考核内容	配分	评分标准	考核记录	扣分	得分
1	正确使用工具、仪表、量具	10	每次工具使用不当扣 3 分			
			每次量具、仪表使用不当扣 3 分			
2	正确认识各部结构	20	口述每处错误扣 10 分			
3	正确分析电路	30	不能正确分析电路每处扣 10 分			
4	正确检查诊断故障	30	操作不熟练扣 10 分			
			操作错误扣 20 分			
5	操作规范，整洁有序，不超时	10	第一项扣 4 分，后两项各扣 3 分			
	遵守安全操作规程，无事故		出现元器件损坏，此题为 0 分			
6	分数总计	100				

项目 6.6　中央门锁线路的检修

学习目标

1）掌握中央门锁系统的组成。
2）正确分析桑塔纳 2000 型轿车中央门锁的电路。
3）正确诊断中央门锁的电路故障。

工具材料

1）实训用桑塔纳 2000 型轿车整车或中央门锁试验设备。
2）万用表、跨接线、试灯。
3）常用工具（扳手、螺钉旋具、锤子）。

相关知识

直流电动机式中央门锁主要由双向直流电动机、门锁开关、连杆执行机构、导线、继电器等组成。其基本原理是：利用控制直流电动机的正反电流方向，电动机正反向运转来完成门锁的开、关动作。当用钥匙开门锁时，控制器被触发，门锁电动机运转，通过门锁操纵连杆操纵门锁动作，由于在锁或开门时给控制器的触发不同，故门锁电动机通过电流的方向相反，这样利用电动机的正转或反转，就可完成车门的闭锁和开锁动作，见图 6-23。

汽车门锁主要由控制电路部分和执行机构两大部分组成。

汽车门锁的控制电路部分，主要由输入、存储、驱动等单元电路组成。车门锁的执行机构一般采用电磁铁或微型电动机。

桑塔纳 2000 型轿车采用中央集中控制门锁。中央集中控制门锁由门锁控制器、门锁开关、闭锁器（执行器）和电动机等电器部分和门锁、钥匙、拉杆、拉纽等机械部分组成。其中桑塔纳 2000GSi 型轿车还与防盗系统一起采用一体化遥控装置，见图 6-24。

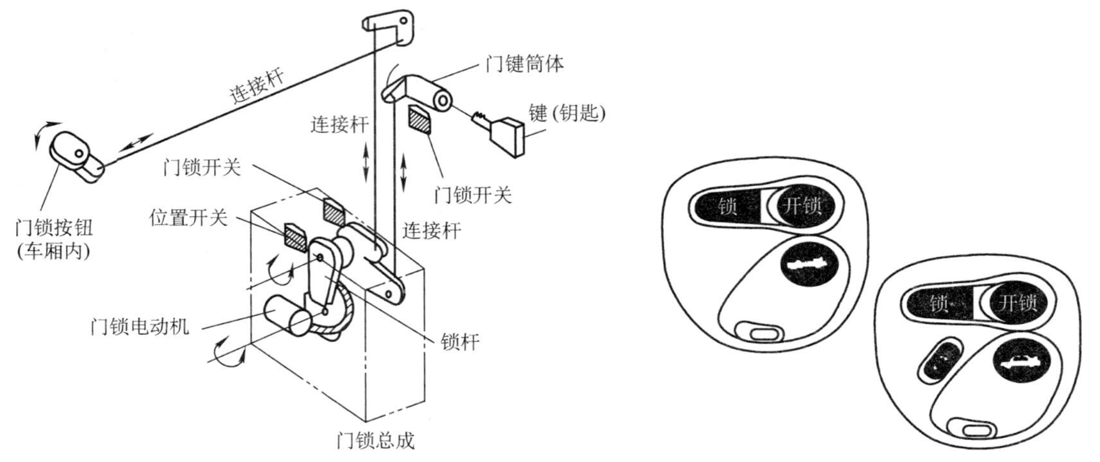

图 6-23　中央门锁执行机构　　图 6-24　桑塔纳 2000 型轿车采用中央门锁遥控装置

中央集中控制门锁，由驾驶员把车匙插入左前门锁内，在开启或关闭该车门锁时，其余 3 扇门的门锁同时能被打开和锁上。其余 3 扇门上的按钮还可分别控制各门锁单独的开启或锁紧。

操作步骤

1. 桑塔纳 2000 型轿车中央门锁控制电路的分析

中央集中控制门锁电气线路见图 6-25。

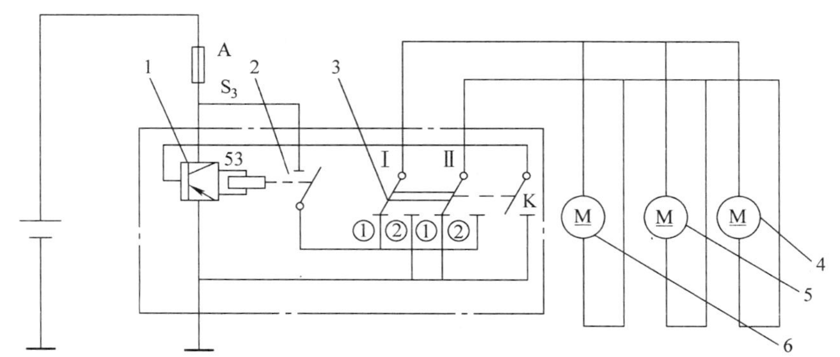

图 6-25　桑塔纳 2000 型轿车中央集中控制门锁电气线路图

1—门锁控制器　2—控制器触点　3—门锁集控开关　4、5、6—右前、右后、左后门锁电动机

K—门锁集中控制开关附加触点

当压下左前门的门锁提钮或用钥匙锁闭左前门时，门锁操纵机构通过连动的杠杆带动集中控制开关动作，于是集中控制开关Ⅰ、Ⅱ掷的触点①分开②闭合。与此同时，门锁集中控制开关的附加触点 K 也短暂闭合，使门锁控制器 1 工作，将触点 2 吸合，接通门锁电动机的电路。蓄电池的电流（A 路电源）经熔断器 S_3、门锁控制器的触点 2、门锁集中控制开关第Ⅱ掷的触点②向门锁电动机 4、5、6 供电，并经门锁集中控制开关Ⅰ掷的触点③搭铁。

若将左前门的门锁提钮提起或用门锁钥匙开左前门时，门锁集中控制开关 3 的触点②分开，①闭合，由于附加触点 K 又短暂闭合，使门锁控制器工作，触点 2 再次接通 1～2s，接通门锁电动机的电路。蓄电池的电流经熔断器 S_3、门锁集中控制开关 3 第 1 掷的触点①向门锁电动机供电，并经第Ⅱ掷的触点①搭铁。由于电动机的电源反向，电动机 4、5、6 正转，带动各自车门门锁将车门打开。1～2s 后门锁控制器断电，触点 2 分开，电动机停转。从上述过程可以看出，左前门的门锁只能通过钥匙（车外开锁）或提钮（车内开锁），手动进行开启和锁闭的操作。

2. 中央集中控制门锁常见故障与排除

如图 6-26 所示，确定继电器电路动作情况。在检查中，插接器端子 4 上应该有蓄电池电压。用万用表检查插接器上端子 1 和 5 的搭铁连接情况。检测继电器时，将试灯跨接到端子 3 和搭铁之间。端子 1 搭铁而端子 2 和 4 供电。如果继电器是好的，试灯应亮。

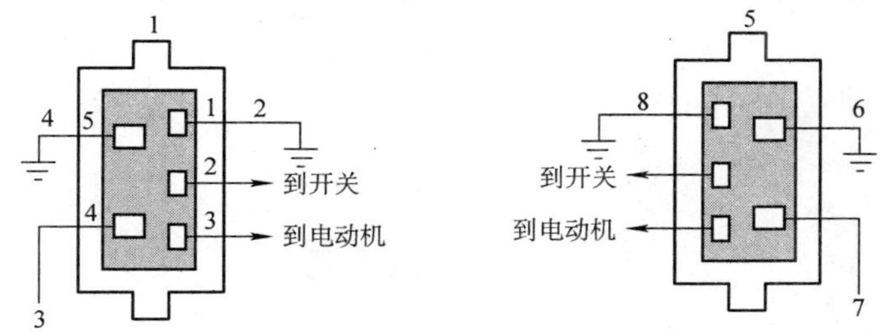

图 6-26　检测门锁继电器和接插器

1—继电器　2、4、6、8—搭铁　3、7—蓄电池（+）　5—接插器

另外在开始电气诊断之前，对门锁进行手动操作，检查有无机械故障。然后操作每个开关，多次启动车门锁系统，同时观察所有门锁的动作。一定要保证蓄电池充电充足。

1）用车匙打开左侧驾驶员门锁时，其余车门部分能自动打开，部分不能打开。可能的原因是线路断路，门锁控制器损坏，闭锁执行器损坏。可按照先查电路通断的方式进行排查。有必要时把损坏的元器件换新。

2）用车钥匙打开左侧驾驶员门锁时，其余车门全部不能自动打开。可能的原因在排除蓄电池无电压的情况下，检查熔丝和门锁控制器中的继电器线路。有必要时更换新件。

3）拉扭发卡。当拉杆变形、门锁锈蚀严重时，用手动拉钮操作时会不顺当，应及时拆检门锁、拉杆，有必要时修理和更换新件。

车门锁常见故障主要有车门锁系统不工作，使用手动开关时车门锁系统不工作和使用车门锁钥匙时车门锁系统不工作等。一般故障是由开关或继电器、门锁电动机故障引起的。所以在检测中央控制门锁故障时，一般首先检测门锁电动机。

考核

<table>
<tr><th>序号</th><th>考核内容</th><th>配分</th><th>评分标准</th><th>考核记录</th><th>扣分</th><th>得分</th></tr>
<tr><td rowspan="2">1</td><td rowspan="2">正确使用工具、仪表、量具</td><td rowspan="2">10</td><td>每次工具使用不当扣3分</td><td></td><td></td><td></td></tr>
<tr><td>每次量具、仪表使用不当扣3分</td><td></td><td></td><td></td></tr>
<tr><td>2</td><td>正确认识各部结构</td><td>20</td><td>口述每处错误扣10分</td><td></td><td></td><td></td></tr>
<tr><td>3</td><td>正确分析电路</td><td>30</td><td>不能正确分析电路每处扣10分</td><td></td><td></td><td></td></tr>
<tr><td rowspan="2">4</td><td rowspan="2">正确检查诊断故障</td><td rowspan="2">30</td><td>操作不熟练扣10分</td><td></td><td></td><td></td></tr>
<tr><td>操作错误扣20分</td><td></td><td></td><td></td></tr>
<tr><td rowspan="2">5</td><td>操作规范，整洁有序，不超时</td><td rowspan="2">10</td><td>第一项扣4分，后两项各扣3分</td><td></td><td></td><td></td></tr>
<tr><td>遵守安全操作规程，无事故</td><td>出现元器件损坏，此题为0分</td><td></td><td></td><td></td></tr>
<tr><td>6</td><td>分数总计</td><td>100</td><td></td><td></td><td></td><td></td></tr>
</table>

模块七　汽车空调系统的检修

项目 7.1　汽车空调的拆卸与检查

学习目标

1）熟悉汽车空调系统的组成。
2）熟悉汽车空调各组成元件的作用。
3）正确拆装汽车空调系统。
4）掌握一般汽车空调系统的检查方法。

工具材料

1）实训用桑塔纳整车。
2）套筒扳手、扭力扳手、开口扳手、钳子、锤子。
3）压力表。

相关知识

1. 空调系统的组成

一般空调制冷系统包括压缩机、冷凝器、储液干燥器、膨胀阀、蒸发器、连接管路等。图 7-1 为桑塔纳 2000Gsi 型轿车制冷系统的组成与安装位置图。

（1）压缩机　压缩机是制冷系统中低压和高压、低温和高温的转换装置，是推动制冷剂在制冷系统中不断循环的动力。压缩机是输送制冷剂、保障制冷系统正常工作具有主要的作用。

（2）冷凝器　冷凝器是把来自压缩机的高温高压气体通过管壁和翅片，将其中的热量传递给冷凝器周围的空气，从而使高温、高压的气态制冷剂冷凝成高温、高压的液体。

（3）蒸发器　蒸发器是将经过节流降压后的液态/气态混合物制冷剂在蒸发器内沸腾汽化，吸收蒸发器表面周围的热量而降低温度，风机再将冷空气送入车厢，从而达到车内降温的目的。

（4）干燥瓶　干燥瓶就是在制冷系统中，临时性地存储一下制冷剂。根据制冷负荷的需要，随时供给蒸发器，并对系统中的水分和杂质进行干燥和过滤，即存储制冷剂、过滤杂质、吸收湿气。

（5）膨胀阀　汽车空调的膨胀阀又称节流阀，它将从干燥瓶来的中温、高压的液态制冷剂降压为容易蒸发的低温、低压、雾状制冷剂。进入蒸发器，即分开了制冷剂的高压侧和低压侧。同时能自动调节进入蒸发器的流量，以满足制冷剂循环要求，也避免了液态制冷剂进入压缩机而造成液击现象，又控制了过热度处在一定范围内。

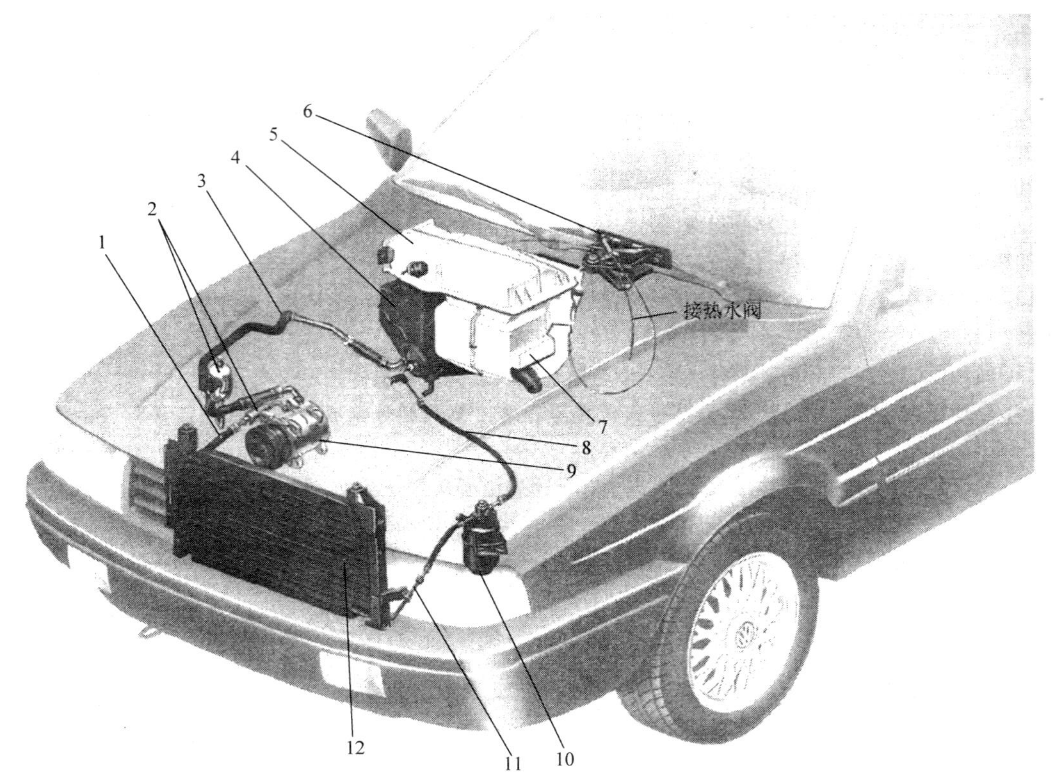

图 7-1 桑塔纳 2000Gsi 型轿车制冷系统组成与制冷部件的安装位置

1—“D”管 2—消声器 3—“S”管 4—蒸发器 5—进风罩 6—控制面板 7—热交换器 8—“L”管 9—空调压缩机 10—储液干燥器 11—“C”管 12—冷凝器

2. 汽车空调的工作过程

汽车制冷就是通过消耗一定的动力把制冷剂由气体转变成液体，然后再利用由液体转变成气体过程中吸收外部热量来达到汽车制冷的目的。其工作过程见图 7-2。

(1) 压缩过程　将流经蒸发器的低温、低压的气态制冷剂压缩为高温、高压的气态制冷剂，输送到冷凝器。

(2) 冷凝过程　将高温、高压的气态制冷剂冷却，使其变为中温、高压的液态制冷剂，送入干燥瓶。

(3) 干燥过程　将中温、高压的液态制冷剂过滤，除去制冷剂中的杂质和水份，送入节流阀，并储存小部分的制冷剂。

(4) 膨胀过程　将过滤后的中温、高压液态制冷剂利用节流原理，使其转变为低压雾状的液/气态混合物，送入蒸发器。

(5) 蒸发过程　低压雾状的液/气态混合物流至蒸发器，吸收周围的热量而汽化，达到制冷的目的。

空调系统的工作过程见图 7-2。由蒸发器出来的低温、低压制冷剂 HCF134a 气体，经低压软管、低压阀进入压缩机。压缩机将气态制冷剂吸进并压缩，变成高温、高压的制冷剂气体，由高压阀出来经过高压管进入冷凝器，并把热量排出车外，被冷却为高温、高压的液

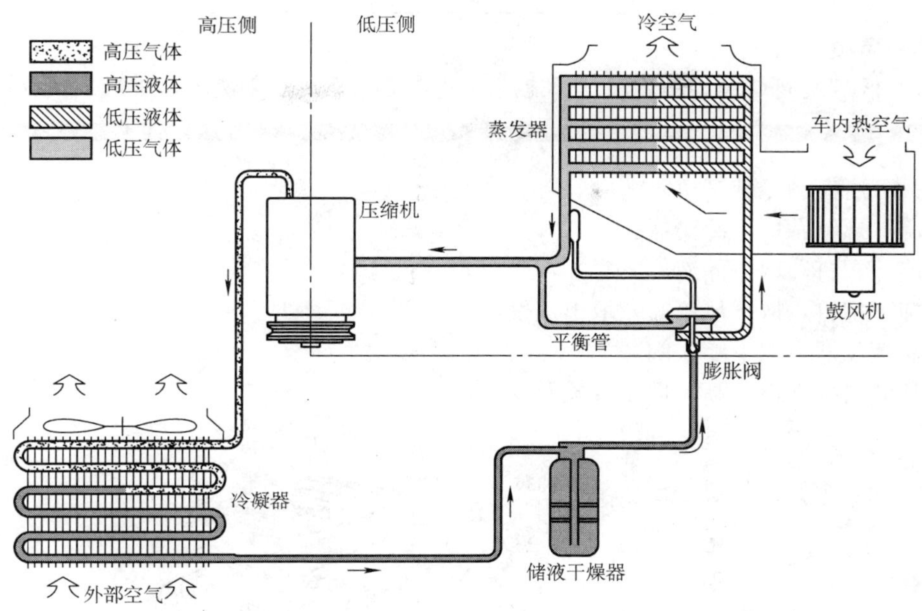

图 7-2　空调工作过程与制冷系统的组成

态 R134a。从冷凝器底部流向储液干燥器，经过滤、脱水后由高压管送至膨胀阀。经膨胀阀的高压液态制冷剂减压后，成为低温、低压的雾状物进入蒸发器，通过蒸发器心管吸收周围空气中的热量而变为气体，冷却后的空气即为冷气，经风扇被强制送回车内，完成了降温的目的。低温、低压的气态制冷剂，经低压软管回到压缩机，开始新一轮工作循环。

操作步骤

1. 空调系统的拆卸

(1) 制冷液的排空

1) 关闭点火开关。

2) 拔下压缩机上的电源接头，以免无意接通压缩机而使其损坏。

3) 如图 7-3 所示，将低压表 1 接入蒸发器与压缩泵之间的低压维修阀上，将高压表 2 接在储液罐上的维修阀上，慢慢地打开低压表阀门 3 和高压表阀门 4。

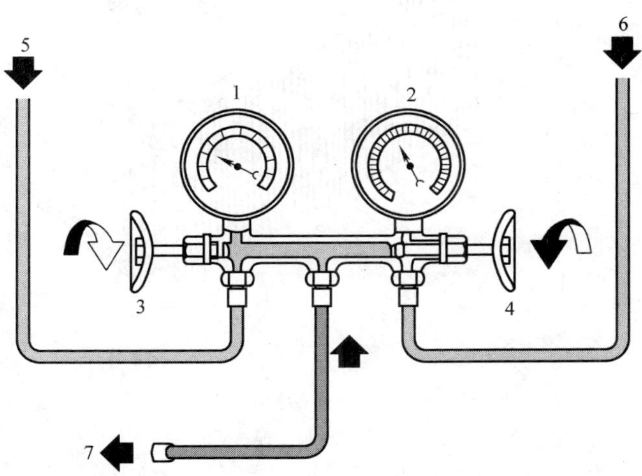

图 7-3　制冷液的排出

1—低压表　2—高压表　3—低压表阀门　4—高压表阀门
5—接低压维修阀　6—接高压维修阀　7—通大气

(2) 空调制冷系统的拆卸　空调制冷的拆卸，见图 7-4。

1) 调松发动机上的压缩机传动带。

2) 旋下螺钉，从支架上取下压缩机。

注意事项

打开低压表阀门和高压表阀门的速度一定要慢，否则，会使压缩机油一同放出。

3）拆下所有制冷液管道。

4）旋下螺钉，取出冷凝器。

5）旋下螺钉，取下储液罐。

6）旋下螺钉，取下风箱盖，取出蒸发器。

7）从蒸发器上取下膨胀阀。

8）从储液罐上拆下高、低压开关及易熔塞。

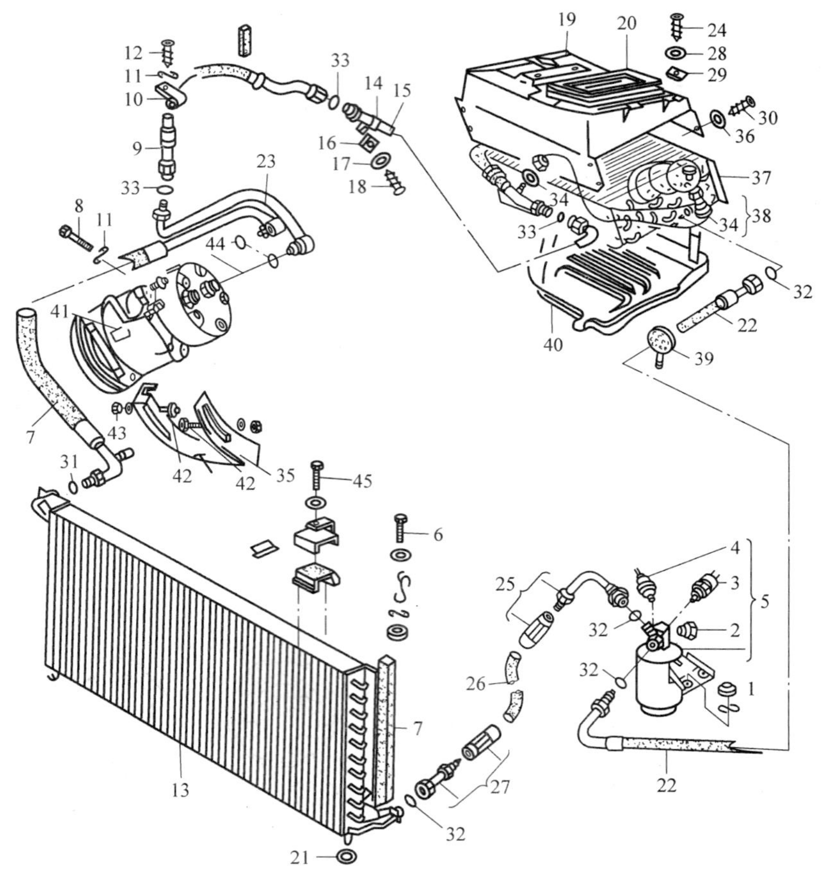

图 7-4　空调制冷系统的拆卸

1、43—螺母　2—易熔塞　3—低压开关　4—高压开关　5—储液罐　6、8、12、42、45—螺栓　7、22、26—制冷液软管　9—制冷液管接头　10、14—管夹　11—弹簧垫圈　13—冷凝器　15、23—弯管　16、29—垫　17、21、28、36—垫圈　18、30—自攻螺钉　19—风箱盖　20—衬垫　24—自攻螺钉　25、26、27—制冷液接管　31、32、33、34、44—O形密封圈　35—压缩机支架　37—蒸发器　38—膨胀阀　39—排水阀　40—底板　41—压缩机

注意事项

1. 拆除制冷管路时，要避免与制冷剂接触操作，要戴橡胶手套、防护镜，保护眼和手。
2. 不允许将制冷液排到通风差的空间，必须用抽吸设备排出室外。
3. 制冷剂排放前，切勿锡焊、气焊制冷系统零部件，避免制冷剂遇热分解成对人体健康不利的物质。正式装配前，系统各部件的密封塞不得拆除，以免水气或异物进入而影响系统正常工作。

2. 空调系统的检查

（1）检查温度　在正常情况下，低压管路呈低温状态，高压管路呈高温状态。从压缩机出口→冷凝器→储液干燥器→膨胀阀进口处是制冷系统的高压区，这些部件应该先暖后烫（注意手摸时要小心被烫伤），如有特别热的部位（如冷凝器表面），则说明此部位有问题，散热不好。如有特别凉的部位（如膨胀阀入口处），也说明此部位有问题，可能有堵塞。储液器进出口之间若有明显温差，则说明此处有堵塞或者制冷剂量不正常。从膨胀阀出口→蒸发器→压缩机进口处是低压区，这些部位表面应该由凉到冷，但膨胀阀处不能发生霜冻现象。

（2）检查泄漏情况　制冷剂的泄漏有可能出现在所有连接部位，冷凝器表面及蒸发器表面被损坏处，膨胀阀进出口连接处，压缩机轴封、前后盖密封垫等处。上述部位一旦出现油渍，一般说明此处有制冷剂泄漏（但压缩机前轴封处漏油可能是轴承漏油），应尽快采取措施修理。

如图 7-5 所示，用电子检漏仪 1 对每个管子接头 3 进行检查，使探针 2 接近检漏点，距离约 3mm，探针 2 的移动速度必须低于 3cm/s。按照检漏仪的额定灵敏度，若发现有感应现象，即说明这个部位有泄漏现象。

（3）干燥器窥视玻璃判断工况　从窥视玻璃判断工况，要在发动机运转、空调工作时进行，从窥视玻璃中看到的情况，见图 7-6。

1）清晰、无气泡，但出风口是冷的，说明制冷量适当，制冷系统正常；出风口不冷，说明制冷剂漏光了；出风口不够冷，而且关掉压缩机 1min 后仍有气泡慢慢流动，或在关压缩机的一瞬间就清晰无气泡、无流动，说明制冷剂太多。

2）偶尔出现气泡，若有膨胀阀结霜现象，说明系统中有水分；若无膨胀阀结霜现象，可能是制冷剂缺少，或有空气。

3）有气泡、泡沫不断流过，说明制冷剂不足，如果气泡很多，可能有空气。

4）有长串油纹，偶尔带有成块机油条纹，出风口不冷，说明几乎没有制冷剂。有泡沫较混浊，说明冷冻油太多，或干燥剂散了。

（4）压缩机的检查　检查压缩机传动带是否过紧或过松。正常情况下，手指用 98N 的力按压传动带，传动带的挠度应为 8～12mm，如不符号可调节支架调整。检查压缩机运转声音是否正常，离合器离合是否彻底。

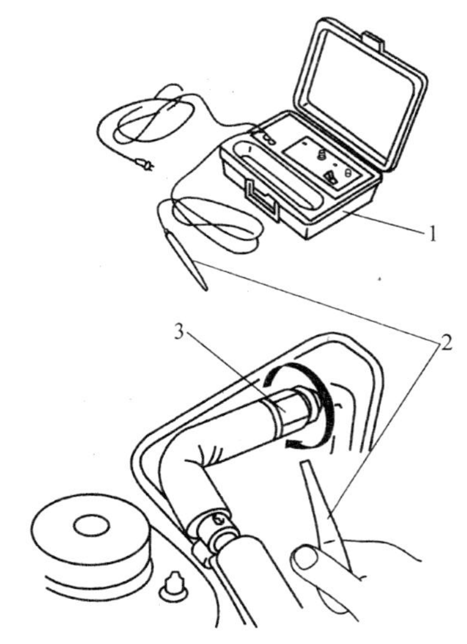

图 7-5 用电子检漏仪检漏

1—电子检漏仪 2—探针 3—被测管子接头

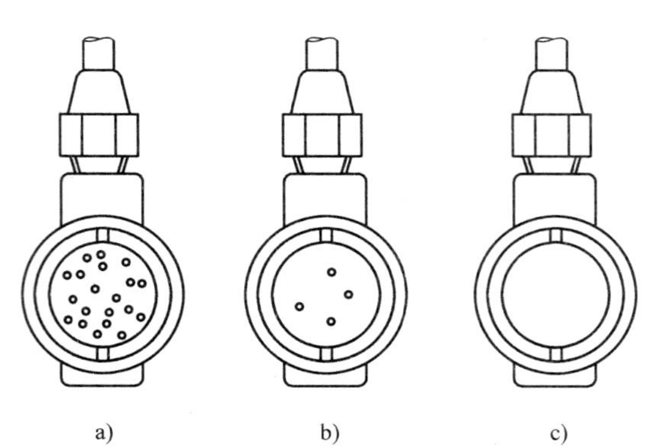

图 7-6 储液罐观察窗

a）几乎没有冷却液 b）冷却液不足 c）冷却液合适或过多

考核

序号	考 核 内 容	配分	评 分 标 准	考核记录	扣分	得分
1	正确使用工具、仪表、量具	10	每次工具使用不当扣 3 分			
			每次量具、仪表使用不当扣 3 分			
2	正确认识各元件	20	不能正确回答每处扣 5 分			
3	熟练拆卸与安装操作	30	操作不熟练扣 8 分			
			操作错误扣 12 分			
4	正确进行各项检查	30	每项检查不正确扣 8 分			
4	操作规范，整洁有序，不超时	10	第一项扣 4 分，后两项各扣 3 分			
	遵守安全操作规程，无事故		出现元器件损坏，此题为 0 分			
5	分数总计	100				

项目 7.2 汽车空调系统压力的检测与制冷剂的充注

学习目标

1）掌握汽车空调系统的压力检查方法。

2）掌握系统抽真空的方法。

3）掌握系统加注制冷剂的方法。

工具材料

1）空调系统工作正常的实训汽车。

2）压力表组。

3）真空泵。

4）注入阀。

5）0.4536kg 罐制冷剂。

相关知识

1. 制冷剂和冷冻油

（1）制冷剂　在制冷系统中，用于转换热量并循环流动的物质，称为制冷剂。目前汽车空调系统中使用的制冷剂有 R12 和 R134a 两种。其中字母“R”是 Refrigerant（制冷剂）的简称。

1）对制冷剂的要求

① 在适当蒸发温度时，蒸发压力不低于大气。

② 在适当冷凝压力时，温度不能过高。

③ 无色、无味、无毒、无刺激性，对人体健康无损害。

④ 不易燃烧，不易爆炸。

⑤ 无腐蚀性。

⑥ 价格合理，容易得到。

⑦ 性能系数较高。

⑧ 与冷冻油接触时，化学、物理安定性良好。

⑨ 有较低的凝固点，能在低温下工作。

⑩ 泄漏时容易检查。

2）制冷剂 R12 的特性

① 无色、无味、无毒、不易燃烧、不易爆炸，化学性质稳定。

② 不溶于水，对金属无腐蚀作用。

③ 能溶解多种有机物，一般橡胶密封圈不能使用。

④ 具有较好的热力性能，冷凝压力比较低。

⑤ 互溶性较好，它能与矿物油以任意比例互相溶解。

⑥ 对大气臭氧层有破坏作用，使全球变暖产生温室效应。

3）制冷剂 R134a 的特点

① 无色、无味、无毒、不易燃烧、不易爆炸，化学性质稳定。

② 不破坏臭氧层，在大气层停留寿命短，温室效应影响也很小。

③ 黏度较低，流动阻力较小。

④ 分子直径比 R12 略小，易外泄，能被分子筛吸收。

⑤ 与矿物油不相溶，与氟橡胶不相溶。

⑥ 吸水性和水溶性比 R12 高。

⑦ 汽化替热高，定压比热大，具有较好的制冷能力。

（2）冷冻油　在制冷系统中，用于保证压缩机正常工作，不易磨损，随系统循环流动并和制冷剂相溶的油，称为冷冻油（Refviation oil）。目前汽车空调系统中使用的冷冻油有 R12 用矿物油、R134a 用合成油（RAG、POE）两种。

1）对冷冻机油性能的要求

① 要有适当的黏度，受温度的影响要小，而且这种黏度形成的油膜强度要高，能承受较大的轴向负荷，在不同温度下具有良好的润滑性能。

② 要有良好的低温流动性和互溶性。在制冷系统中，润滑油随制冷剂一起在系统中流动，在任何温度下都不能沉积，而且互溶，避免通过节流孔管时造成溅爆产生燥声。

③ 化学性质要稳定，与制冷剂和其他材料不起化学反映。

④ 毒性腐蚀要小，闪点要高，这是对安全性一种要求，最好是无毒，不燃烧，对金属橡胶无腐蚀。

⑤ 吸水性要小，如油中水分含量过高，通过节流阀时会因低温而结冰，造成系统因结冰而堵塞的现象。

2）冷冻油的作用

① 润滑作用：减少压缩机运动部件的摩擦和磨损，延长机组的使用寿命。

② 冷却作用：它能及时带走运动表面摩擦产生的热量，防止压缩机温度升过高或压缩机被烧坏。

③ 密封作用：密封件表面涂上冷冻油后能提高接点的密封性，防止制冷剂泄漏。

④ 降低压缩机的噪声：能在压缩机摩擦表面形成一种油膜，保护运动部件，防止因金属摩擦而发出声响。

2. 抽真空及充注制冷剂的工具

1）真空泵容量必须超过 18L/min（2.6Pa）。

2）歧管压力计（压力表组），是汽车空调检修操作中的主要工具。在抽真空、加注制冷剂和检查制冷循环压力情况时都要使用到。其结构如图 7-7 所示。主要由高压表（计），低压表（计）、阀体、单向阀（史特拉阀）、高低压侧手动阀、连接软管等组成。

3）若充注的制冷剂为小罐，则还需备有制冷剂注入阀（图 7-8）。若为大瓶制冷剂，则必须备有制冷剂计量工具。

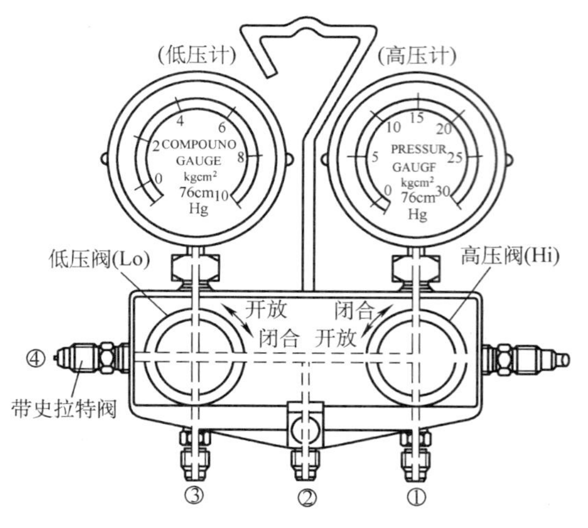

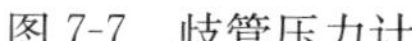
图 7-7 歧管压力计

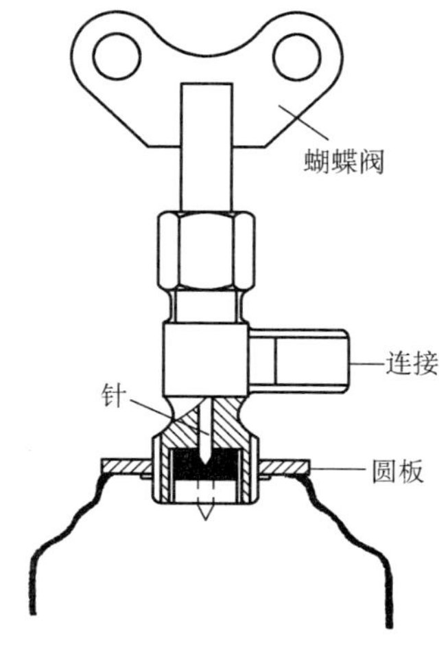

图 7-8 注入阀

操作步骤

1. 空调系统的压力检测

（1）准备工作

1）连接歧管压力计，高、低压手动阀处于关闭状态。

2）起动发动机，预热 10min 左右，打开 A/C 开关，鼓风机挡位处于最大挡，温度挡位处于最低挡，发动机转速为 1500～2000r/min。

（2）读取压力值

1）压力表的读数，高、低压侧压力均很低，见图 7-9，说明制冷剂不足。如空调系统工作一段时间出现此现象，可能是系统内某处出现泄漏，必须找出漏点并加以排除。

2）压力表的读数，高、低压侧压力均过高，很可能是制冷剂过多引起，见图 7-10。应从低压侧放出一部分制冷剂，直到压力表显示规定压力为止。如开始时正常，后来出现上述现象，这是由于冷凝器散热差造成的。可检查冷凝器散热片是否堵塞、风扇带是否过松，风扇转速是否正常，如是应予排除。

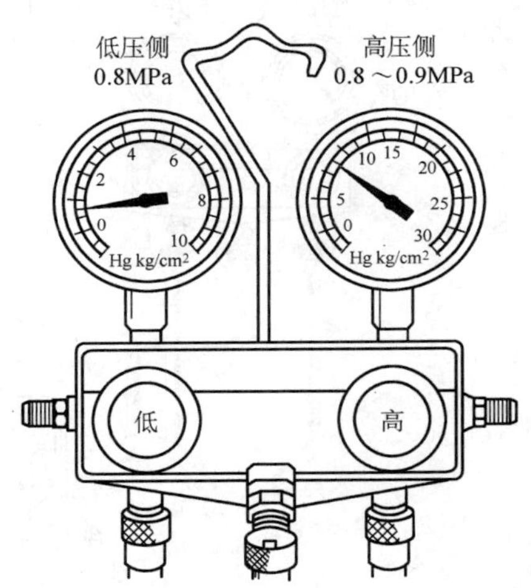

图 7-9　制冷剂不足时压力表的指示

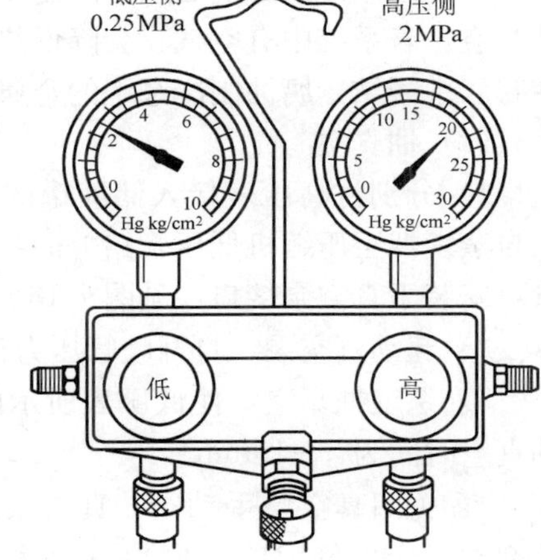

图 7-10　制冷剂过多时压力表的指示

3）经上述方法排除后，高、低压侧压力还是高，可能是加注制冷剂过程中没有将空气抽尽，系统内有空气，可更换干燥剂，清洁冷冻机油，重新加注制冷剂。

4）压力表读数，低压侧偏高，高压侧偏低，如增加发动机转速，高低压变化都不大，见图 7-11。这种情况一般是压缩机工作不良造成。应检查压缩机内阀片是否损坏，活塞及环是否磨损，并予以排除。

5）压力表读数，低压侧出现真空，高压侧压力过低，见图 7-12。这种情况多出现在膨胀阀感温包内的制冷剂完全泄漏，使膨胀阀打不开，制冷剂不流动，系统不能制冷。排除的办法是更换或拆修膨胀阀。

检测完毕后，将发动机熄火，卸掉压力表组，把检修阀的护帽旋回。

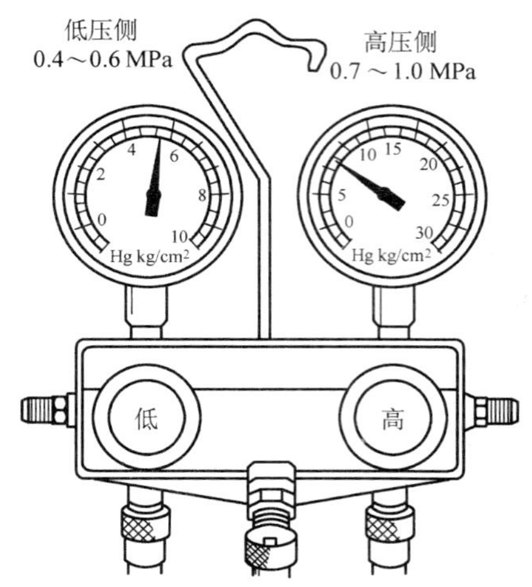

图 7-11 压缩机工作不良压力表的指示

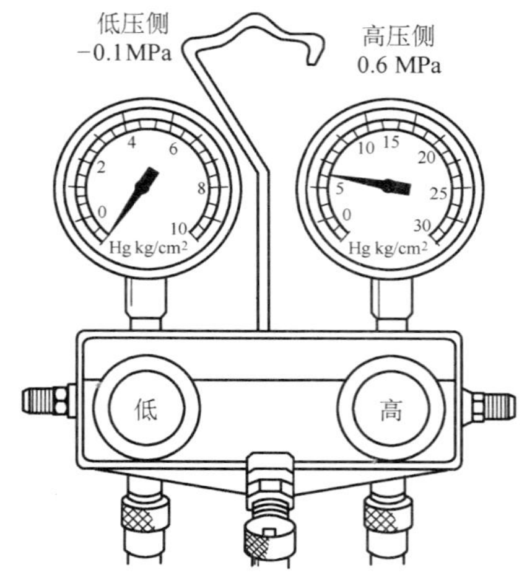

图 7-12 制冷剂不环流压力表的指示

2. 充注制冷剂

在充注制冷剂之前必须清除制冷系统中的空气，即抽真空。若系统中有空气，会降低热交换率，使水蒸气在膨胀中凝结，腐蚀制冷系统的金属部件。

(1) 抽真空

1) 分别将高压表接入储液罐的维修阀，低压表接入自蒸发器至压缩机低压管路上的维修阀，中间注入软管，安装于真空泵接口，见图 7-13。

2) 起动真空泵，打开歧管压力计高低压手动阀。

3) 系统抽真空，使低压表所示的真空度达 10^5Pa，抽真空时间为 5～10min。

4) 关闭真空泵手动阀，真空泵继续运转，打开制冷剂罐，让少量 R134a 制冷剂进入系统（压力为 0～49kPa)，关闭罐阀。

5) 放置 5min，观察压力表，若指针继续上升，说明真空下降，系统有泄漏之处，应使用检漏仪进行泄漏检查，并修理堵漏。

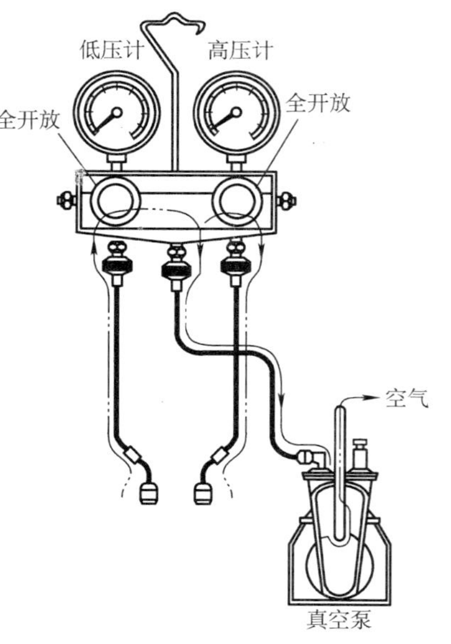

图 7-13 抽真空连接

6) 继续抽真空 20～25min，并重复第 5 项，如压力指针保持不动，说明无泄漏，可进行下一步工作。

7) 关闭高、低压压力表的手动阀，停止抽真空，从真空泵上拆下中间注入软管，接回准备注入制冷剂。

(2) 加注制冷剂

1) 抽完真空后，将注入阀连接在制冷剂罐上。

2) 将中间注入软管安装在注入阀接口上，顺时针拧紧注入阀手柄，使阀上的顶针将制冷罐顶开一个小孔。逆时针旋松注入阀手柄，退出顶针，使制冷剂进入中间注入软管。如一罐用完，再用第 2、3 罐时，仍应先关闭压力表的手动阀，重新顶开罐孔，中间注入软管在表头处拧松，以排出管内空气。

注意事项

1. 操作制冷剂时，不要与皮肤接触，应戴护目镜，以免冻伤皮肤和眼球。
2. 避免振动和放置高温处，以免发生爆炸。
3. 远离火苗，避免 R12 分解产生有毒光气。
4. R134a 与 R12 不能混用，因为不相溶，会导致压缩机损坏。
5. 使用 R134a 制冷剂的系统，应避免使用铜材料，这样会产生镀铜现象。
6. 制冷剂应放置在低于 40℃以下的地方保存。

3）拧松连接高、低压压力表中心接头的注入软管螺母，如看到白色制冷剂气体外溢，或听到嘶嘶声，说明注入软管中的空气已排出，可以拧紧该螺母。桑塔纳 2000 型轿车制冷剂充注量为 1150±50g。

4）旋开高压表侧手动阀，将制冷剂罐倒立，使制冷剂以液态注入制冷系统。在充注时不得起动发动机和打开空调，以防制冷剂倒灌，见图 7-14。

5）旋开低压侧手动阀，使制冷剂以气态形式通过低压侧注入。此时要防止液态注入，以免造成液击现象，损坏压缩机。

6）如制冷剂不足，则可按图 7-15 所示关闭高压侧手动阀，开启低压侧手动阀，将制冷剂罐直立。起动发动机接合压缩机快速运转，让气态制冷剂从低压侧吸入压缩机。

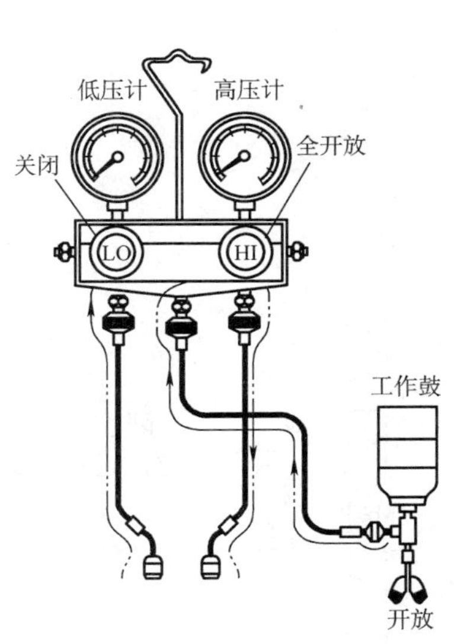

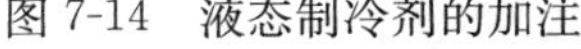
图 7-14　液态制冷剂的加注

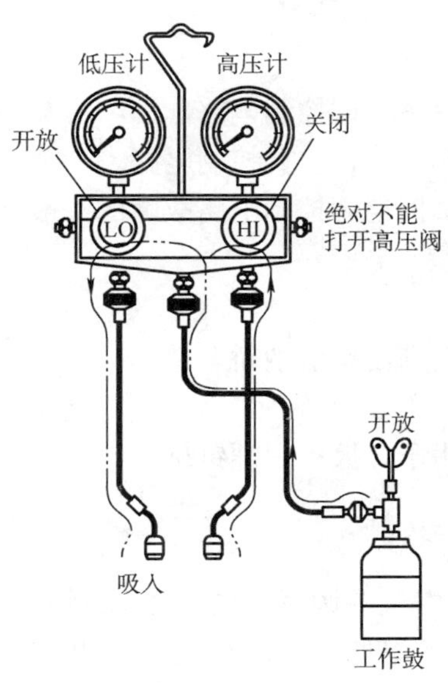

图 7-15　气态制冷剂的加注

7）向系统充注规定质量的制冷剂后，停止发动机运转，关闭高、低压力表的两个手动阀和制冷剂罐上的注入阀，拆除低压侧维修阀软管，待高压侧压力下降后，方可从高压侧维修阀拆下高压表软管。

考核

序号	考核内容	配分	评分标准	考核记录	扣分	得分
1	正确使用工具、仪表、量具	10	每次工具使用不当扣 3 分			
			每次量具、仪表使用不当扣 3 分			
2	正确检测空调系统压力	30	不能正确检测扣 15 分			
			不能正确进行分析扣 15 分			
3	正确进行抽真空操作	20	操作不熟练扣 8 分			
			操作错误扣 12 分			
4	正确进行制冷剂的充注	30	每次操作不正确扣 8 分			
5	操作规范，整洁有序，不超时	10	第一项扣 4 分，后两项各扣 3 分			
	遵守安全操作规程，无事故		出现元器件损坏，此题为 0 分			
6	分数总计	100				

项目 7.3　汽车空调控制电路的检修

学习目标

1）熟悉空调控制电路。

2）熟练分析空调控制电路。

3）掌握空调控制电路故障的一般诊断方法。

工具材料

1）实训用桑塔纳轿车整车。

2）万用表。

3）钳子、扳手、螺钉旋具。

相关知识

一般汽车空调系统的基本控制电路包括电源电路、鼓风机电路和电磁离合器电路，见图 7-16。

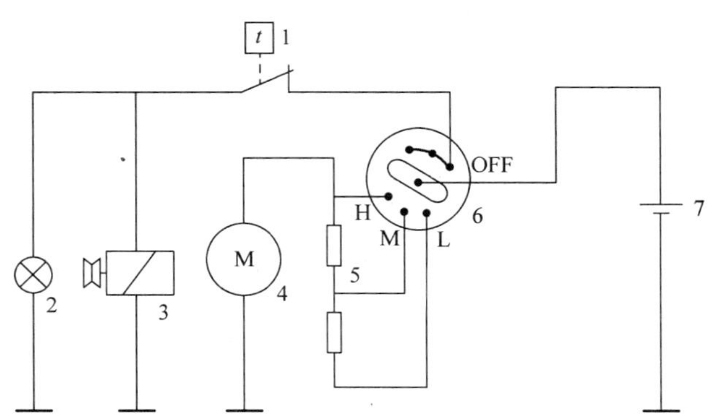

图 7-16　汽车空调系统的基本电路

1—温控器　2—空调指示灯　3—电磁离合器　4—鼓风机电动机　5—鼓风机调速电阻　6—空调及鼓风机开关　7—蓄电池

当接通空调及鼓风机的开关，电流从蓄电池流经空调及鼓风机开关后分为两路，一条电路从温控器至电磁离合器，使电磁离合器线圈通电，发动机带动压缩机运转制冷，与此同时，与电磁离合器线圈并联的压缩机工作指示灯发亮。另一路从开关的低速挡端子“L”经两个鼓风机调速电阻到鼓风电动机，这时鼓风电动机开始运转。由于电流通过两只电阻才到达鼓风电动机，故此时鼓风电动机转速最低。

转动空调及鼓风机开关，使其接通中速挡端子“M”时，温控器与电磁离合器线圈电路不变，鼓风电动机电流只经过一只调速电阻，因此电动机转速升高。

如果继续沿顺时针方向转动开关，使其接通高速挡端于“H”时，温控器与电磁离合器线圈电路仍然不变。鼓风机电流不经任何电阻直接流过电动机，因此电动机转速最高，冷气供给量最大。

当车厢内温度高于设定温度时，温控器触点处于闭合状态。当空调工作使车厢内温度降低到低于设定温度时，温控器触点断开，电磁离合器线圈断电，压缩机停止工作，指示灯熄灭，这时鼓风机仍在工作。空调停止工作后，车厢温度上升，当车厢温度高于设定温度时，温控器的触点又闭合，电流通过电磁离合器线圈使压缩机再次运转制冷，从而将车厢内温度控制在设定温度值范围内。

操作步骤

1. 桑塔纳轿车空调控制电路的分析

图 7-17 为桑塔纳轿车空调系统控制电路的电路图。

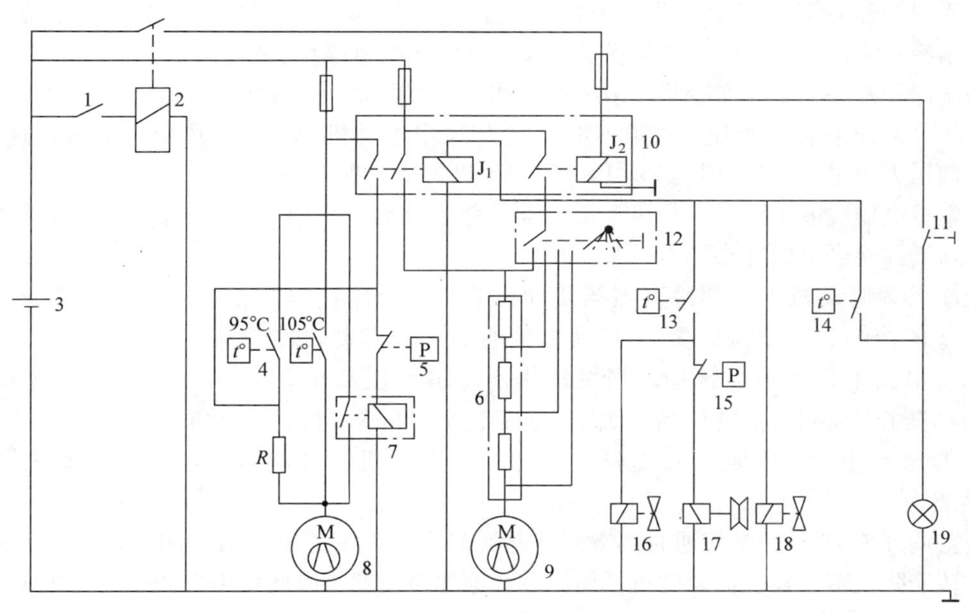

图 7-17　桑塔纳轿车空调系统控制电路

1—点火开关　2—减荷继电器　3—蓄电池　4—冷却液温控开关　5—高压保护开关　6—鼓风机调速电动机　7—冷却液风扇继电器　8—冷却风扇电动机　9—鼓风机　10—空调继电器　11—空调开关　12—鼓风机开关　13—蒸发器温控开关　14—环境温度开关　15—低于保护开关　16—怠速提升真空转换阀　17—电磁离合器　18—新鲜空气电磁阀　19—空调开关指示灯

点火开关处于断开（置 OFF）位置时，减荷继电器 2 的线圈电路切断，触点断开，空调系统不工作。

点火开关处于启动（置 ST）位置时，减荷继电器线圈电路切断，触点断开，中断空调系统的工作，保证发动机启动时，蓄电池具有足够的电能来起动发动机。

点火开关处于接通（置 ON）位置时，减负荷继电器线圈电路接通，触点闭合，空调继电器 10 中的线圈 J 通电，接通鼓风机电路，此时可由鼓风机开关 12 进行调速。使鼓风机按要求的转速运转，进行强制通风、换气或送出暖风。

当外界气温高于 10℃时，环境温度开关 14 才能接通，空调才能使用。当需要制冷系统工作时，接通空调开关 11，空调开关 A/C 的指示灯 19 发亮，表示空调开关已经接通，电源经空调开关 11、环境温度开关 14 接通以下电路：

1）新鲜空气翻板电磁阀 18 电路接通，该电磁阀动作后接通新鲜空气翻板真空促动器的真空通路，从而可使新鲜空气进口关闭，鼓风机才能强制通过蒸发器总成的空气通道进风，使制冷系统进入车内空气内循环。

2）经蒸发器温控开关 13、低压保护开关 15 对电磁离合器 17 线圈供电，同时电源还经蒸发器温控开关接通化油器的怠速提升真空转换阀，提高发动机的转速，以满足空调所需动力的要求，防止发动机转速降低而熄火。

3）对空调继电器中的线圈 J1 供电，使两对触点同时闭合，其中一对触点接通冷凝器冷却风扇继电器 7 的线圈电路；另一对触点接通鼓风机 9 的电路。

低压保护开关 15 串联在蒸发器温控开关 13 和电磁离合器 17 之间。当制冷系统缺少制冷剂使制冷系统压力过低时，低压保护开关断开使压缩机停止工作。

高压保护开关 5 串联在冷却风扇继电器和空调继电器 j 的触点之间，当制冷剂压力正常时，高压保护开关触点断开，电阻 R 串入冷却风扇电动机电路，使风扇电动机低速运转。当制冷剂压力超过规定值（1.448MPa±0.068 95MPa）时，高压保护开关触点闭合，接通冷却风扇继电器线圈电路，冷却风扇继电器的触点闭合，电阻 R 被短路，风扇电动机将高速运转，增强冷凝器的冷却能力。

冷却风扇电动机由空调冷凝器与发动机散热器公用，因此还直接受发动机冷却液温控开关 4 的控制。当空调开关 A/C 尚未接通时，若发动机冷却液温度低于 95℃，则风扇电动机电路不通而不会转动；当发动机冷却液温度高于 95℃时，冷却风扇电动机低速转动，防止发动机过热；当冷却液温度达到 105℃时，则冷却液温控开关的高温（105℃）触点闭合，电阻 R 被短路，冷却风扇电动机将高速运转，增强发动机散热器的散热能力。

当空调开关 A/C 一旦接通时，空调继电器 J1 的右边一个触点就会闭合，鼓风机只能以低速运转来防止蒸发器表面温度过低而结冰或冻坏蒸发器。因此使用空调时，应在接通空调开关 A/C 之前，首先接通鼓风机开关，使较多空气流通。

2. 空调系统常见故障的检查与排除

（1）空调系统常见故障　空调系统常见故障主要有制冷系统不制冷，无冷气和冷气不足，其原因及排除方法，见表 7-1。引起这些故障的原因除了空调原因引起的外，还有可能是车辆本身的原因引起空调系统产生故障。

表 7-1 空调系统常见故障与排除

故障	故障原因	故障现象	故障排除
无冷气	空调压缩机 V 带松动打滑或断裂熔丝熔断、继电器损坏、电器元件接触不良、调温器及温度感应元件失灵	传动带挠度大于 10～15mm 压缩机不能起动	检查、调整或更换 修理或更换
	空调压缩机损坏，内部有泄漏	低压侧压力高，高压侧低	检修、更换损坏零件
	制冷剂管路及系统有泄漏		修复或更换
	蒸发器鼓风机不工作		修理或更换
冷气不足	制冷剂不足	高低压侧压力均低	找出泄漏处，补充制冷剂
	制冷剂过多	高低压侧压力均高	放掉多余制冷剂
	冷凝器有故障	高低压侧压力均高	清洁冷凝器，调节风扇轮张紧度
	系统中有空气	高低压侧压力均高，窥视镜中见到汽泡	更换干燥剂，抽真空、重新充注制冷剂
	蒸发器鼓风机不转或转速不够	蒸发器大量结霜，出风量不足	检查鼓风机开关、电阻器，或更换鼓风机
	散热器变形		清除污垢，校正变形
	膨胀阀开度过大	高低压侧压力均高，低压侧管路结冰或大量结霜	调整膨胀阀过热度，检查或更换感温元件

(2) 车辆本身的原因引起空调系统的故障

1) 发动机散热器内冷却液不足引起冷却液过热，导致高压侧温度升高，空调制冷效果下降。

2) 散热器风扇传动带张紧度不足引起打滑，导致冷不良、温度升高。

3) 散热器面罩堵塞，通风不畅，引起冷凝器冷却不良。

4) 蓄电池电流过载，发电机故障引起充电不足或电压调节器失失灵等原因，都会造成蓄电池失效，影响空调系统正常工作。

5) 当发现有噪声、振动问题时，首先要检查、分析发生源来自车辆本身还是空调系统，然后对症排除故障。

考核

序号	考核内容	配分	评分标准	考核记录	扣分	得分
1	正确使用工具、仪表、量具	10	每次工具使用不当扣 3 分			
			每次量具、仪表使用不当扣 3 分			
2	正确分析电路	40	不能正确回答每处扣 5 分			
3	正确分析、检测故障	40	操作不熟练扣 8 分			
			操作错误扣 12 分			
4	操作规范，整洁有序，不超时	10	第一项扣 4 分，后两项各扣 3 分			
	遵守安全操作规程，无事故		出现元器件损坏，此题为 0 分			
5	分数总计	100				

模块八　整车电路的检修

项目 8.1　汽车线束的连接与拆装

学习目标

1）了解汽车电气线路的内在联系，提高分析汽车电气设备线路的能力。

2）熟悉汽车整车线路的布置与拆检方法。

工具材料

1）实训用整车。

2）全车线路配件。

3）相应车型的电气线束。

4）万用表。

5）常用工具等。

相关知识：

1. 汽车线路的布线连接原则

1）各用电设备与电源的连接采用单线制。

2）各种汽车电器均并联于电源，能单独工作。

3）两个电源——发电机和铅蓄电池应并联。

4）汽车每条独立电路均装有保险装置。

5）汽车根据电气设备的作用及电路控制情况，构成了几个主要的独立电路。如电源系统电路，起动系统电路，灯光系统电路，仪表及各种信号电路等。图 8-1 为解放牌 CA1092 汽车线束布置图。图 8-2 为桑塔纳轿车线束布置；图 8-3 为桑塔纳轿车电气设备线路布置图。

2. 中央接线盒

桑塔纳轿车中央接线盒正面结构见图 8-4。背面结构见图 8-5。

3. 配线技术参数

1）低压导线允许载流值，见表 8-1。

表 8-1　低压导线允许载流值

导线标称截面/mm	0.5	0.8	1.0	1.5	2.5	3.0	4.0	6.0	10	13
允许载流值/A			11	14	20	22	25	35	50	60

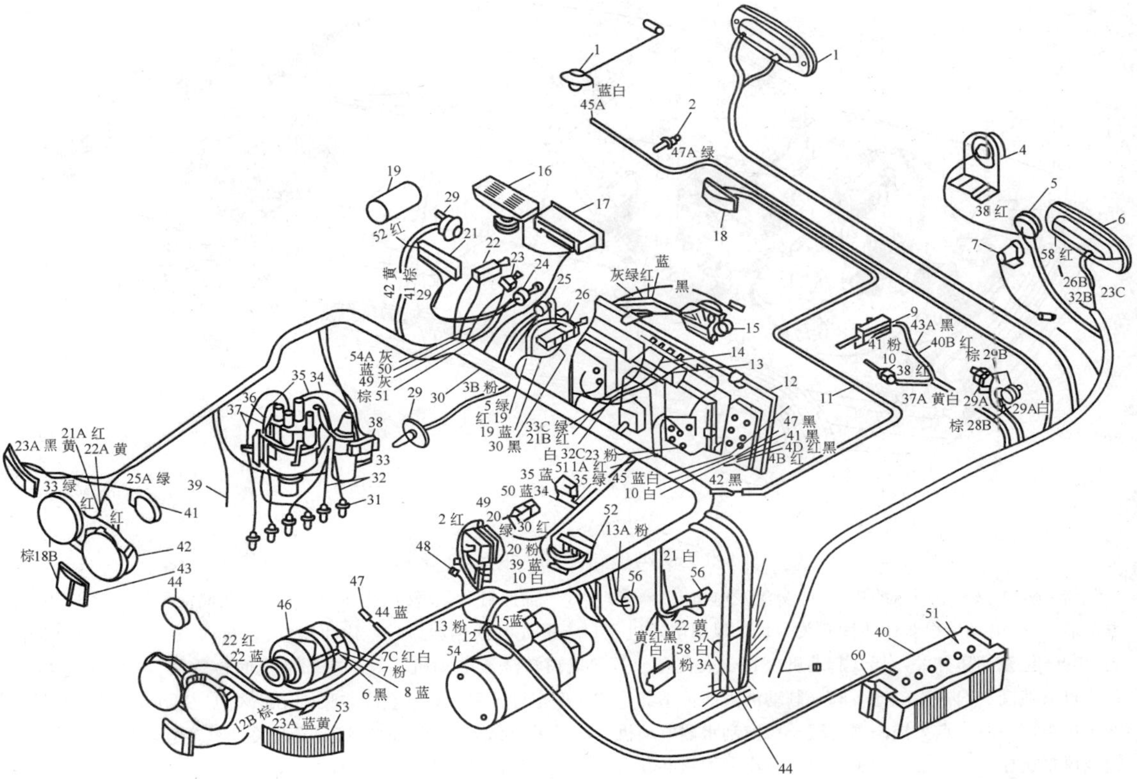

图 8-1　解放牌 CA1092 汽车线束布置图

1—燃油传感器　2—气压警报灯开关　3—后组合灯　4—倒车灯　5—倒车插座　6—左后组合灯　7—倒车蜂鸣器　8—制动灯开关　10—倒车灯开关　11—顶灯线束　12—仪表盘　13—转向指示灯　14—远光指示灯　15—转向灯开关　16—顶灯　17—收放机　18—扬声器　19—暖风电机　20—警报蜂鸣器　21—调速电阻　22—点烟器　23—雾灯开关　24—暖风机开关　25—点火开关　26—车灯开关　27—车速表　28—电喇叭按钮　29—发动机罩下灯　30—仪表线束　31—火花塞　33—点火线圈　34—中央高压线　32、35、37—高压分缸线　36—分电器　38—点火控制器　39—冷却液温度传感器　40—蓄电池　41—右电喇叭　42—右前照灯　43—雾灯　44—左电喇叭　45—左前照灯　46—发电机　47—油压警报器　48—油压传感器　49—复合继电器　50—闪光器　51—喇叭继电器　52—灯光继电器　53—转向组合灯　54—起动机　55—工作灯插座　56—变光开关　57—熔断器盒　58—调节器　59—后线束　60—起动机电缆　61—搭铁电缆

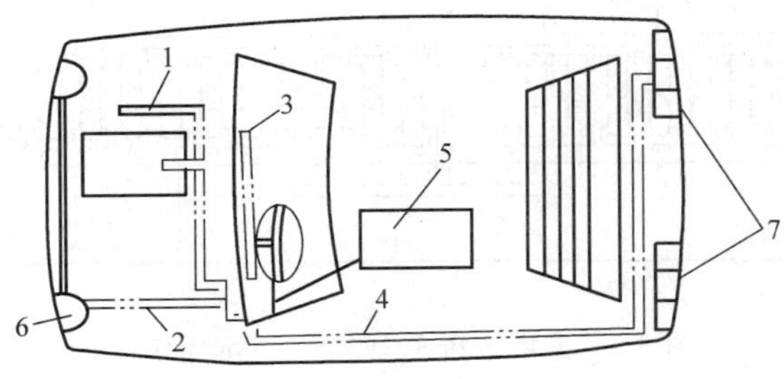

图 8-2　桑塔纳轿车线束布置图

1—发动机仓线束　2—前照灯线束　3—仪表板线束　4—车身后部线束　5—中央接线盒　6—前照灯　7—尾灯

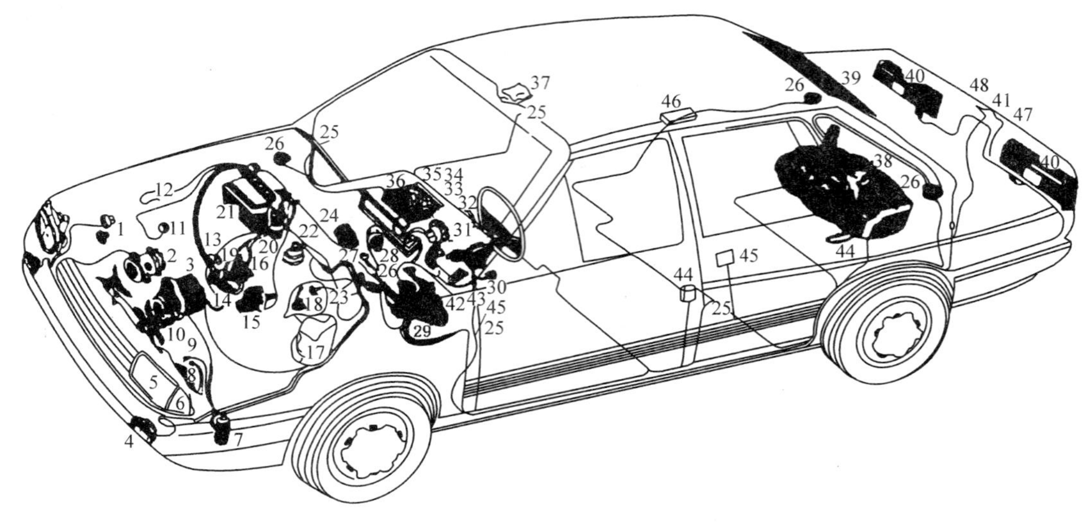

图 8-3 桑塔纳轿车电气设备线路布置

1—双音喇叭 2—空调压缩机 3—交流发电机 4—雾灯 5—前照灯 6—转向指示灯 7—空调储液干燥器 8—中间继电器 9—电动风扇双速热敏开关 10—风扇电动机 11—进气电预热器 12—化油器怠速截止电磁阀 13—热敏电阻 14—机油油压开关 15—起动机 16—火花塞 17—风窗清洗液电动机 18—冷却液液面传感器 19—分电器 20—点火线圈 21—蓄电池 22—制动液液面传感器 23—倒车灯开关 24—空调、暖风用鼓风机 25—车门接触开关 26—扬声器 27—点火控制器 28—风窗刮水器电动机 29 中央接线盒 30—前照灯变光开关 31—组合开关 32—空调及风量旋钮 33—雾灯开关 34—后窗电加热器开关 35—危急报警灯开关 36—收放机 37、46—顶灯 38—汽油箱油面传感器 39—后窗电加热器 40—组合后灯 41—牌照灯 42—电动天线 43—电动后视镜 44—中央集中控制门锁 45—电动摇窗机 47—后盖集中控制门锁 48—行李箱灯

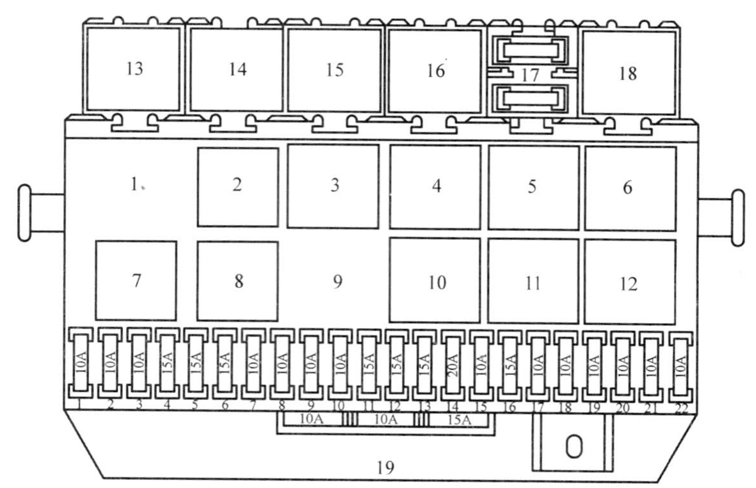

图 8-4 桑塔纳轿车中央接线盒正面结构

1、3、9、11、13、14、15、16、17—空位 2—进气预热继电器 4—换挡指示器继电器 5—空调继电器 6—喇叭继电器 7—雾灯继电器 8—中间继电器 10—前风窗清洗刮水器间歇继电器 12—闪光继电器 18—冷却液不足指示器控制继电器 19—中央接线盒

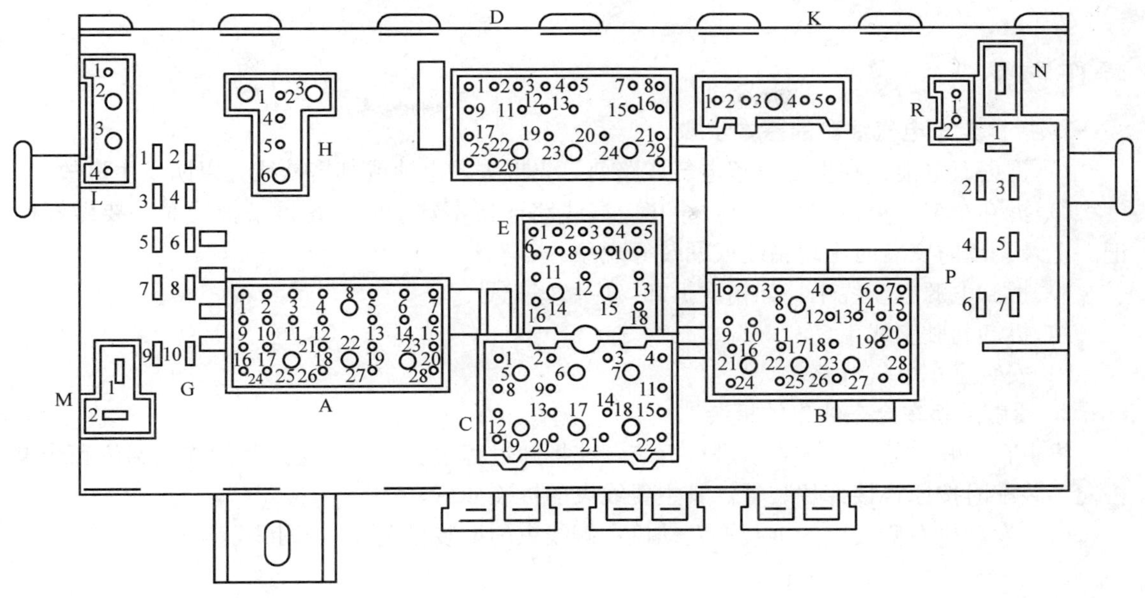

图 8-5　桑塔纳轿车中央接线盒背面结构

A、B—仪表板线束插头　C—灯光线束插座　D—发动机舱线束插座　E—后灯线束插座　G—单个线束插座　H—空调线束插座　K—安全报警系统线束插座　L—双音喇叭线束插座　M—灯光开关“56”和变光开关“56b”接柱的接头　N、P—单个插头　R—空位

2）12V 电系主要电路导线截面积推荐值见表 8-2。

表 8-2　12V 电系主要电路导线截面积推荐值

用　　途	标称截面/mm^2
后灯、顶灯、指示灯、仪表灯、牌照灯、燃油表、冷却液温度表、刮水器	0.5
转向灯、制动灯、停车灯、分电器	0.8
前照灯的近光、电喇叭（3A 以下）	1.0
前照灯的远光、电喇叭（3A 以下）	1.5
其他 5A 以上的电路	1.5～4.0
电热塞电路	4～6
电源电路	6～25
起动电路	16～95

3）解放汽车电气线路的主色规定表 8-3。

表 8-3　解放汽车电气线路的主色规定

线路名称	主色	颜色代号	线路名称	主色	颜色代号
电源线路	红	R	仪表，报警信号及电喇叭线路	棕	Br
点火及起动电路	白	W	收音机、时钟、点火器等辅助电器线路	紫	V
前照灯、雾灯、外部照明设备	蓝	BL	各种辅助电动机及电器控制线路	灰	Gr
转向灯及灯光信号线路	绿	G	搭铁线	黑	B
车内照明线路	黄	Y			

操作步骤

1. 拆检全车电气线路的基本步骤

1）拆去蓄电池：在拆去全车电气线路前，先拆去蓄电池或其搭铁线，以防发生事故。

2）拆卸车架线束：在对车型、全车电气线路连接不熟悉时，每拆一根线时都要做好标记、记录，以防安装时出现错装或漏装等现象。

3）拆卸电源起动线束：如初次拆卸，应做好记号。

4）拆卸驾驶室线束。

5）安装全车电气线路。

2. 桑塔纳轿车全车线束的拆装

线束在检修前后，应按要求进行拆装，在拆卸过程中要记住各接插头的连接部位和线束去向，装配时按原连接部位装复。其主要线束的拆装如下。

（1）发动机右侧线束的拆装　发动机右侧线束的拆装见图 8-6，图 8-7。

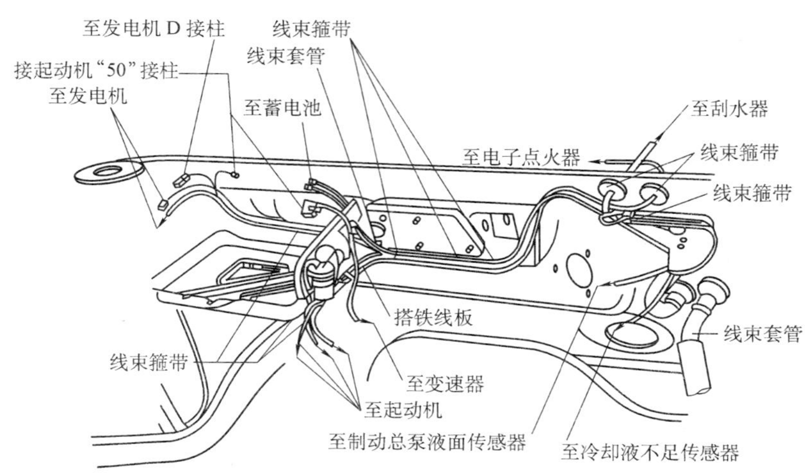

图 8-6　发动机右侧线束

1）拆下蓄电池极线。

2）拆下起动机上连线（插头）。

3）拆下发电机上连接插头。

4）拔下连接点火模块与点火开关连线（插头）。

5）拔下刮水器接头。

6）拔下至变速器倒挡开关接头。

7）拔下制动液面不足传感器插头。

8）拆下冷却液温度传感器插头。

9）解除线束箍带，拆下线束。

（2）发动机左侧线束的拆装　发动机左侧线束的拆装见图 8-8，图 8-9。

1）拆下发动机散热风扇电线。

2）拆下热敏开关电线。

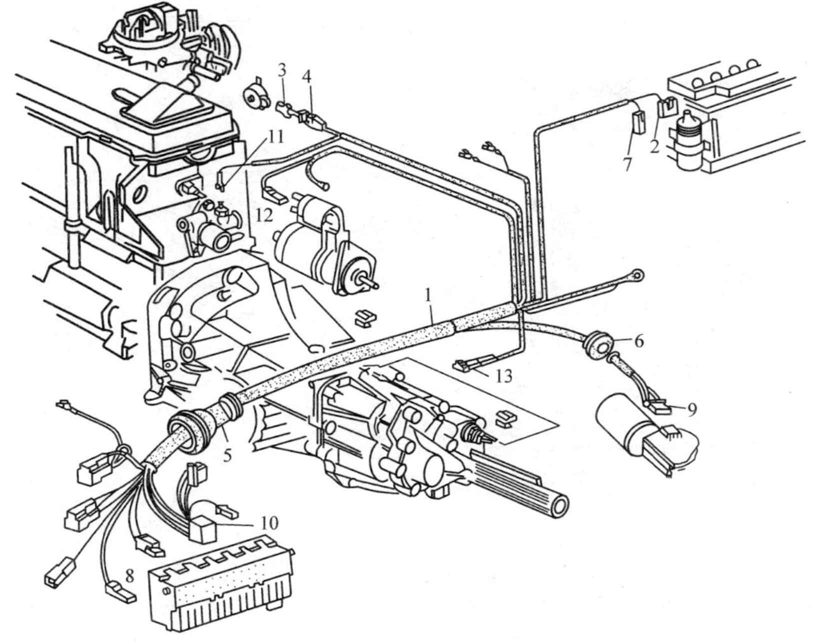

图 8-7　发动机右侧线路插件布置图

1—发动机右侧线束　2—接蓄电池　3—接起动机　4—护套　5—保护套　6—橡胶圈　7—接点火开关　8—接中央接线盒　9—接刷水器　10—接中央接线盒背面 D 插座　11—接冷却液温度传感器　12—接起动机　13—接倒挡开关

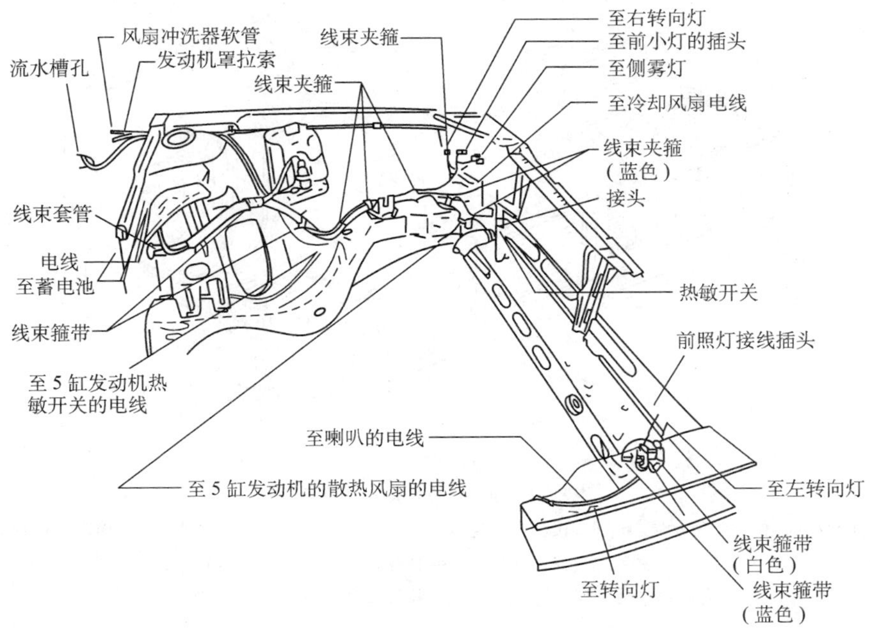

图 8-8　发动机左侧线束

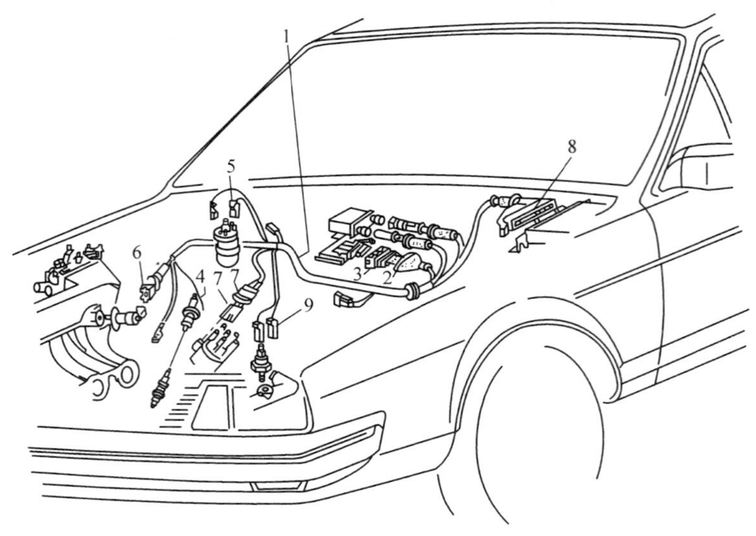

图 8-9　发动机左侧线束插件布置图

1—发动机左侧线束　2—橡胶套　3—接点火器　4—接机油压力开关（高）　5—接点火线圈　6—接热敏开关　7—接霍尔传感器　8—接中央接线盒　9—接油压开关（低）

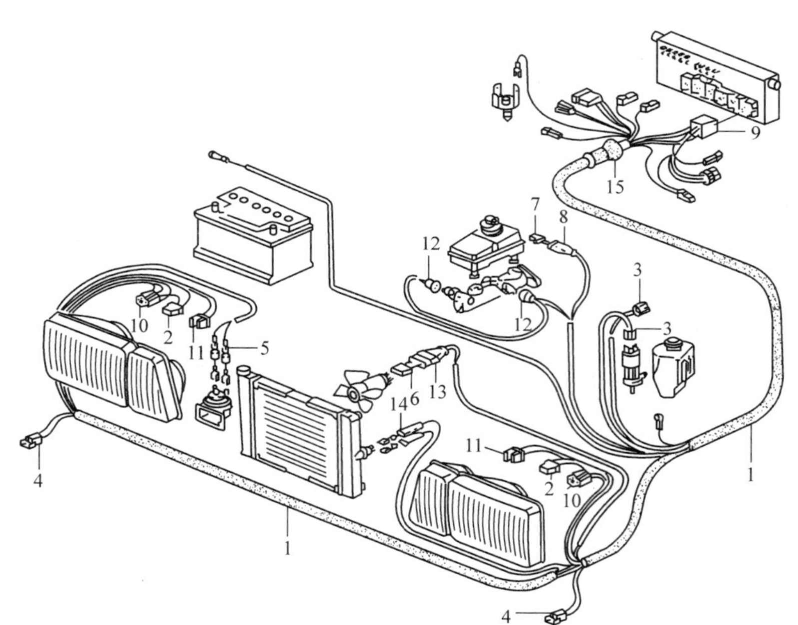

图 8-10　前照灯线束插件布置图

1—前照灯线束　2—接示宽灯　3—接洗涤泵电动机　4—接转向灯　5—接喇叭　6—接冷却风扇电动机　7—接制动液面传感器　8—橡胶套　9—接中央电器装置　10—接前照灯　11—接雾灯　12—接制动总泵　13—橡胶套　14—接冷却风扇热敏开关　15—橡胶套

3）拆下转向灯电线。

4）拆下雾灯接头。

5）拆下至冷却风扇电动机电线。

6）拆下至前照灯接头连线。

7）拆下至喇叭电线插头。

8）拆除线束箍带，拆下线束。

（3）前照灯线束的拆装　前照灯线束的拆装见图 8-10。

1）拔下中央接线盒插头。

2）拔下示宽灯插头。

3）拔下转向灯插头。

4）拔下雾灯插头。

5）拔下喇叭插头。

6）拔下前照灯插头。

7）拔下冷却风扇热敏开关插头。

8）拔下冷却风扇电动机插头。

9）拔下洗涤泵电动机插头。

10）拔下制动液面传感器和制动总泵插头。

11）拔下与发动机线束、仪表板线束相连的插头。

12）拔下单个插头。

13）拆下线箍，拆下线束。

（4）仪表板线束的拆装　仪表板线束的拆装见图 8-11，图 8-12，图 8-13。

1）拔下左右扬声器接线。

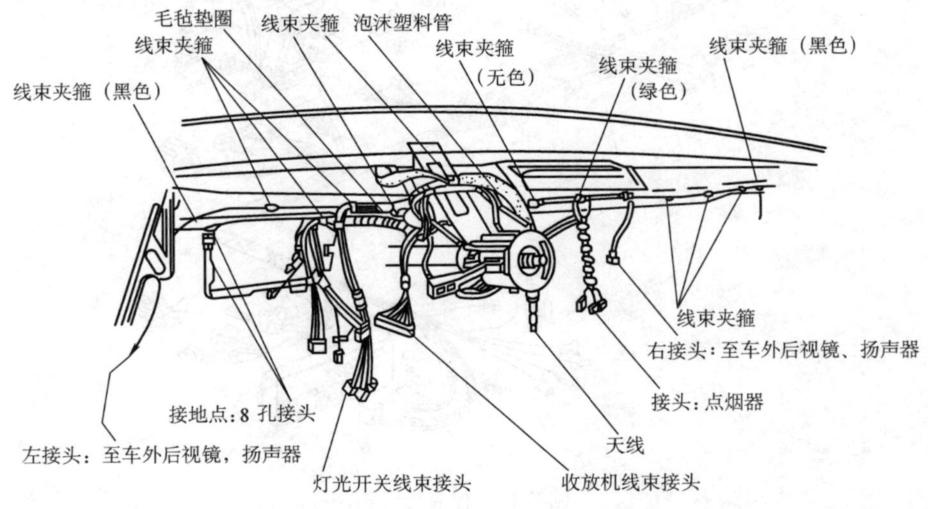

图 8-11　仪表板线束

2）拔下收放机线束接头。

3）拆下天线接头。

4）拆下点烟器接头。

5）拆下雾灯开关接线。

6）拆下后风窗加热开关接线。

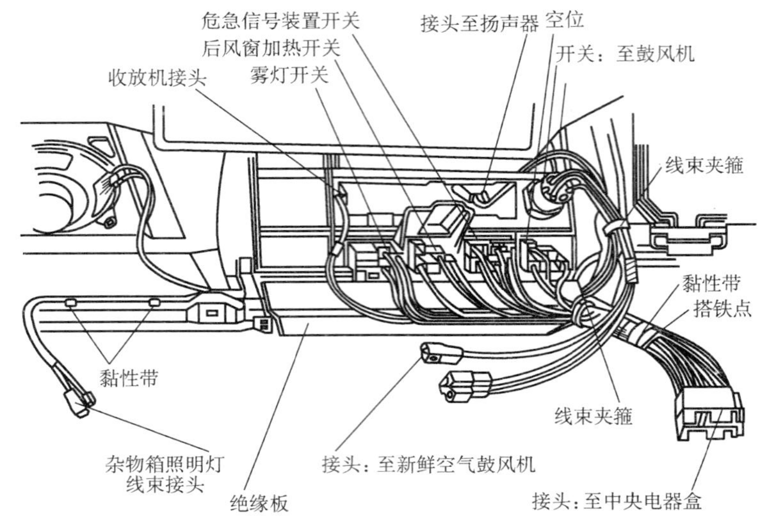

图 8-12 仪表板线束

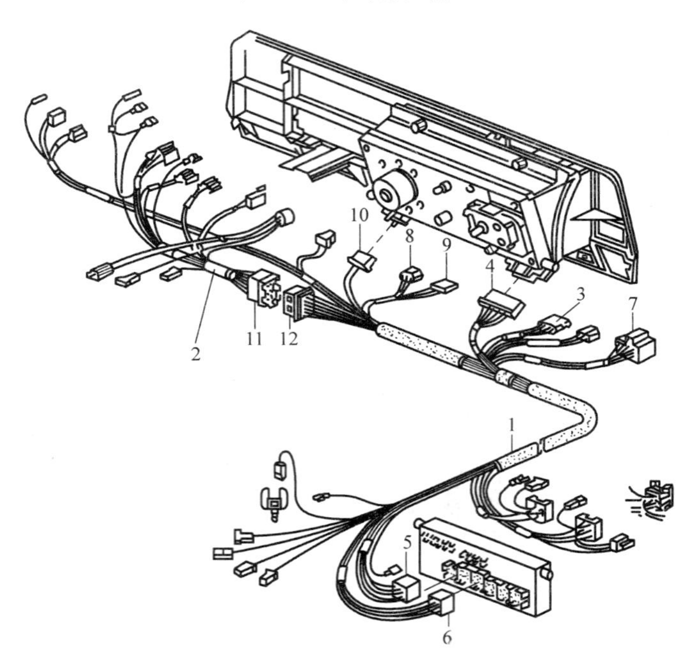

图 8-13 仪表板线束

1—组合仪表线束 2—仪表板线束 3、4—接组合仪表 5、6—接中央接线盒 7—接灯光开关 8—接雾灯开关 9—接后风窗加热开关 10—危险信号开关 11—插头 12—插座

7）拔下新鲜空气鼓风机接头。

8）拆下鼓风机开关接线。

9）拔下至扬声器接头。

10）拆下危险报警灯开关连线。

11）拆下杂物箱照明灯线束接头。

12）拔下至中央接线盒插头。

13）拆下线束夹箍，拆下线束。

（5）车身后部线束的拆装　车身后部线束的拆装见图 8-14，图 8-15。

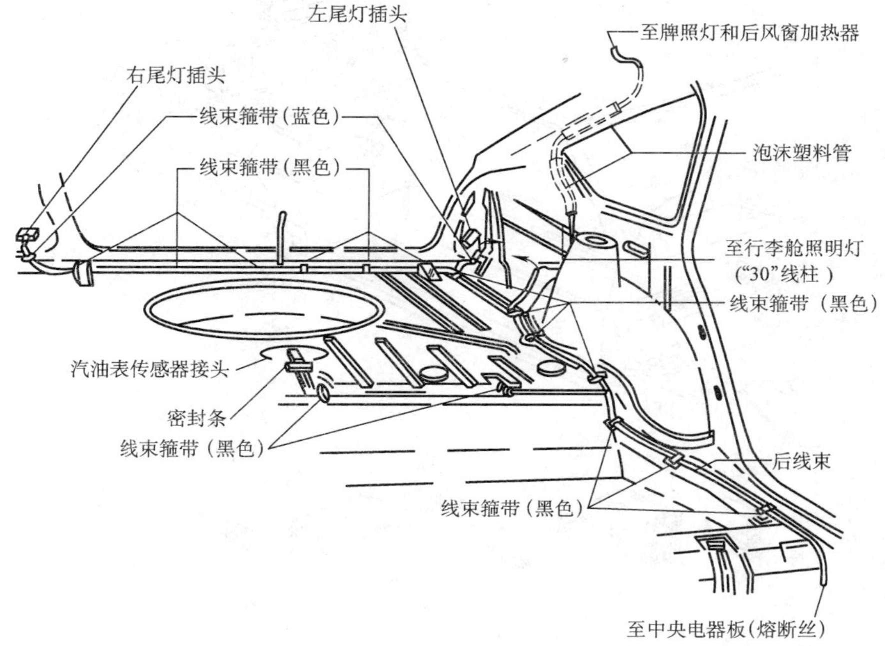

图 8-14　车身后部线束

1）拆下中央接线盒后部线束插头和单线插头。

2）拆除后部与牌照灯及后风窗加热器连接的单线插头。

3）拆下燃油传感器插头。

4）拆下左右尾灯插头。

5）拆下至行李箱照明的插头。

6）拆除线束箍带，拆下线束。

注意事项

1. 安装全车线路时按拆卸的相反顺序进行。
2. 拆下的全车电气线路，经检查无断路、短路、破损、绝缘破坏等问题或检修完毕后，进行安装。
3. 线束应用专门的卡簧或卡子固定，不要过紧，在穿过车身金属孔或绕过直角时，均应加保护套或绝缘隔层，在进行电气线路连接前，应及时清除接线柱和接线卡上的氧化层，保证接触良好。
4. 安装完毕后注意检查所连接的线位置是否正确，连接是否可靠，插座与插销是否牢固，并用卡带卡紧。

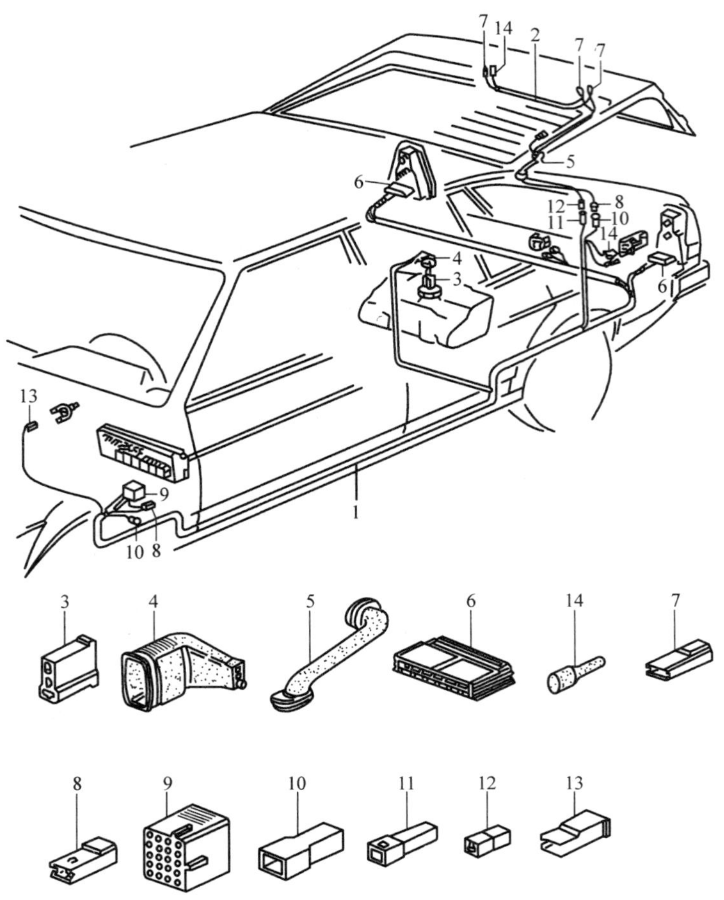

图 8-15 后部线束插接件布置图

1—车身后部线束 2—牌照灯线 3—接燃油传感器 4、14—橡胶套 5—弯管橡胶套 6—接左右尾灯 7—接牌照灯 8、11—单线插头 9—接中央接线盒 10、12—单线插座 13—接制动开关

考核

序号	考核内容	配分	评分标准	考核记录	扣分	得分
1	正确使用工具、仪表、量具	10	每次工具使用不当扣 3 分			
			每次量具、仪表使用不当扣 3 分			
2	正确认识各连接电器	40	不能正确回答每处扣 5 分			
3	正确拆装全车线束	40	操作不熟练扣 20 分			
			操作错误扣 20 分			
4	操作规范，整洁有序，不超时	10	第一项扣 4 分，后两项各扣 3 分			
	遵守安全操作规程，无事故		出现元器件损坏，此题为 0 分			
5	分数总计	100				

项目 8.2　整车电路分析

学习目标

1）读懂汽车总电路图。
2）分析系统工作原理和线路电流走向。
3）拆画系统电路图。

工具材料

1）解放牌 CA1092 型汽车全车电路图。
2）桑塔纳 2000GLS 型轿车全车电路图。

相关知识：

1. 汽车电路图的种类

目前我们见到的汽车电路图的基本表达方法大致有原理图、接线图、线束图和线路图。

（1）汽车原理图　汽车原理图是把汽车上各种电器抽象为一个的简明符号，用线条将其合理地连接起来，再将其按系统进行排列而成。它以表达汽车电路的工作原理和相互连接控制关系为重点，不讲究电器设备的形状、位置和导线的实际走向等，对线路图作了高度的简化，使电路原理变得简明扼要、准确清晰。这类图以对于了解汽车电器设备的工作原理和迅速分析排除电器系统的故障十分有利。它是分析电器系统工作原理以及维修电器系统的最基本、最实用的资料。如图 8-16 所示为桑塔纳轿车原理图一部分。

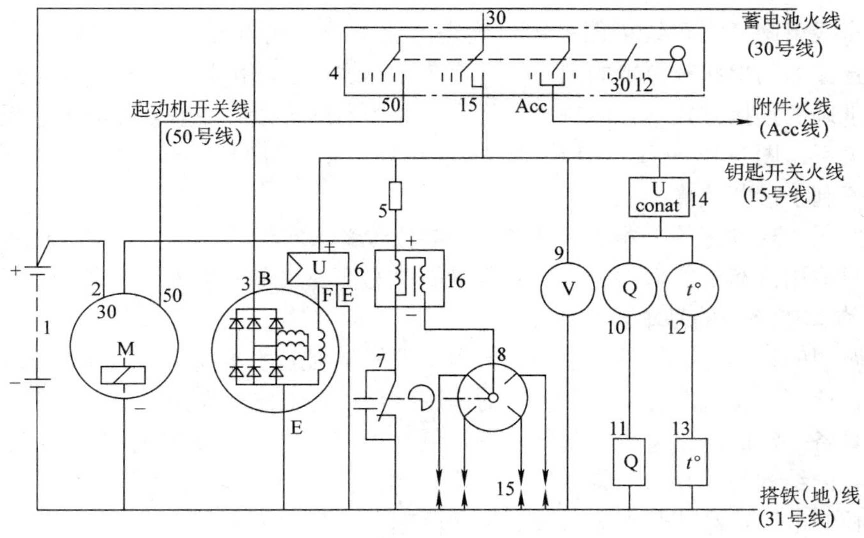

图 8-16　桑塔纳轿车原理图

（2）汽车接线图　汽车接线图是把汽车电器在汽车上的实际接线位置连接而成。它既能描绘各元件之间的相互关系，又能明确汽车上电器设备的实际连接关系，是我们在维修中经常使用的，大众轿车接线图见图 8-17。

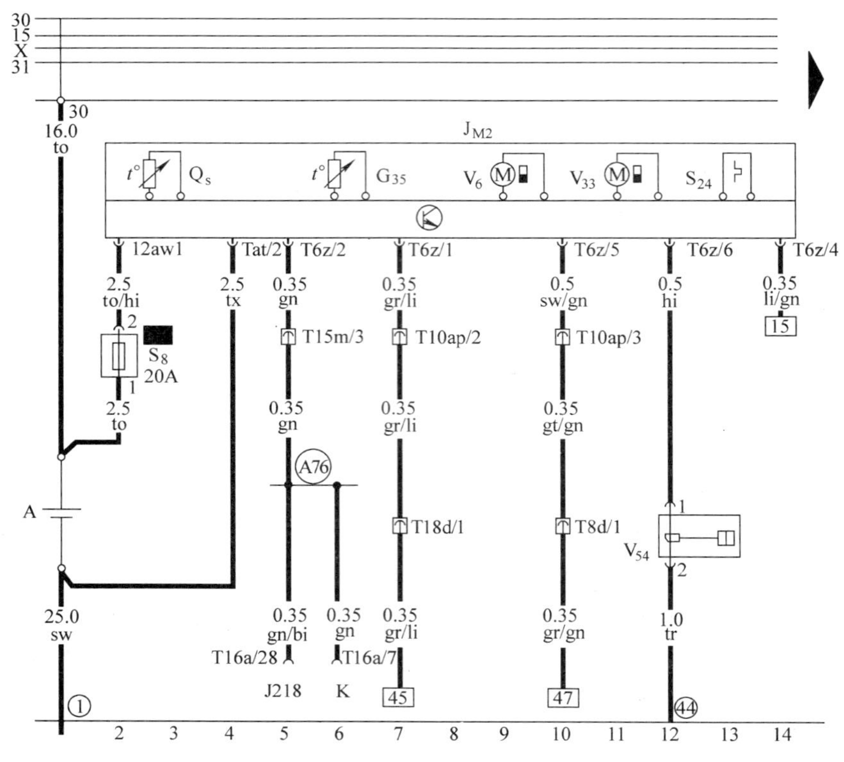

图 8-17 大众轿车接线图

（3）汽车线束图 汽车线束图是用以确定电线束与各用电器的连接部位、接线柱的标记、线头、连接器的形状及位置的图。它将汽车实际线束各部按其尺寸比例关系绘制，能直观地显示其准确的连接方式和具体位置，具有很高的实用价值。一般它不能表达系统的工作原理和相互关系。图 8-18 为 TU5JPK 型汽车线束图，图上可明确接线和安装位置，但无法分析原理，不利于诊断故障。

（4）线路图 这种图的电器部件外形和安装位置都与实际情况相同，很方便查线，但读图不方便，只适用汽车电器部件少、线路连接简单的传统汽车（东风 EQ1090），见图 8-19。

2. 识读汽车电路图的基本要求

汽车电路图的识读是在具备一定汽车基本知识的基础上才能进行的。首先应掌握汽车的基本组成与构造，熟悉汽车各部分和系统的作用、组成与工作原理。

其次要具备一定的电工电子等基础知识，例如要掌握直流、交流电路、电磁感应原理、晶管、二极管的结构与作用等。对于识读分析传统汽车电路图，理解交流发电机及其调节器，起动机控制电路，晶体管点火系统等工作原理，这些知识是必不可少的。而对于识读和分析现代汽车的电子控制系统电路图，只掌握上述知识仍嫌不够，应再具备数字逻辑电路，运算放大器等基础理论知识。

然后要掌握汽车电路中的各种元器件和单元电路的工作原理。这是识读各个电气系统以

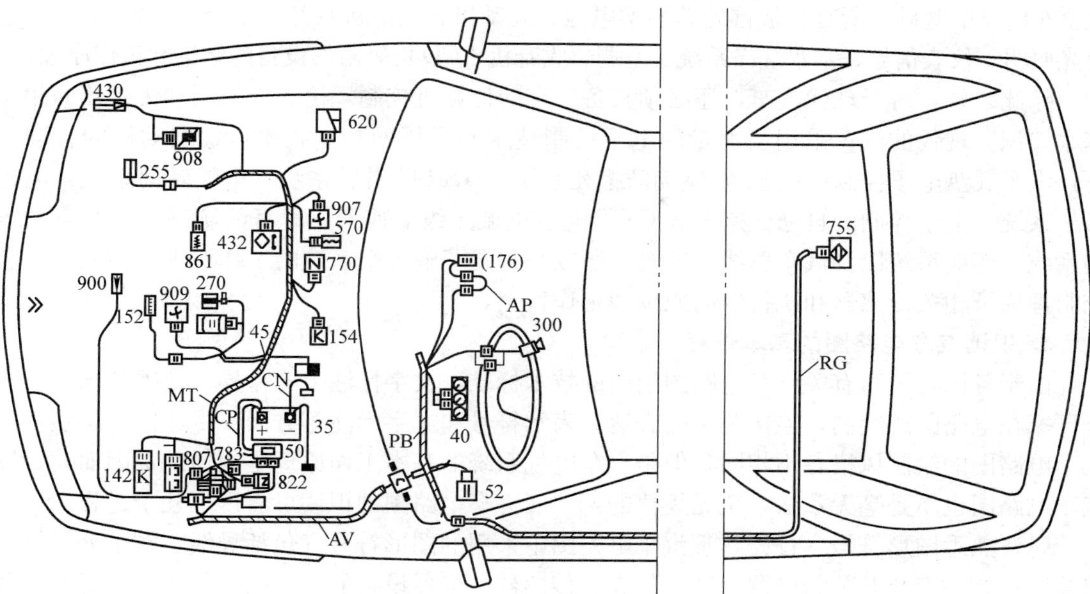

图 8-18　TU5JPK 型汽车发动机线束布置图

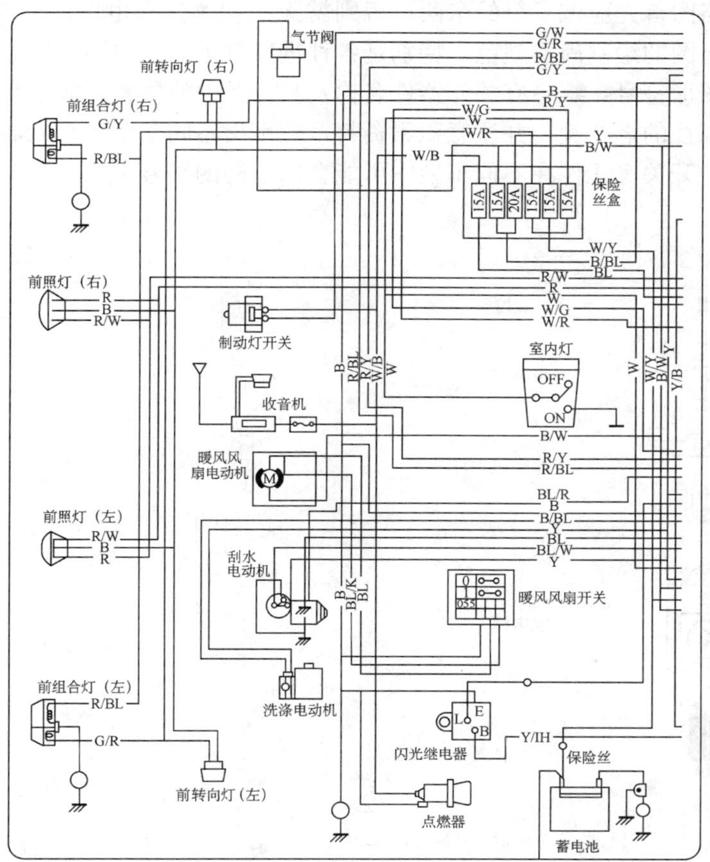

图 8-19　东风 EQ1090 线路图

及全车电路的基础，所有必须首先熟悉蓄电池、起动机、发电机及其调节器、继电器、开关、灯光照明、仪表信号、刮水洗涤系统、空调、收音机、CD机等附属设备的结构和工作原理。

除此之外，对于现代汽车，还必须具备一定的计算机控制理论、局域网和传感器的相关基本知识。现代的汽车采用了大量的电子控制技术和局域网控制技术，像发动机的管理系统，汽车底盘电子控制中的ABS制动防抱死系统，ASR防滑转系统，电控转向系统，电控悬架系统，电子控制的自动变速器和CVT电控机械无级变速器，车身的防盗系统，自动空调系统，巡航系统以及汽车总线系统等。所以必须要了解各个系统的工作原理、控制方式和控制理论及相关传感器和执行器的原理和工作特点。

3. 识读汽车电路图的基本过程

由于各国各厂商有关汽车电路图绘制的技术标准、文字标注上的差异，使得各国各大汽车厂家在电路图的绘制、连接关系的表达、表示符号和文字标注等方面不尽相同。虽然不同汽车电路图的绘制风格各不相同，但是汽车电气系统的基本工作原理是相通的，因而，识读汽车电路图也不是毫无章法，全无规律的，一般汽车电路图的识读可有以下几个过程。

（1）熟悉图形符号　首先熟悉汽车电路图中采用的图形符号（包括导线、端子和导线的连接装置、触点与开关、电器元件、仪表、传感器、电器设备的一些限定符号）的意义以及表示各种布线配线走向的图形符号的各种标记、字母等图标的含义。如图8-20所示，是识读和分析汽车电路图首先应该了解的东西，否则就无法识读汽车电路图，更谈不上分析了。由于各种汽车电路图的绘制尚不规范，特别是各种进口汽车的一些图形符号还很不一致，应仔细对照图注和图形符号，熟悉有关元器件名称及其在图中的位置、数量和接线情况，切忌先入为主，照搬以往的老经验，并注意积累资料，甄别出不同车型相同元器件电路符号的差别。例如，电阻、开关等元件在不同车型中可能会用不同的符号来表达。

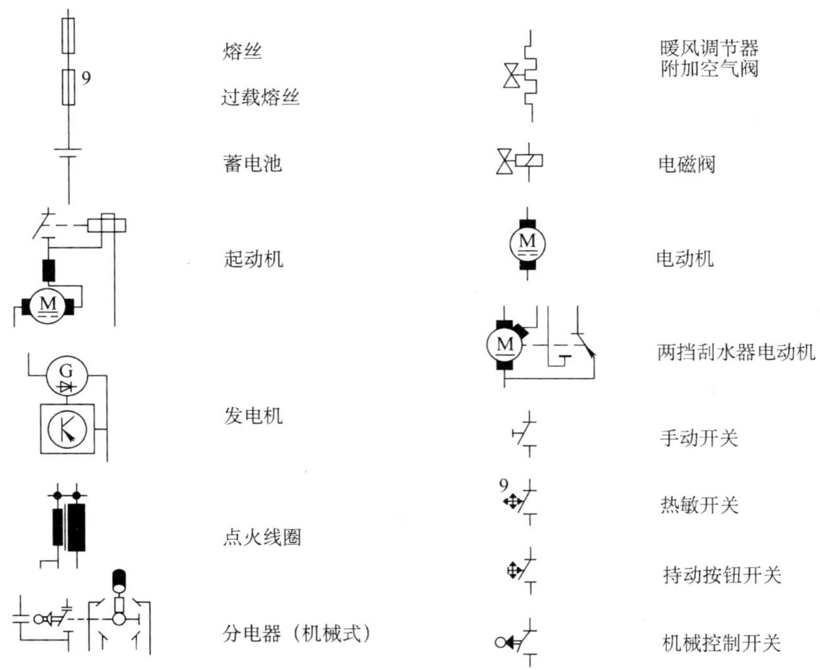

图8-20　电路图符号

（2）熟悉电路标记符号 为了便于绘制和识读汽车电路图，许多电器装置或其接线柱上面都赋予了不同标记，例如交流发电机上接至电源火线端接线柱用“B”或“+”表示；中性点接线柱用“N”表示；“49”，“L”，“E”等是转向信号装置的基本标记；“72”、“H”是电喇叭和声音报警装置的基本标记；“30”表示常火线，“15”表示点火开关在正常工作时接通的火线；“31”表示搭铁线等。还要熟悉一些进口车型电路图中的接线端子上的缩略语的含义，便于全面快捷地理解电器工作原理。

（3）熟悉全车电路的总体构成 熟悉各个系统和主要开关、继电器的关系。例如，哪些系统不受点火开关控制，哪些经过点火开关，很多车型喇叭和前照灯系统不受点火开关控制；桑塔纳轿车空调等大负荷用电器受卸荷继电器控制；各系统又受哪些熔断器保护等，识图时应认真阅读图注。弄清该部分电路所包含的电器设备种类、数量、名称，进而归纳出其所属系统，有利于结合系统共性深入理解电路工作原理。

（4）了解电路图特点，熟悉其编制规则 目前，由于没有一个统一的标准，日、美、欧（德、法）、韩等车系其电路图的形式各不相同，一般我们将其下划分为以桑塔纳、捷达、奥迪为代表的大众车系，其电路图在最下端通过编号坐标来标注图中各线路的位置，各线路纵向平行排列，每条线路对准下框线上的一个编号，见图 8-17。以丰田系列（雅阁、花冠等）为代表的日系车；以通用系列（赛欧、别克等）作为代表的美国车系；以雪铁龙系列（富康、爱丽舍等）为代表的法国车系。

（5）分析电路 然后依据各系统工作原理和过程分析其电路，也就是按照汽车电器工作的各个相对独立的系统。例如电源系统、起动系统、点火系统、仪表、信号、照明、空调、音响等各个系统，逐个认识其工作过程，分析其电路。

（6）全面掌握汽车电路 通过各个系统的认识，由点及面，重点掌握各系统的连接关系。

4. 识读汽车电路图的基本方法

（1）由浅入深，由易到难 应先从比较简单熟悉的车型入手，例如，可先从 EQ1090，CA1092 等一些传统汽车的电路图入手，开始读图分析，然后再识读桑塔纳、捷达等车型的电路图，最后再识读别克、帕萨特、雅阁等车型的电路图，这样由简到繁，由易到难。刚开始识读现代汽车电路图时，对于较难理解的一些 ECU、继电器的引脚名称和功能以及一些装置不太了解其原理时，可将其视为只满足某些功能的模型，待以后进一步学习后继续掌握。

（2）对照实物，查阅资料，逐一认识 有些时候不易从图进行分析时，可参考有关资料和实物对照认识。将原理图、线束图、接线图对照配合阅读弄清其原理。

（3）化整为零法 对于整车电路图的识读分析，可采用化整为零，化全车整体图为系统部分图，以方便识读。对于各个系统单元电路图，同样可以采取各个击破的办法进行识读。电子控制系统电路，就可以分成发动机电子控制系统、自动变速器电子控制系统、制动防抱死电子控制系统等电路。发动机电子控制系统又可以分为燃油喷射控制、点火控制、排放控制等不同电路逐一进行阅读分析。例如图 8-21 为计算机控制点火系统电路图，同时，还应注意各系统单元电路之间的相互关系和相互影响，以便合零为整。

（4）突破一点，触类旁通 在识读汽车电路图时，一但弄懂某种型号的汽车电路结构及其原理，可通过这个具体的例子，举一反三，互相比较，以掌握汽车电路图的一些共性规

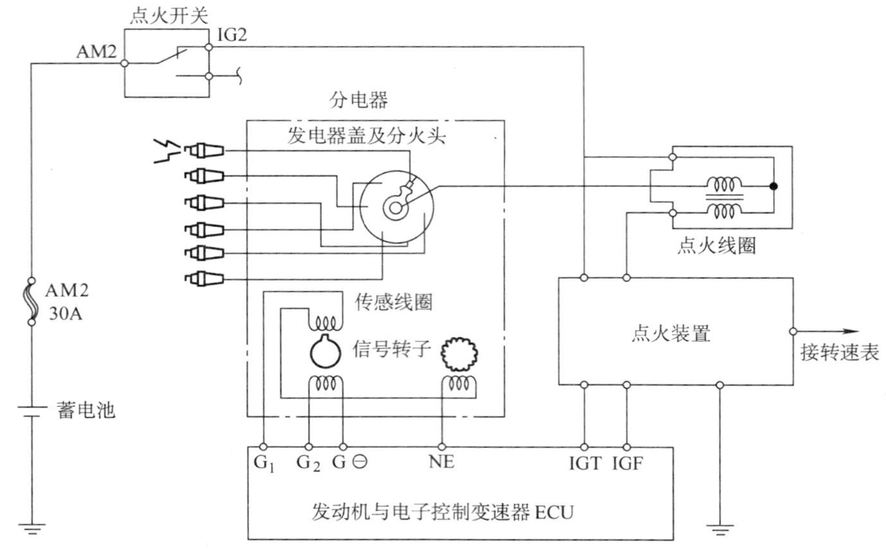

图 8-21 计算机控制点火电路

律。再以这些共性为指导，了解其他型号的汽车电路，这样又可以发现更多的共性，触类旁通。同时还可以发现各种车型之间的差异。例如掌握了解放牌汽车电路的特点，就可以大致了解东风、跃进等一批国产汽车电路的特点。掌握了日产、三菱、丰田等汽车电路，也就可以基本了解日本汽车电路的特点。掌握了桑塔纳轿车的电路，就可以进一步了解奥迪、捷达、波罗、宝来等德国大众公司汽车电路的特点。如此反复，不断积累，便可获得识读各种汽车电路图的能力。

（5）分析电路　运用汽车电路的特点依据回路原则分析电路，如单线制，负极搭铁，双电源相互并联，直流低电压。所有灯的装置都是从电源→开关→负载→搭铁。电控系统都是由传感器→电控单元→执行器等。任何一个完整的电路都是由电源、熔断器、开关、控制装置、用电设备、导线等组成。电流流向必须从电源正极出发，经过熔断器、开关、控制装置、导线等到达用电设备，再经过导线（或搭铁）回到电源负极，才能构成回路。因此电路读图时，可按照以下三种方法分析电路。

1）沿着电路电流的流向，由电源正极出发，顺藤摸瓜查到用电设备、开关、控制装置等，回到电源负极。

2）逆着电路电流的方向，由电源负极（搭铁）开始，经过用电设备、开关、控制装置等回到电源正极。

3）从用电设备开始，依次查找其控制开关、连线、控制单元，到达电源正极和搭铁（或电源负极）。

5. 拆画汽车系统电路图

拆画汽车系统电路图，是指在全面分析某车型总电路图的基础上，以某一系统电路为研究主体，分析该系统的工作原理和电流流向，结合原车实际的线路连接进行验证，最后拆画出该系统的电路图来，图 8-22 为拆画出来的桑塔纳轿车空调系统控制电路图。

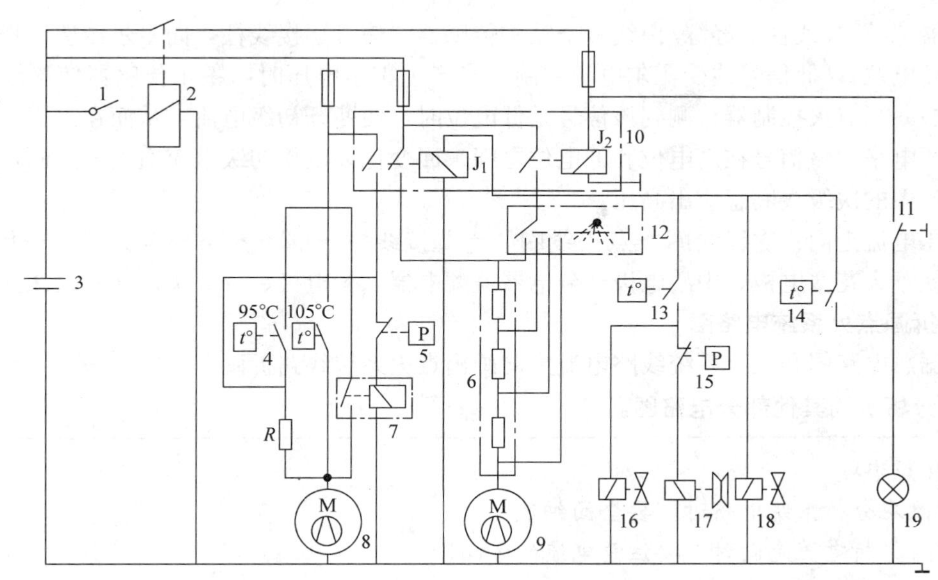

图 8-22　桑塔纳轿车空调系统控制电路

1—点火开关　2—减荷继电器　3—蓄电池　4—冷却液温控开关　5—高压保护开关　6—鼓风机调速电动机　7—冷却液风扇继电器　8—冷却风扇电动机　9—鼓风机　10—空调继电器　11—空调开关　12—鼓风机开关　13—蒸发器温控开关　14—环境温度开关　15—低于保护开关　16—怠速提升真空转换阀　17—电磁离合器　18—新鲜空气电磁阀　19—空调开关指示灯

操作步骤

1. 全面分析总电路图

桑塔纳轿车从左至右分别是电源区、起动区、点火区、仪表区……。中央接线板上有继电器、熔断器、内部线路、接口、插座及各种线束。

2. 分析点火系统工作原理和线路电流走向

桑塔纳采用霍尔效应式无触点晶体管电子点火系统，由蓄电池、点火开关、点火线圈、霍尔无触点式分电器、电子点火控制器、高低压导线及火花塞等组成。其工作原理是通过点火线圈初级线圈电流的通断，在次级线圈上感应出高压电，通过高压线路及正时分配使各气缸火花塞跳火。初级电流的通断受点火器的控制，而点火器依靠点火传感器的信号来控制。

低压电流走向：蓄电池“＋”接线柱（经电缆）→起动机的“30”接线柱（经红线）→中央接线板 P→另一 P 接线柱（经红线）→点火开关“30”接线柱→点火开关“15”接线柱（经黑线）→中央接线板 A8 接线柱→D23 接线柱（经黑线）→点火线圈“＋”接线柱。然后分两路：一路进入点火线圈内部经初级线圈到“－”接线柱（经绿线）→点火控制器“1”接线柱→点火控制器内部→点火控制器“2”接线柱（经棕线）→发动机机体搭铁（经搭铁线）→蓄电池“－”接线柱。另一路向点火控制器供电，从点火线圈“＋”接线柱（经黑线）→点火控制器“4”接线柱→点火控制器内部→点火控制器“2”接线柱（经棕线）→发动机机体搭铁（经搭铁线）→蓄电池“－”接线柱。另一方面第一路的导通和断开受分电器霍尔式点火传感器的信号控制，接线如下：点火控制器“5”接线柱（经红/黑线）→霍尔传感器“＋”接线柱；霍尔传感器“－”接线柱（经棕/白线）→点火控制器“3”接线柱；点火控制器“3”接线柱（经绿/白线）→霍尔传感器“信号”接线柱，向霍尔传感器提供12V电压（高电位），此信号线受霍尔电压控制。当产生霍尔电压时，霍尔传感器使该线路搭铁（低电位）。当点火控制器检测到该信号是低电位时，便断开初级电流，从而在点火线圈中感应出高压电来。该信号在高电位和低电位之间来回变化，以使初级电流通-断-通-断，从而使点火线圈中的次级线圈感应出高压。

高压电流走向：次级线圈→点火线圈“+”接线柱→D23→A8→点火开关→P→蓄电池→搭铁→火花塞电极、中心电极→分电器盖配电器（旁电极、分火头）→次级线圈。

3. 拆画点火系统电路图

根据总电路图和点火系统线路电流走向画出点火系统线路拆画图。

4. 分析拆画其他部分电路图。

注意事项

1. 在分析系统电路时，要全面细致。
2. 分析电流走向时，要注意电流的方向。

考核

序号	作业项目	考核内容	配分	评分标准	评分记录	扣分	得分
1	画系统电路图	电路图质量	50	电路图每出现一处错误扣10分，扣完为止			
2	分析工作原理，写出电流流向	工作原理	40	原理分析每出现一处错误扣10分，扣完为止			
3	安全文明生产	遵守安全操作规程，正确使用工量具，操作现场整洁	10	每项扣2分，扣完为止			
		安全用电，防火，无人身、设备事故		因违规操作发生重大人身和设备事故，此题按0分计			
4	分数合计		100				

项目8.3 整车电路的检修

学习目标

1）掌握汽车故障常见的类型。

2）掌握汽车电路故障的诊断方法。

工具材料

1）电路图。

2）实训用整车。

3）全车电路试验台。

4）万用表、试灯、跨接线。

5）扳手、钳子、螺钉旋具。

相关知识

1. 常见电路故障

线路常见故障包括断路、短路、漏电以及接线松脱、潮湿及腐蚀等导致的接触不良或绝缘不良等。

（1）断路　电源到负载的电路中某一点中断时，电流不通，导致灯不亮，电动机停转。这种故障被称为断路。一般断路由导线折断，导线连接端松脱或接触不良等原因所造成。

（2）短路　电源正、负极的两根导线直接接通，使电器部件不能工作，导线发热或线路中的熔丝熔断。造成短路的原因有：导线绝缘破坏，并相互接触造成短路，开关、接线盒、灯座等外接线松脱，造成和线头相碰；接线时不慎，使两线头相碰；导线头碰触金属部分等。

（3）漏电　漏电现象使耗电量增大，导线发热。漏电原因是电气设备绝缘不良，导线破坏，绝缘老化、破裂、受潮等。

2. 检修故障的思路

在进行汽车电路检修前，必须熟读使用说明书，查明电路，了解其结构，并使用合适的工具，才能收到事半功倍的效果。

汽车电气电路出现故障时，一般先要搞清楚故障的症状以及伴随出现的现象，判明故障所在的局部电路，然后再对该局部电路进行检验，查明故障所在部位，予以排除。

正常的汽车电气电路，必须是：

1）点火电路能够产生足够能量的正时火花。

2）电源电路充电稳定，并能满足用电设备在各种状态下的需要。

3）起动机起动有力，分离彻底。

4）照明及信号系统设备齐全，性能良好。

5）全车线路整齐，连接固定可靠，否则，应视为电路出现了或大或小的故障。

电路故障的产生原因是多种多样的，如元件老化、自然磨损、调整不当、环境腐蚀、机械摩擦、导线短路或断路等。电路出现故障时，要善于运用分析的方法，先对故障的发生范围进行初步的诊断。切忌在情况不明，或不加思考分析而盲目拆卸，乱接瞎碰。否则，不仅会延误检修，而且还会造成不必要损坏。要善于发现故障前的异常征兆和故障特征，结合整车电路进行分析，尽可能把故障诊断缩小到一个较小的范围。

在检修故障时，应根据故障发生的范围，先检查故障率较高且容易检查的部件，然后检查故障率较低的，不易检查的部件。只有当某部件的故障已经确诊，必须打开进行修理时，方可进行拆卸。要尽量做到不拆或少拆零件，以减小不必要的麻烦。检修故障还要采用正确的检查方法和测试手段，以提高检修故障的速度。

电路出现故障，一般先就车对电路进行检查和测试，判断故障发牛在哪个部件上，然后再对故障发生部位的外部性能及内部参数进行测试或检查，找出故障发生点，予以排除。在检修故障的同时，还应注意对有关部件及电路进行保养，使之恢复较好的状态。

若电气设备损坏无法修复，则应予以更换。部件的更换应与原部件的规格、型号相一致。导线的更换应尽量与原来的线径和颜色一致。若用其他颜色导线代替，应与相邻导线有所区别，以利于以后的检修。

操作步骤

1. 故障诊断的基本方法

电气设备的故障诊断，通常采用的方法有：直观诊断法、利用车上仪表法、断路法、短路法、试火法、试灯法、万用表法和元件替换比较法等。

(1) 直观诊断法　汽车电路发生故障时，有时会出现冒烟、火花、异响、焦臭、发热等异常现象。这些现象可通过人的眼、耳、鼻、身感觉到，从而可以直接判断出故障所在部位和原因。

例如汽车行驶中，突然发现转向灯与转向指示灯均不亮，用手一摸，发现闪光器发热烫手，说明闪光器已被烧坏。

(2) 利用车上仪表法　通过观察汽车仪表盘上的电流表、冷却液温度表、燃油表和机油压力表等判断电路有无故障和故障产生部位。

例如，发动机冷态，接通点火开关时，冷却液温度表指示满刻度位置不动，说明冷却液温度表传感器有故障或该线路有搭铁。

凡用电设备通过电流表，电流表指示的电流值就可作为诊断的依据。当工作电压一定，接通用电设备后，电流表指示“0”或所指的放电电流值小于正常值，表明用电设备电路的某处断路或导线接触不良。若接通用电设备后，电流表迅速由“0”摆到满刻度外，然后又回到零。其中由“0”摆到满刻度外，表明电路中某处搭铁、短路；电流表由满刻度外回到“0”表明熔丝熔断。电流表诊断只能简单地判断是断路还是短路，具体部位还有待用其他方法判断。

(3) 检查保熔断器　如某电器突然停止工作，应先查该支路上的熔断器装置是否动作，如动作查明原因，检修后恢复熔断器装置。

(4) 试灯法　检查线束是否开路或短路，电器有无故障，可用试灯法。

(5) 短路法　用一根导线将某段导线或电器短接后观察用电器的变化。

(6) 替换法　将被怀疑部件用已知完好的部件替换，验证怀疑是否正确。

(7) 模拟法　用于对各种传感器信号、指示机构工况的判断，此法必须熟悉汽车的电路参数。

2. 诊断的一般程序

1) 第一步，验证车主（用户）所反映的情况，并注意通电后各种现象。再动手拆检之前，尽量缩小故障产生的范围。

2) 第二步，分析电路原理图，弄清电路的工作原理，对问题所在作出推断。

3) 第三步，重点检查问题集中的线路或部件，验证第二步作出的推断。

4) 第四步，利用上述诊断方法进一步进行诊断。

5) 第五步，验证电路是否恢复正常。

3. 对各种模拟故障进行诊断

故障点的检测过程主要有四个步奏。首先，要确认故障现象；其次，对故障进行分析和判断；再次，逐步进行仔细的检查，直至找出故障部位；最后，对故障进行排除。

（1）空调开关故障

1）故障现象：打开空调开关，空调指示灯不亮，车内送风口无风送出，压缩机不工作等。

2）故障分析：可能是熔断器 S_{14} 烧毁；空调继电器不工作；空调线路故障；电磁离合器不工作等。

3）检测排除：检查熔断器 S_{14} 是否烧毁；用数字式万用表测量空调线束的 H_5 端子有电压，说明 H_5 之前电路正常。再测量空调启用开关 E_{30} 处无电压，用一根导线跨接 H_5 和 E_{30} 空调系统恢复正常工作，故障是 H_5 和 E_{30} 之间线路断路。

（2）室内灯故障

1）故障现象：打开室内灯开关，室内灯不亮。

2）故障分析：可能是内部灯熔断器 S_3 烧毁；灯泡烧毁；继电器 J_{121} 不工作；室内灯线路故障等。

3）检测排除：首先检查熔断器 S_3 和灯泡是否完好，如完好，接着用万用表测量 E_3 端子处有电压，室内灯处无电压，证明 E_3 和室内灯线路有故障，经检查插件接触良好，用一根导线跨接 E_3 和室内灯，灯泡亮了，故障是 E_3 和室内灯之间线路断路。

（3）倒车镜故障

1）故障现象：倒车镜不能按驾驶员的操控去工作。

2）故障分析：可能是熔断器烧毁；倒车镜电动机不工作；倒车镜线路故障。

3）检测排除：查看熔断器 S_{12} 完好，用数字式万用表测量 G_1 端子处有电压，熔断器 S_{38} 处也有电压，而电动后视镜开关 M 处无电压，用导线跨接 S_{38} 和 M 倒车镜恢复正常工作，故障是 S_{38} 和 M 之间线路断路。

（4）中控锁故障

1）故障现象：中控锁不工作，车门锁不住。

2）故障分析：熔断器 S_3 烧毁；中控锁电动机不工作；中控锁控制器不工作；中控锁线路故障。

3）检测排除：经检查熔断器 S_3 完好，用万用表测量 E_3 端子处有电压，中控锁控制器 J_{53} 无电压，各插件接触良好，用导线跨接 E_3 和 J_{53} 中控锁恢复正常工作，故障是 E_3 和 J_{53} 之间线路断路。

（5）点火故障

1）故障现象：起动发动机无着火征兆，火花塞无火。

2）故障分析：点火线圈初级绕组无电压，点火系统线路有故障。

3）检测排除：经检查点火开关有电压，接通点火开关，用数字式万用表测量 D_{23} 端子处有电压，点火线圈初级绕组无电压，跨接 D_{23} 和点火线圈初级绕组，火花塞点火，故障是 D_{23} 和点火线圈初级绕组之间线路断路。

（6）压缩机故障

1）故障现象：打开空调开关，空调不运行，压缩机不工作。

2）故障分析：可能是熔断器 S_{14} 烧毁；空调继电器不工作；空调线路故障；电磁离合器

不工作等。

3）检测排除：检查熔断器 S_{14} 是否烧毁；打开空调开关，用数字式万用表测量 H_2 端子有电压，制冷量控制开关 E_{33} 无电压，跨接 H_2 和 E_{33}，压缩机开始运行，故障是 H_2 和 E_{33} 之间线路断路。

（7）刮水器喷水电动机故障

1）故障现象：打开喷水洗涤开关，喷水头不喷水。

2）故障分析：可能是熔断器 S_{11} 烧毁；喷水电动机不工作；喷水电动机线路故障等。

3）检测排除：经检查熔断器 S_{11} 完好，打开喷水洗涤开关，用数字式万用表测量 C_9 端子有电压，前风窗洗涤泵 V_5 无电压，跨接 C_9 和 V_5，喷水电动机恢复正常工作，喷水头有水喷出，故障是 C_9 和 V_5 之间线路断路。

（8）喇叭继电器故障

1）故障现象：按动喇叭按钮，喇叭不响。

2）故障分析：喇叭损坏；喇叭按钮损坏；喇叭继电器不工作；喇叭线路有故障等。

3）检测排除：经检查熔断器 S_{16}、S_{18} 完好，用数字式万用表测量 L_2 端子有电压，跨接 L_2 和 L_3 后，喇叭响，说明喇叭正常，再测量 L_1 端子有电压，L_4 端子无电压，故障是喇叭继电器不工作，应更换。

（9）录音机电子表故障

1）故障现象：电子表无法显示时间。

2）故障分析：熔断器 S_3 烧毁；电子表损坏；电子表线路有故障等。

3）检测排除：经检查熔断器 S_3 完好，用数字式万用表测量 B_{12} 端子有电压，电子表 Y_2 无电压，跨接 B_{12} 和 Y_2，电子表恢复正常工作，显示时间，故障是 B_{12} 和 Y_2 之间线路断路。

（10）左前小灯故障

1）故障现象：打开灯光照明开关，左前示宽灯不亮。

2）故障分析：灯泡烧毁；熔断器 S_7 烧毁；左前示宽灯线路有故障。

3）检测排除：经检查熔断器 S_7 完好，打开灯光照明开关，用数字式万用表测量 C_4 端子有电压，左前示宽灯 M_1 无电压，跨接 C_4 和 M_1 后，左前示宽灯亮，故障是 C_4 和 M_1 之间线路断路。

（11）刮水器电动机故障

1）故障现象：打开刮水器洗涤开关，刮水器电动机不工作。

2）故障分析：可能是熔断器 S_{11} 烧毁；刮水器开关损坏；刮水器电动机线路有故障等。

3）检测排除：经检查熔断器 S_{11} 完好，打开刮水器洗涤开关，用数字式万用表测量刮水器洗涤开关各挡位都有电，刮水器电动机无电压，D_{12} 端子有电压，跨接刮水器电动机和 D_{12} 后，刮水器电动机工作，故障是刮水器电动机和 D_{12} 之间线路断路。

（12）雾灯继电器故障

1）故障现象：打开雾灯开关后，雾灯不亮。

2）故障分析：灯泡烧毁；熔断器 S_6 烧毁；雾灯继电器不工作；雾灯线路有故障等。

3）检测排除：经检查熔断器 S_6 和灯泡都完好，打开灯光照明开关 E_1，用数字式万用表测量 A_{24} 端子无电压，E_1 有电压，跨接 A_{24} 和 E_1 后，打开雾灯开关，雾灯亮。故障是 A_{24} 和 E_1 之间线路断路。

（13）远光指示灯故障

1）故障现象：打开前照灯后，前照灯远光亮，而远光指示灯不亮。

2）故障分析：可能是熔断器 S_9 烧毁；变光与超车灯开关损坏；远光指示灯烧毁；远光指示灯线路有故障等。

3）检测排除：经检查熔断器 S_9 和指示灯 K_1 完好，接通远光灯，用数字式万用表测量 S_9 有电压，证明变光与超车灯开关正常，A_{28} 端子也有电压，指示灯 K_1 无电压，用导线跨接 A_{28} 和 K_1 后，远光指示灯亮，故障是 A_{28} 和 K_1 之间线路断路。

（14）充电指示灯故障

1）故障现象：起动发动机后，充电指示灯不亮。

2）故障分析：发电机不工作；充电指示灯烧毁；充电指示灯线路有故障等。

3）检测排除：经检查起动发动机后，发电机工作正常，灯泡完好，用数字式万用表测量 A_{16} 端子有电压，充电指示灯 K_2 无电压，用导线跨接 A_{16} 和 K_2 后，充电指示灯亮，故障是 A_{16} 和 K_2 之间线路断路。

（15）起动开关故障

1）故障现象：发动机起动时无着火征兆。

2）故障分析：蓄电池电压过低；起动机不工作；点火系统线路有故障。

3）检测排除：经检查蓄电池电压正常，起动时起动机不工作，把点火开关调到起动挡用数字式万用表测量 B_8 端子有电压，C_{18} 端子也有电压，起动继电器无电压，用导线跨接 C_{18} 和起动继电器，起动机工作，故障是 C_{18} 和起动继电器之间线路断路。

（16）左前转向灯故障

1）故障现象：打开左前转向灯开关后，左前转向灯不亮。

2）故障分析：可能是熔断器 S_{19} 烧毁；灯泡烧毁；转向闪光继电器不工作；转向灯线路有故障等。

3）检测排除：经检查熔断器 S_{19} 和灯泡完好，打开左转向灯开关，用数字式万用表测量 A_{10} 端子和 A_{20} 端子都有电压，说明转向闪光继电器和转向灯开关都正常，再测量 C_{19} 端子有电压，左前转向灯 M_5 无电压，用导线跨接 C_{19} 和 M_5 后，左前转向灯亮，故障是 C_{19} 和 M_5 之间线路断路。

（17）右前转向灯故障

1）故障现象：打开右转向灯开关后，右前转向灯不亮。

2）故障分析：同故障（16）。

3）检测排除：按故障（16）的检测方法，检测右前转向灯故障，故障是 C_8 和 M_7 之间线路断路。

（18）制动灯开关故障

1）故障现象：踩下制动踏板，制动灯不亮。

2）故障分析：制动灯烧毁；制动灯熔断器烧毁；制动灯开关接触不良；制动灯线路有故障。

3）检测排除：经检查熔断器 S_2 和灯泡完好，踩下制动踏板，用数字式万用表测量 C_1 端子有电压说明制动灯开关接触良好，再测量 E_{16} 端子有电压，左、右制动灯 M_9、M_{10} 都无电压，用导线跨接 E_{16} 和 M_9、M_{10} 后，左、右制动灯都亮了，故障是 E_{16} 和 M_9、M_{10} 之间线路断路。

（19）转速表故障

1）故障现象：起动发动机后，踩下加速踏板，转速表指针不动。

2）故障分析：可能是点火线圈不工作；转速表线路有故障等。

3）检测排除：起动发动机，用数字式万用表测量 D_{26} 端子有电压，证明点火线圈工作正常，再测量 B_{19} 端子也有电压，而转速表 G_5 处无电压，用导线跨接 B_{19} 和 G_5 后，转速表指针开始摆动，恢复正常工作，故障是 B_{19} 和 G_5 之间线路断路。

（20）左后转向灯故障

1）故障现象：打开左转向灯开关后，左后转向灯不亮。

2）故障分析：同故障（16）。

3）检测排除：按故障（16）的检测方法，检测左后转向灯故障，故障是 E_6 和 M_6 之间线路断路。

（21）左后转向灯故障

1）故障现象：打开右转向灯开关后，右后转向灯不亮。

2）故障分析：同故障（16）。

3）检测排除：按故障（16）的检测方法，检测右后转向灯故障，故障是 E_{11} 和 M_8 之间线路断路。

（22）杂物箱灯开关故障

1）故障现象：打开杂物箱后，杂物箱灯不亮。

2）故障分析：可能是杂物箱灯熔断器 S_{20} 烧毁；杂物箱灯烧毁；杂物箱灯线路有故障。

3）检测排除：经检查熔断器 S_{20} 和杂物箱灯完好，用数字式万用表测量 A_{26} 端子有电压，杂物箱照明接触开关 E_{70} 无电压，用导线跨接 A_{26} 和 E_{70} 后，杂物箱灯亮，故障是 A_{26} 和 E_{70} 之间线路断路。

注意事项

1. 拆卸蓄电池时，总是最先拆下负极（-）电缆；装上蓄电池时，总是最后连接负极(-)电缆。拆下或装上蓄电池电缆时，应确保点火开关或其他开关都已断开，否则会导致半导体元器件的损坏。
2. 不允许使用绝缘电阻表及万用表的 R×100 以下低阻值电阻挡检测小功率晶体管，以免电流过载损坏晶体管。
3. 拆卸和安装元件时，应切断电源。
4. 更换烧坏的熔断器时，应使用相同规格的熔断器。使用比规定容量大的熔断器会导致电器损坏或产生火灾。
5. 靠近振动部件（如发动机）的线束部分应用卡子固定，将松驰部分拉紧，以免由于振动造成线束与其他部件接触。
6. 进行保养时，若温度超过 80℃（如进行焊接时），应先拆下对温度敏感的零件如继电器和 ECU)。

考核

序号	考核内容	配分	评分标准	考核记录	扣分	得分
1	正确使用工具、仪表、量具	10	每次工具使用不当扣3分			
			每次量具、仪表使用不当扣3分			
2	分析思路，写出诊断流程	40	每出现一处错误扣10分			
3	按流程进行故障检测	40	检测方法不正确扣10分			
			检测步骤不合理扣10分			
			检测结果不正确扣10分			
4	操作规范，整洁有序，不超时	10	第一项扣4分，后两项各扣3分			
	遵守安全操作规程，无事故		出现元器件损坏，此题为0分			
5	分数总计	100				

参 考 文 献

[1] BOSCH公司. 汽车电器［M］. 北京：北京理工大学出版社，2002.

[2] 马化祥，等. 自动空调［M］. 福州：福建科学技术出版社，2001.

[3] 边焕鹤. 汽车电器与电子设备［M］. 北京：人民交通出版社，1997.

[4] 李东江，宋良玉. 现代汽车电子控制技术［M］. 北京：科学技术文献出版社，1998.

[5] 董继明. 汽车检测与诊断技术［M］. 北京：机械工业出版社，2007.